Heinrich Berghaus

Briefwechsel Alexander von Humboldt´ss mit Heinrich Berghaus aus den Jahren 1825 bis 1858

Heinrich Berghaus

Briefwechsel Alexander von Humboldt´ss mit Heinrich Berghaus aus den Jahren 1825 bis 1858

ISBN/EAN: 9783741167348

Hergestellt in Europa, USA, Kanada, Australien, Japan

Cover: Foto ©ninafisch / pixelio.de

Manufactured and distributed by brebook publishing software (www.brebook.com)

Heinrich Berghaus

Briefwechsel Alexander von Humboldt´ss mit Heinrich Berghaus aus den Jahren 1825 bis 1858

Briefwechsel

Alexander von Humboldt's

mit

Heinrich Berghaus

aus den Jahren 1825 bis 1858.

Dritter Band.

Leipzig,
Hermann Costenoble.
1863.

Briefwechsel
Alexander von Humboldt's

mit

Heinrich Berghaus

aus den Jahren 1825 bis 1858.

Dritter Band.

Briefwechsel
Alexander von Humboldt's
mit
Heinrich Berghaus
aus den Jahren 1825 bis 1858.

Dritter Band.

Leipzig,
Hermann Costenoble.
1863.

Inhalt.

(Das beigefügte Datum ist, wo nicht d. d. dabei steht, das der Empfangszeit.)

	Seite
1. Humboldt an Berghaus . 1	
(Im August 1848.)	
Mexican Treaty . . 3	
2. Humboldt an Berghaus . 27	
(25. Sept 1848.)	
El Dorado in California 28	
3. Humboldt an Berghaus . 32	
(17. Oft. 1848.)	
Jof. D. Hooker an Humboldt 34	
(d. d. 9. Aug. 1848.)	
4. Humboldt an Berghaus . 38	
(31. Oft. 1848.)	
Humboldt an Joseph D. Hooker . . . 39	
(d. d. 31. Oft. 1848.)	
5. Humboldt an Berghaus . 49	
(2. Nov. 1848.)	
6. Humboldt an Berghaus . 52	
(2. Nov. 1848.)	
Plan der physikalischen	
Geographie für Staatsschulen . . . 54
7. Humboldt an Berghaus . 62
(9. Nov. 1848.)
8. Humboldt an Berghaus . 63
(15. Nov. 1848.)
9. Humboldt an Berghaus . 64
(23. Nov. 1848.)
10. Humboldt an Berghaus . 64
(26. Nov. 1848.)
11. Humboldt an Berghaus . 65
(7. Febr. 1849.)
12. Humboldt an Berghaus . 66
(4. März 1849.)
13. Humboldt an Berghaus . 67
(14. März 1849.)
Der Nevado de Sorata ist nicht der höchste Berg in Amerika . . . 69
14. Humboldt an Berghaus . 74
(31. März 1849.)

	Seite		Seite
15. Humboldt an Bergheim (3. April 1849.)	76	24. Humboldt an Bergheim (18. Dec. 1849.)	102
16. Humboldt an Bergheim (5. Mai 1849.)	78	An die Redaction der „Illustrirten Zeitung" in Leipzig	105
Aus B. Hooker's Brief an Humboldt (d. d. 28. April 1849.)	60	(d. d. 18. Dec. 1849.) Elevation of the great table-land of Thybet and height of the Snow-line in the Himalaya	112
17. Humboldt an Berghaus (15. Juni 1849.)	60		
Jos. D. Hooker an Berghaus (d. d. 15. April 1849.)	81	25. Humboldt an Berghaus (14. Dec. 1849.)	112
B. Hooker an Humboldt (d. d. 11. Juni 1849.)	82	26. Humboldt an Berghaus (16. Dec. 1849)	112
18. Humboldt an Berghaus (16. Juni 1849.)	83	Spiker an Berghaus (d. d. 23. Dec. 1849.)	113
19. Humboldt an Berghaus (26. Juni 1849.)	84	27. Humboldt an Berghaus (27. Dec. 1849.)	115
20. Humboldt an Berghaus (27. Juni 1849.)	86	Höhe des Tafellandes von Tibet u. von Jos. D. Hooker	116
21. Humboldt an Berghaus (25. Juli 1849.)	89		
22. Humboldt an Berghaus (28. Juli 1849.)	89	Anhang	130
J. D. Hooker an Humboldt (d. d. 26. April 1849.)	90	28. Humboldt an Berghaus (16. Jan. 1850.)	133
Holsos an Humboldt (d. d. 28. April 1849.)	91	29. Humboldt an Berghaus (8. Febr. 1850.)	134
B. Hooker an Berghaus (d. d. 27. Sept. 1849.)	96	Sänger's Relief der Gegend von Potsdam	135
D. Hooker an Berghaus (d. d. 26. Oct. 1849.)	98	Sänger an Berghaus (d. d. 6. Mai 1850.)	136
23. Humboldt an Berghaus (9. Dec. 1849.)	101	30. Humboldt an Berghaus (8. Mai 1850.)	139
Eine Höhenkarte der Illustrirten Zeitung	102	31. Humboldt an Berghaus (31. Mai 1850.)	140
		32. Humboldt an Berghaus (5. Juli 1850.)	141

                                                        Seite   Seite
33. Humboldt an Berghaus . 141   Zeune and A K. John-
    (10. Juli 1850.)   ston Esq. . . . 169
34. Humboldt an Berghaus . 142   (d. d. 17. Juli 1850.)
    (24. Aug. 1850.)   40. (8) Humboldt's Begleit-
35. Humboldt an Berghaus . 143   schreiben 176
    (23. Sept. 1850.)   (6. Nov. 1850.)
36. Humboldt an Berghaus . 143   41. Humboldt an Berghaus . 177
    (8. Oct. 1850.)   (27. Nov. 1850.)
37. Humboldt an Berghaus . 145   42. Humboldt an Berghaus . 177
    (9. Oct. 1850.)   (1. April 1851.)
38. Humboldt an Berghaus . 146   W. Hooker to Baron
    (20. Oct. 1850.)   Humboldt . . . 178
39. Humboldt an Berghaus . 147   (d. d. 20. Febr. 1851.)
    (5. Nov. 1850.)   43. Humboldt an Berghaus . 181
    Dr. Bialloblotzky's Jour-   (12. Juni 1851.)
    ney to discover the sour-   44. Humboldt an Berghaus . 182
    ces of the Nile . . 148   (19. Juni 1851.)
    1. Dr. Bialloblotzky to   45. Humboldt an Berghaus . 184
       Dr. Beke . . . 149   (6. Sept. 1851.)
       (d. d. 5. Juli 1846.)   Jos. D. Hooker to Prof.
    2. Plan of Dr. Biallo-   Berghaus . . . 186
       blotzky's Journey . 151   (d. d. 25. Aug. 1851.)
    3. Journey to discover   Berghaus à Mr. W.
       etc. 153   Hooker . . . 187
       (d. d. 4. Jan. 1849.)   (d. d. 21. Sept. 1851.)
    4. Failure of Dr. B.'s   W. Hooker to Prof.
       Expedition . . . 155   Berghaus . . . 188
       (d. d. 28. Mai 1849.)   (d. d. 24. Sept. 1851.)
    5. Dr. Bialloblotzky's   Jos. D. Hooker to Prof.
       Journey etc. . . 157   Berghaus . . . 188
       (d. d. 11. Jan. 1850.)   (d. d. 27. Sept. 1851.)
    (1-5 aus von C. L. Bstr.)   Berghaus à Mr. Jos. D.
    6. Beke an Humboldt . 163   Hooker . . . 189
       (d. d. 21. Jan. 1850.)   (d. d. 12. Oct. 1851.)
    7. Dr. Bialloblotzky to   Jos. D. Hooker to Prof.
       Prof. Berghaus, Prof.   Berghaus . . . 189
                                           (d. d. 28. Oct. 1851.)

VIII

	Seite		Seite
Hodgson to Prof. Berghaus	191	52. Humboldt an Berghaus (22. Jan. 1852.)	227
(d. d. 10. Oct. 1851.)		53. Humboldt an Berghaus (3. Febr. 1852.)	227
46. Humboldt an Berghaus (4. Febr. 1852.)	195	54. Humboldt an Berghaus (4. Febr. 1852.)	228
Jos. D. Hooker to Prof. Berghaus (d. d. 6. Febr. 1852.)	195	55. Humboldt an Berghaus (5. April 1852.)	228
Berghaus à Mr. Jos. D. Hooker (d. d. 4. März 1852.)	198	Asiatica von Humboldt geschickt	230
47. Humboldt an Berghaus (25. März 1852.)	200	Berghaus an Humboldt (d. d. 5. Juni 1852.)	243
48. Humboldt an Berghaus (5. April 1852.)	201	56. Humboldt an Berghaus (6. Juni 1852.)	251
Jos. D. Hooker to Prof. Berghaus (d. d. 20. Oct. 1852.)	201	Mémoire explicatif de la carte de la Mer d'Aral, par Alexis Boutakoff	255
1852. Barth's afrikalische Reise betr.		57. Humboldt an Berghaus (24. März 1858.)	268
49. Humboldt an Berghaus (8. Jan. 1852.)	204	Auszug aus Bulatoff's Berichten von 1857, 1858	270
Dr. Barth an Humboldt (d. d. 13. Aug. 1851.)	205	Table des positions géographiques dans la partie NO. de l'Asie Centrale	279
50. Humboldt an Berghaus (4. Jan. 1852)	214	Nord-Amerika	306
Zur neuen Auflage der Karte von Inner-Asien; auch Verwandtes (1852—1858.)	216	Liste der Vulkane in Centro-Amerika	309
51. Humboldt an Berghaus (17. Jan. 1852.)	219	58. Humboldt an Berghaus (29. Nov. 1852.)	312
Humboldt's Begleitworte zu Bolvloff's Karte I. und II.	220 223	59. Humboldt an Berghaus (25. Mai 1852.)	314
		60. Humboldt an Berghaus (29. Mai 1852.)	314
		61. Humboldt an Berghaus (21. Juni 1852.)	315

	Seite		Seite
Bubberg an Humboldt . 315 (d. d. 13. Juni 1853.)		66. Humboldt an Berghaus . 325 (? ? 1854.)	
62. Humboldt an Berghaus . 316 (9. Juli 1852.)		67. Humboldt an Berghaus . 327 (18. Jan. 1855.)	
Gilliss an Gerling (Auszug) . . . . 318 (d. d. 20. Jan. 1852.)		68. Humboldt an Berghaus . 327 (21. Jan. 1855.)	
63. Humboldt an Berghaus . 320 (31. Juli 1853.)		Rußlands Volksmenge, verglichen mit der der anderen Mächte . . 328	
64. Humboldt an Berghaus . 322 (4. Sept. 1853.)		69. Humboldt an Berghaus . 333 (17. Juli 1855.)	
65. Humboldt an Berghaus . 324 (13. Febr. 1853.)		70. Humboldt an Berghaus . 334 (27. Juli 1855.)	
		Schluß 335	

Dritter Band.

Briefe aus den Jahren 1848—1858.

Mexican Treaty.

1.

(Erhalten Potsdam den 7 August 1849.)

In den Wirren unserer Tage und unter den Zerwürfnissen der Zeit, die alles Gewohnte, daher Liebgewordene, aus seinen Fugen gerissen hat, thun Sie, theuerster Professor, sehr weise, daß Sie sich, nach Erfüllung Ihrer öffentlichen Pflichten als Stadtverordneter und Schuldeputations-Mitglied, in Ihr Tusculum zurückziehen und von Ihrem Berg-Hause mit Seelenruhe auf das wählerische Treiben herabblicken, von dem, zum Entsetzen des Königs, sogar die Pots — dämliche Bevölkerung sich nicht frei erhalten hat. Ich flüchte mich vor den ewigen Klagen über Undankbarkeit des entarteten Geschlechts, die auch ich mit anhören muß, und vor dem unaufhörlichen Schaukeln in der Wahl dessen, was zu thun sei, so oft es meine Stellung gestattet, in den unendlichen — Kosmos, in der Ergründung seiner Erscheinungen und Gesetze die Ruhe suchend und findend, die mir am Abend meines vielbewegten Lebens so Noth thut. Ich hoffe, das Zeitungsstück, was ich hier anschließe, werde Ihnen, verehrtester Freund, angenehm sein. Ich habe es aus dem National

Intelligencer. Washington, Saturday, July 8. 1848, No. 11,035. geschnitten. Die amerikanischen Zeitungen haben eine eigene Manier, ihre Blätter von Anfang an zu numeriren. Der Intelligencer ist die Washingtoner — Staatszeitung, daher der Mexicanische Tractat in diesem Abdruck als offizielle Bekanntmachung eine durchaus beglaubigte Staatsschrift. Ich mache Sie auf die Fassung des Art. 1 aufmerksam. Da wird ein „fester und allgemeiner Frieden" geschlossen, aber nicht auf ewige Zeiten, wie die europäischen Staatsverträge dieser Art eine Formel haben, von der die Friedensunterhändler selber wissen, daß sie widersinnig sei! Die amerikanischen Staatsmänner machen bei Auslassung dieser an sich unwahren Formel einen diplomatischen Fortschritt. Der Vertrag von Guadalupe Hidalgo ist ein wichtiges Aktenstück zur Geschichte der Gesellschaft des Neuen Continents, heben Sie darum das Zeitungs-Fragment recht gut auf. In europäischen Zeitungen werden wir den Tractat doch nur in Auszügen lesen.

         freundschaftlichst

                    Ihr

Mittwoch.   A l. Humboldt.

   Ist Ihnen die Karte zu Gesicht gekommen, welche der Art. 5 nennt?

   Antwort: Nein!   B—l.

By the President of the United States of America.

A Proclamation.

Whereas a treaty of peace, friendship, limits, and settlement, between the United States of America and the Mexican republic, was concluded and signed at the city of Guadalupe Hidalgo on the second day of February, one thousand eight hundred and forty-eight, which treaty, as amended by the Senate of the United States, is word for word as follows:

In the name of Almighty God:

The United States of America and the United Mexican States, animated by a sincere desire to put an end to the calamities of the war which unhappily exists between the two republics, and to establish upon a solid basis relations of peace and friendship, which shall confer reciprocal benefits upon the citizens of both, and assure the concord, harmony, and mutual confidence wherein the two people should live, as good neighbors, have for that purpose appointed their respective plenipotentiaries — that is to say, the President of the United States has appointed Nicholas P. Trist, a citizen of the United States, and the President of the Mexican republic has appointed Don Luis Gonzaga Cuevas, Don Bernardo Couto, and Don Miguel Atristain, citizens of the said republic, who, after a reciprocal comunication of their respective full powers, have, under the protection of Almighty God, the author of peace, arranged, agreed upon, and signed the following

Treaty of peace, friendship, limits, and settlement, between the United States of America and the Mexican Republic.

Art. 1. There shall be firm and universal peace between the United States of America and the Mexican republic, and between their respective countries, territories, cities, towns, and people, without exception of places or persons.

Art. 2. Immediately upon the signature of this treaty, a convention shall be entered into between a commissioner or commissioners appointed by the General-in-chief of the forces of the United States, and such as may be appointed by the Mexican Government, to the end that a provisional suspension of hostilities shall take place, and that, in the places occupied by the said forces, constitutional order may be re-established, as regards the political, administrative, and judicial branches, so far as this shall be permitted by the circumstances of military occupation.

Art. 3. Immediately upon the ratification of the present treaty by the Government of the United States, orders shall be transmitted to the commanders of their land and naval forces, requiring the latter (provided this treaty shall then have been ratified by the Government of the Mexican republic, and the ratifications exchanged) immediately to desist from blockading any Mexican ports; and requiring the former (under the same condition) to commence, at the earliest moment practicable, withdrawing all troops of the United States then in the interior of the Mexican republic, to points that shall be selected by common agreement, at a distance from the seaports not exceeding thirty leagues; and such evacuation of the interior of the republic shall be completed with the least possible delay; the Mexican Government hereby binding itself to afford every facility in its power for rendering the same convenient to the troops on their march and in their new positions, and for promoting a good understanding between them and the inhabitants. In like manner, orders shall be dispatched to the persons in charge of the custom-houses at all ports occupied by the forces of the United States, requiring them (under the same condition) immediately to deliver possession of the same to the persons authorized by the Mexican Government to receive it, together with all bonds and evidences of debt for duties on importations and exportations not yet fallen due. Moreover a faithful and exact account shall be made out, showing the entire amount of all duties on imports and on exports collected at such custom-houses or elsewhere in Mexico by authority of the United States, from and after the day of ratification of this treaty by the Government of the Mexican republic; and also an account of the cost of collection, and such entire amount, deducting only the cost of collection, shall be delivered to the Mexican Government, at the city of Mexico, within three months after the exchange of ratifications.

The evacuation of the capital of the Mexican republic by the troops of the United States, in virtue of the above stipulation, shall be completed in one month after the orders there stipulated for shall have been received by the commander of said troops, or sooner if possible.

Art. 4. Immediately after the exchange of ratifications of the present treaty, all castles, forts, territories, places, and possessions, which have been taken or occupied by the forces of the United States during the present war, within the limits of the Mexican republic, as about to be established by the following article, shall be definitively restored to the said republic, together with all the artillery, arms, apparatus of war, munitions, and other public property, which were in the said castles and forts when captured, and which shall remain there at the time when this treaty shall be duly ratified by the Government of the Mexican republic. To this end, immediately upon the signature of this treaty, orders shall be dispatched to the American officers commanding such castles and forts, securing against the removal or destruction of any such artillery, arms, apparatus of war, munitions, or other public property. The city of Mexico, within the inner line of entrenchments surrounding the said city, is comprehended in the above stipulations, as regards the restoration of artillery, apparatus of war, &c.

The final evacuation of the territory of the Mexican republic by the forces of the United States, shall be completed in three months from the said exchange of ratifications, or sooner, if possible; the Mexican Government hereby engaging, as in the foregoing article, to use all means in its power for facilitating such evacuation, and rendering it convenient to the troops, and for promoting a good understanding between them and the inhabitants.

If, however, the ratification of this treaty by both parties should not take place in time to allow the embarkation of the troops of the United States to be completed before the commencement of the sickly season at the Mexican ports on the Gulf of Mexico, in such case a friendly arrangement shall be entered into between the General-in-chief of the said troops and the Mexican Government, whereby healthy and otherwise suitable places, at a distance from the ports not exceeding thirty leagues, shall be designated for the residence of such troops as may not yet have embarked, until the return of the healthy season. And the space of time here referred to as comprehending the sickly season shall be understood to extend from the first day of May to the first day of November.

All prisoners of war taken on either side, on land or on sea, shall be restored as soon as practicable after the exchange of ratifications of this treaty. It is also agreed that if any Mexicans should now be held as captives by any savage tribe within the limits of the United States, as about to be established by the following article, the Government of the said United States will exact the release of such captives, and cause them to be restored to their country.

Art. 5. The boundary line between the two republics shall commence in the gulf of Mexico, three leagues from land, opposite the mouth of the Rio Grande, otherwise called Rio Bravo del Norte, or opposite the mouth of its deepest branch, if it should have more than one branch emptying directly into the sea; from thence up the middle of that river, following the deepest channel, where it has more than one, to the point where it strikes the southern boundary of New Mexico; thence, westwardly, along the whole southern boundary of New Mexico (which runs north of the town called *Paso*) to its western termination; thence, northward, along the western line of New Mexico, until it intersects the first branch of the river Gila; (or if it should not intersect any branch of that river, then to the point on the said line nearest to such branch, and thence in a direct line to the same;) thence down the middle of the said branch and of the said river, until it empties into the Rio Colorado; thence across the Rio Colorado, following the division line between Upper and Lower California, to the Pacific ocean.

The southern and western limits of New Mexico, mentioned in this article, are those laid down in the map entitled „*Map of the United Mexican States, as organized and defined by various acts of the Congress of said republic, and constructed according to the best authorities. Revised edition. Published at New York in 1847, by J. Disturnell.*" Of which map a copy is added to this treaty, bearing the signatures and seals of the undersigned plenipotentiaries. And, in order to preclude all difficulty in tracing upon the ground the limit separating Upper from Lower California, it is agreed that the said limit shall consist of a straight line drawn from the middle of the Rio Gila, where it unites with the Colorado, to a point on the coast of the Pacific ocean distant one marine league due south of the southernmost point of the port of San Diego, according to the plan of said port made in the year 1782 by Don Juan Pantoja, second sailing-master of the Spanish fleet, and published at Madrid in the year 1802, in the Atlas to the voyage of the schooners *Sutil* and *Mexicana*, of which plan a copy is hereunto added, signed and sealed by the respective plenipotentiaries.

In order to designate the boundary line with due precision, upon authoritative maps, and to establish upon the ground landmarks which shall show the limits of both republics, as described in the present article, the two Governments shall each appoint a commissioner and a surveyor, who, before the expiration of one year from the date of the exchange of ratifications of this treaty, shall meet at the port of San Diego, and proceed to run and mark the said boundary in its whole course to the mouth of the Rio Bravo del Norte. They shall keep journals and mark out plans of their operations: and the result agreed upon by them shall be deemed a part of this treaty, and shall have the same force as if it were inserted therein. The two Governments will amicably agree regarding what may be necessary to these persons, and also as to their respective escorts, should such be necessary.

The boundary line established by this article shall be religiously respected by each of the two republics, and no change shall ever be made therein, except by the express and free consent of both nations, lawfully given by the General Government of each, in conformity with its own constitution.

Art. 6. The vessels and citizens of the United States shall, in all times, have a free and uninterrupted passage by the gulf of California, and by the river Colorado below its confluence with the Gila, to and from their possessions situated north of the boundary line defined in the preceding article; it being understood that this passage is to be by navigating the gulf of California and the river Colorado, and not by land, without the express consent of the Mexican Government.

If, by the examinations which may be made, it should be ascertained to be practicable and advantageous to construct a road, canal, or railway, which should in whole or in part run upon the river Gila, or upon its right or its left bank, within the space of one marine league from either margin of the river, the Governments of both republics will form an agreement regarding its construction, in order that it may serve equally for the use and advantage of both countries.

Art. 7. The river Gila, and the part of the Rio Bravo del Norte lying below the southern boundary of New Mexico, being, agreeably to the fifth article, divided in the middle between the two republics, the navigation of the Gila and of the Bravo below said boundary shall be free and common to the vessels and citizens of both countries; and neither shall, without the consent of the other, construct any work that may impede or interrupt, in whole or in part, the exercise of this right; not even for the purpose of favoring new methods of navigation. Nor shall any tax or contribution, under any denomination or title, be levied upon vessels or persons navigating the same, or upon merchandise or effects transported thereon, except in the case of landing upon one of their shores. If, for the purpose of making the said rivers navigable, or for maintaining them in such state, it should be necessary or advantageous to establish any tax or contribution, this shall not be done without the consent of both Governments.

The stipulations contained in the present article shall not impair the territorial rights of either republic within its established limits.

Art. 8. Mexicans now established in territories previously belonging to Mexico, and which remain for the future within the limits of the United States, as defined by the present treaty, shall be free to continue where they now reside, or to remove at any time to the Mexican republic, retaining the property which they possess in the said territories, or disposing thereof, and removing the proceeds wherever they please, without their being subjected, on this account, to any contribution, tax, or charge whatever.

Those who shall prefer to remain in the said territories, may either retain the title and rights of Mexican citizens, or acquire those of citizens of the United States.* But they shall be under the obligation to make their election within one year from the date of the exchange of ratifications of this treaty; and those who shall remain in the said territories after the expiration of that year, without having declared their intention to retain the character of Mexicans, shall be considered to have elected to become citizens of the United States.

In the said territories property of every kind, now belonging to Mexicans not established there, shall be inviolably respected. The present owners, the heirs of these, and all Mexicans who may hereafter acquire said property by contract, shall enjoy with respect to it guaranties equally ample as if the same belonged to citizens of the United States.

Art. 9. Mexicans who, in the territories aforesaid, shall not preserve the character of citizens of the Mexican republic, conformably with what is stipulated in the preceding article, shall be incorporated into the union of the United States, and be admitted at the proper time (to be judged of by the Congress of the United States) to the enjoyment of all the rights of citizens of the United States, according to the principles of the constitution; and in the mean time shall be maintained and protected in the enjoyment of their liberty and property, and secured in the free exercise of their religion without restriction.

Art. 10. [Stricken out.]

Art. 11. Considering that a great part of the territories which, by the present treaty, are to be comprehended for the future within the limits of the United States, is now occupied by savage tribes, who will hereafter be under the exclusive control of the Government of the United States, and whose incursions within the territory of Mexico would be prejudicial in the extreme, it is solemnly agreed that all such incursions shall be forcibly restrained by the Government of the United States, whensoever this may be necessary; and that, when they cannot be prevented, they shall be punished by the said Government, and satisfaction for the same shall be exacted — all in the same way, and with equal diligence and energy, as if the same incursions were meditated or committed within its own territory, against its own citizens.

It shall not be lawful, unter any pretext whatever, for any inhabitant of the United States to purchase or acquire any Mexican, or any foreigner residing in Mexico, who may have been captured by Indians inhabiting the territory of either of the two republics, nor to purchase or acquire horses, mules, cattle, or property of any kind, stolen within Mexican territory by such Indians.

And in the event of any person or persons captured within Mexican territory by Indians being carried into the territory of the United States, the Government of the latter engages and binds itself, in the most solemn manner, so soon as it shall know of such captives being within its territory, and shall be able so to do, through the faithful exercise of its influence and power, to rescue them and return them to their country, or deliver them to the agent or representative of the Mexican Government. The Mexican authorities will, as far as practicable, give to the Government of the United States notice of such captures, and its agent shall pay the expenses incurred in the maintenance and transmission of the rescued captives, who in the mean time shall be treated with the utmost hospitality by the American authorities at the place where they may be. But if the Government of the United States, before receiving such notice from Mexico, should obtain intelligence, through any other channel, of the existence of Mexican captives within its territory, it will proceed forthwith to effect their release and delivery to the Mexican agent, as above stipulated.

For the purpose of giving to these stipulations the fullest possible efficacy, thereby affording the security and redress demanded by their true spirit and intent, the Government of the United States will now and hereafter pass, without unnecessary delay, and always vigilantly enforce, such laws as the nature of the subject may require. And, finally, the sacredness of this obligation shall never be lost sight of by the said Government when providing for the removal of the Indians from any portion of the said territories, or for its being settled by citizens of the United States; but, on the contrary, special care shall then be taken not to place its Indian occupants under the necessity of seeking new homes, by committing those invasions which the United States have solemnly obliged themselves to restrain.

Art. 12. In consideration of the extension acquired by the boundaries of the United States, as defined in the fifth article of the present treaty, the Government of the United States engages to pay to that of the Mexican Republic the sum of fifteen millions of dollars.

Immediately after this treaty shall have been duly ratified by the Government of the Mexican Republic, the sum of three millions of dollars shall be paid to the said Government by that of the United States, at the city of Mexico, in the gold or silver coin of Mexico. The remaining twelve millions of dollars shall be paid at the same place, and in the same coin, in annual instalments of three millions of dollars each, together with interest on the same at the rate of six per centum per annum. This interest shall begin to run upon the whole sum of twelve millions from the day of the ratification of the present treaty by the Mexican Government, and the first of the instalments shall be paid at the expiration of one year from the same day. Together with each annual instalment as it falls due, the whole interest accruing on such instalment from the beginning shall also be paid.

Art. 13. The United States engage, moreover, to assume and pay to the claimants all the amounts now due them, and those hereafter to become due, by reason of the claims already liquidated and decided against the Mexican Republic, unter the conventions between the two Republics severally concluded on the 11th day of April, eighteen hundred and thirty-nine, and on the thirtieth day of January, eighteen hundred and forty-three; so that the Mexican Republic shall be absolutely exempt, for the future, from all expense whatever on account of the said claims.

Art. 14. The United States do furthermore discharge the Mexican Republic from all claims of citizens of the United States not heretofore decided against the Mexican Government, which may have arisen previously to the date of the signature of this treaty; which discharge shall be final and perpetual, whether the said claims be rejected or be allowed by the board of commissioners provided for in the following article, and whatever shall be the total amount of those allowed.

Art. 15. The United States, exonerating Mexico from all demands on account of the claims of their citizens mentioned in the preceding article, and considering them entirely and forever cancelled, whatever their amount may be, undertake to make satisfaction for the same, to an amount not exceeding three and one quarter millions of dollars. To ascertain the validity and amount of those claims, a board of commissioners shall be established by the Government of the United States, whose awards shall be final and conclusive; provided that, in deciding upon the validity of each claim, the board shall be guided and governed by the principles and rules of decision prescribed by the first and fifth articles of the unratified convention, concluded at the city of Mexico on the twentieth day of November, one thousand eight hundred and forty-three; and in no case shall an award be made in favor of any claim not embraced by these principles and rules.

If, in the opinion of the said board of commissioners, or of the claimants, any books, records, or documents, in the possession or power of the Mexican republic, shall be deemed necessary to the just decision of any claim, the commissioners, or the claimants through them, shall, within such period as Congress may designate, make an application in writing for the same, addressed to the Mexican Minister for Foreign Affairs, to be transmitted by the Secretary of State of the United States; and the Mexican Government engages, at the earliest possible moment after the receipt of such demand, to cause any of the books, records, or documents, so specified, which shall be in their possession or power, (or authenticated copies or extracts of the same,) to be transmitted to the said Secretary of State, who shall immediately deliver them over to the said board of commissioners: *Provided*, That no such application shall be made by, or at the instance of, any claimant, until the facts which it is expected to prove by such books, records, or documents, shall have been stated under oath or affirmation.

Art. 16. Each of the contracting parties reserves to itself the entire right to fortify whatever point within its territory it may judge proper so to fortify for its security.

Art. 17. The treaty of amity, commerce, and navigation, concluded at the city of Mexico on the 5th day of April, A. D. 1831, between the United States of America and the United Mexican States, except the additional article, and except so far as the stipulations of the said treaty may be incompatible with any stipulation contained in the present treaty, is hereby revived for the period of eight years from the day of the exchange of ratifications of this treaty, with the same force and virtue as if incorporated therein; it being understood that each of the contracting parties reserves to itself the right, at any time after the said period of eight years shall have expired, to terminate the same by giving one year's notice of such intention to the other party.

Art. 18. All supplies whatever for troops of the United States in Mexico, arriving at ports in the occupation of such troops previous to the final evacuation thereof, although subsequently to the restoration of the custom-houses at such ports, shall be entirely exempt from duties and charges of any kind; the Government of the United States hereby engaging and pledging its faith to establish, and vigilantly to enforce, all possible guards for securing the revenue of Mexico, by preventing the importation, under cover of this stipulation, of any articles other than such, both in kind and in quantity, as shall really be wanted for the use and consumption of the forces of the United States during the time they may remain in Mexico. To this end it shall be the duty of all officers and agents of the United States to denounce to the Mexican authorities at the respective ports any attempts at a fraudulent abuse of this stipulation which they may know of, or may have reason to suspect, and to give to such authorities all the aid in their power with regard thereto; and every such attempt, when duly proved and established by sentence of a competent tribunal, shall be punished by the confiscation of the property so attempted to be fraudently introduced.

Art. 19. With respect to all merchandise, effects, and property whatsoever, imported into ports of Mexico whilst in the occupation of the forces of the United States, whether by citizens of either republic, or by citizens or subjects of any neutral nation, the following rules shall be observed:

1. All such merchandise, effects, and property, if imported previously to the restoration of the custom-houses to the Mexican authorities, as stipulated for in the third article of this treaty, shall be exempt from confiscation, although the importation of the same be prohibited by the Mexican tariff.

2. The same perfect exemption shall be enjoyed by all such merchandise, effects, and property imported subsequently to the restoration of the custom-houses, and previously to the sixty days fixed in the following article for the coming into force of the Mexican tariff at such ports respectively; the said merchandise, effects, and property being, however, at the time of their importation, subject to the payment of duties, as provided for in the said following article.

3. All merchandise, effects, and property described in the two rules foregoing, shall, during their continuance at the place of importation, and upon their leaving such place for the interior, be exempt from all duty, tax, or impost of every kind, under whatsoever title or denomination. Nor shall they be there subjected to any charge whatsoever upon the sale thereof.

4. All merchandise, effects, and property described in the first and second rules, which shall have been removed to any place in the interior whilst such place was in the occupation of the forces of the United States, shall, during their continuance therein, be exempt from all tax upon the sale or consumption thereof, and from every kind of impost or contribution, under whatsoever title or denomination.

5. But if any merchandise, effects, or property, described in the first and second rules, shall be removed to any place not occupied at the time by the forces of the United States, they shall, upon their introduction into such place, or upon their sale or consumption there, be subject to the same duties which, under the Mexican laws, they would be required to pay in such cases if they had been imported in time of peace, through the maritime custom-houses, and had there paid the duties conformably with the Mexican tariff.

6. The owners of all merchandise, effects, or property described in the first and second rules, and existing in any port of Mexico, shall have the right to reship the same, exempt from all tax, impost, or contribution whatever.

With respect to the metals or other property, exported from any Mexican port whilst in the occupation of the forces of the United States, and previously to the restoration of the custom-house at such port, no person shall be required by the Mexican authorities, whether general or State, to pay any tax, duty, or contribution upon any such exportation, or in any manner to account for the same to the said authorities.

Art. 20. Through consideration for the interests of commerce generally, it is agreed that if less than sixty days should elapse between the date of the signature of this treaty and the restoration of the customhouses, conformably with the stipulation in the third article, in such case all merchandise, effects, and property whatsoever, arriving at the Mexican ports after the restoration of the said custom-houses and previously to the expiration of sixty days after the day of the signature of this treaty, shall be admitted to entry; and no other duties shall be levied thereon than the duties established by the tariff found in force at such custom-houses at the time of the restoration of the same; and to all such merchandise, effects, and property the rules established by the preceding article shall apply.

Art 21. If unhappily any disagreement should hereafter arise between the Governments of the two republics, whether with respect to the interpretation of any stipulation in this treaty, or with respect to any other particular concerning the political or commercial relations of the two nations, the said Governments, in the name of those nations, do promise to each other that they will endeavor, in the most sincere and earnest manner, to settle the differences so arising, and to preserve the state of peace and friendship in which the two countries are now placing themselves, using for this end mutual representations and pacific negotiations; and if by these means they should not be enabled to come to an agreement, a resort shall not, on this account, be had to reprisals, aggression, or hostility of any kind, by the one republic against the other, until the Government of that which deems itself aggrieved shall have maturely considered, in the spirit of peace and good neighborship, whether it would not be better that such difference should be settled by the arbitration of commissioners appointed on each side, or by that of a friendly nation; and, should such course be proposed by either party, it shall be acceded to by the other, unless deemed by it altogether incompatible with the nature of the difference or the circumstances of the case.

Art. 22. If (which is not to be expected, and which God forbid!) war should unhappily break out between the two republics, they do now, with a view to such calamity, solemnly pledge themselves to each other and to the world to observe the following rules — absolutely, where the nature of the subject permits, and as closely as possible in all cases where such absolute observance shall be impossible:

1. The merchants of either republic then residing in the other shall be allowed to remain twelve months, (for those dwelling in the interior,) and six months (for those dwelling at the seaports,) to collect their debts and settle their affairs; during which periods they shall enjoy the same protection, and be on the same footing, in all respects, as the citizens or subjects of the most friendly nations; and, at the expiration thereof, or at any time before, they shall have full liberty to depart, carrying off all their effects without molesta-

tion or hindrance; conforming therein to the same laws which the citizens or subjects of the most friendly nations are required to conform to. Upon the entrance of the armies of either nation into the territories of the other, women and children, ecclesiastics, scholars of every faculty, cultivators of the earth, merchants, artisans, manufacturers, and fishermen, unarmed and inhabiting unfortified towns, villages, or places, and in general all persons whose occupations are for the common subsistence and benefit of mankind, shall be allowed to continue their respective employments unmolested in their persons. Nor shall their houses or goods be burnt, or otherwise destroyed, nor their cattle taken, nor their fields wasted, by the armed force into whose power, by the events of war, they may happen to fall; but if the necessity arise to take any thing from them for the use of such armed force, the same shall be paid for at an equitable price. All churches, hospitals, schools, colleges, libraries, and other establishments for charitable and beneficent purposes, shall be respected, and all persons connected with the same protected in the discharge of their duties and the pursuit of their vocations.

2. In order that the fate of prisoners of war may be alleviated, all such practices as those of sending them into distant, inclement, or unwholesome districts, or crowding them into close and noxious places, shall be studiously avoided. They shall not be confined in dungeons, prison-ships, or prisons; nor be put in irons, or bound, or otherwise restrained in the use of their

limbs. The officers shall enjoy liberty on their paroles, within convenient districts, and have comfortable quarters; and the common soldiers shall be disposed in cantohments, open and extensive enough for air and exercise, and lodged in barracks as roomy and good as are provided by the party in whose power they are, for its own troops. But if any officer shall break his parole by leaving the district so assigned him, or any other prisoner shall escape from the limits of his cantonment, after they shall have been designated to him, such individual, officer, or other prisoner shall forfeit so much of the benefit of this article as provides for his liberty on parole or in cantonment. And if any officer so breaking his parole, or any common soldier so escaping from the limits assigned him, shall afterwards be found in arms, previously to his being regularly exchanged, the person so offending shall be dealt with according to the established laws of war. The officers shall be daily furnished by the party in whose power they are, with as many rations, and of the same articles, as are allowed, either in kind or by commutation, to officers of equal rank in its own army; and all others shall be daily furnished with such ration as is allowed to a common soldier in its own service: the value of all which supplies shall, at the close of the war, or at periods to be agreed upon between the respective commanders, be paid by the other party, on a mutual adjustment of accounts for the subsistence of prisoners; and such accounts shall not be mingled with or set off against any others, nor the balance due on

1.

them be withheld as a compensation or reprisal for any cause whatever, real or pretended. Each party shall be allowed to keep a commissary of prisoners, appointed by itself, with every cantonment of prisoners in possession of the other; which commissary shall see the prisoners as often as he pleases, shall be allowed to receive, exempt from all duties or taxes, and to distribute whatever comforts may be sent to them by their friends; and shall be free to transmit his reports in open letters to the party by whom he is employed.

And it is declared that neither the pretence that war dissolves all treaties, nor any other whatever, shall be considered as annulling or suspending the solemn covenant contained in this article. On the contrary, the state of war is precisely that for which it is provided, and during which its stipulations are to be as sacredly observed as the most acknowledged obligations under the law of nature or nations.

Art. 23. This treaty shall be ratified by the President of the United States of America, by and with the advice and consent of the Senate thereof; and by the President of the Mexican republic, with the previous approbation of its general Congress; and the ratifications shall be exchanged in the city of Washington, or at the seat of government of Mexico, in four months from the date of the signature hereof, or sooner if practicable.

In faith whereof we, the respective plenipotentiaries, have signed this treaty of peace, friendship, limits, and settlement; and have hereunto affixed our seals respectively.

Done in quintuplicate, at the city of Guadalupe Hidalgo, on the second day of February, in the year of our Lord one thousand eight hundred and forty-eight.

                    N. P. Trist,   [L. S.]
                    Luis G. Cuevas, [L. S.]
                    Bernardo Couto, [L. S.]
                    Migl. Atristain, [L. S.]

And whereas the said treaty, as amended, has been duly ratified on both parts, and the respective ratifications of the same were exchanged at Queretaro on the thirtieth day of May last, by Ambrose H. Sevier and Nathan Clifford, Commissioners on the part of the Government of the United States, and by Señor Don Luis de la Rosa, Minister of Relations of the Mexican republic, on the part of that Government:

Now, therefore, be it know that I, James K. Polk, President of the United States of America, have caused the said treaty to be made public, to the end that the same and every clause and article thereof may be observed and fulfilled with good faith by the United States and the citizens thereof.

In witness whereof I have hereunto set my hand and caused the seal of the United States to be affixed.

Done at the city of Washington this fourth day of July, one thousand eight hundred and forty-eight, and of the Independence of the United States the seventy-third.

    [L. S.]   James K. Polk.
By the President:
    James Buchanan, Secretary of State.

El Dorado in California.

2.

(Erhalten 25. Septbr. 1849.)

Wir haben zwar in unsern deutschen Zeitungen schon etwas von dem Goldfieber gelesen, von dem die nordamerikanischen Einwanderer in Californien ergriffen worden sind, aber doch nur ganz flüchtige Bemerkungen, welche unter den heftigen Erschütterungen des politischen Lebens, die das deutsche Volk schütteln und in seinen gesellschaftlichen Zuständen erschüttern, mehrentheils übersehen werden. Ich glaube Ihnen, theuerster Professor, einen kleinen Dienst erwiesen zu haben, daß ich aus einem neuern Blatte des National Intelligencer eine ausführliche Nachricht über die Placer oder Goldregion von Hoch-Californien ausgeschnitten, welche in ihren Einleitungsworten auch von einer Schnelle erzählt, die eine amerikanische Seeratte in 10 Tagen fürchten von San Blas quer über das Hochland nach Vera Cruz gemacht hat! Die Entdeckung der reichen Goldlager wird, fürchte ich es, für die Colonisirung Californiens sehr nachtheilige Folgen haben. Tagediebe, Taugenichtse und Gesindel allerlei Art, woran es in den Vereinigten Staaten wahrlich nicht fehlt, wird dahin strömen, auch Mexiko sein Contingent stellen, und die ackerbautreibende Ansiedlung auf lange Zeit hinausschieben.

Freundschaftlichst

Ihr

[Ohne Tages-Angabe.] A. v. Humboldt.

Mr. Edward F. Beale, Passed Midshipman, arrived in this city (Washington) on Saturday, from Commodore Jones's squadron in the Pacific, and is said to have performed the most rapid journey that has ever been known from the Pacific to Washington. He left Commodore Jones at La Paz on the 1st of August, came by Mazatlan, and arrived at the port of San Blas on the 10th, and pushed his way by horses and mules across the country to the city of Mexico, where he arrived on the 17th. He was detained by Mr. Clifford three days for despatches, and in forty-eight hours passed from Mexico to Vera Cruz, about 275 miles, sleeping not more than ten minutes at a time. From Vera Cruz he sailed to Mobile, and arrived here on Saturday evening. Mr. Beale crossed from the Pacific at San Blas to the Gulf at Vera Cruz in the unexampled journey of ten days on the road, and was detained at Mexico three days.

The most extraordinary intelligence which Mr. Beale brings is about the real El Dorado, the Gold region in California. His accounts of the extraordinary richness of the gold surface, and the excitement it had produced among all classes of people, inhabitants of the country and of the towns, among seamen and soldiers, are confirmed by letters from Com. Jones and from Mr. Larkin, the United States Navy Agent at Montarey, California. Mr. Beale states that the whalers had suspended their operations — the captains permitting their seamen to go to the gold region, upon condition that every ounce of gold the seamen obtained should be given to the captain for doll. 10, making six or seven, dollars by the bargain. The towns were being evacuated; mechanics, &c. going to the attractive spot. The two newspapers had been suspended, the compositors going off to gather gold for themselves.

The „Union" publishes the following letter from Mr. Larkin to the Secretary of the Navy:

U. S. Navy Agency,
Monterey, California, July 1, 1848.

Sir: Since my last letter to you, written in San Francisco, I have visited the „Placer," or gold region of California, and found it all it had been represented to me. My anticipations were fully realized. The part I visited was the south fork of the river American, which joins the Sacramento at Suter's Fort, or two miles from it. This river has its north and south forks, branching more than twenty miles from Fort Suter. On these two forks there are over 1,000 people digging and washing for gold. On Bear creek and Hulo creek, branches of Feather river, many are now beginning to work. It is supposed that the banks and bottoms of all these small streams contain vast quantities of gold, and that the valleys between them are rich with the same metal. The people are now working at many places: some are eighty miles from others. The place I visited was about a league in extent; on this were about fifty tents: many have not even this covering. At one tent, belonging to eight single men, I remained two or three days. These men had two machines made in a day, from eighty to one hundred feet, inch boards, and very roughly put together. Their form was something like a child's cradle, without the ends; at one end there was a moveable sieve or rack to wash down the dirt and shake off the stones. Holes were made in the bottom of the machine to catch the gold this wash stopped, and this was scraped out hourly. These two machines gathered each day I was present three-fourths to one pound each, being three to four ounces of gold per man. These men had worked one week with tin pans; the last week with the machine. I saw the result of the first day's work of two brothers, (Americans;) one had seven dollars, the other eighty-two; they worked on the same five yards of land; one, however, worked less than the whole day. Their plan, like hundreds of others, was first with a pick and shovel, clear off two feet of the top earth, then put in a tin pan or wooden bowl a shovel of dirt, go into running water, with the hand stir up the dirt and heave out the stones, until they have remaining a spoonful of emery or black sand, containing one to five dollars. This can be done once or twice a day.

Each day is causing some saving of labor by the improvements in the rough machines now in use. The day I left, some small companies of five to eight men had machines from which they anticipate five or six hundred dollars a day. There certainly must, this day, be at work on the different Placers several hundreds of Americans and others, who are cleaning one ounce of gold a day. I have this week seen in Monterey a Californian who shows four hundred dollars of gold from the labor of one week; much of it was the size of wheat. I myself weighed one piece from his bag, and found the weight an even ounce. He, like many others, only went up to the gold regions to see the place, borrowed tools, worked a few days, and came home to show his labor, and take up brothers and cousins and provisions. Flour at the „Placer" is scarce at dollars 16 per 100 lbs. At almost this price it must continue, as people are forsaking their fields. I do not think I am exaggerating in estimating the amount of gold obtained on the rivers I have mentioned at ten thousand dollars a day for the last few days. There is every reason to believe the amount will not this season (unless the washers are driven from their work by sickness) be any less. In this case the addition of workmen now joining the first ones, and the emigrants from the Atlantic States we shall have in October and December, will soon swell the value of California gold that will be washed out to an unheard-of value. Many who have seen the „Placer" think it will last thirty or forty years. I should think that it would afford work two or three years to many thousands of people, and may for very many years, as I cannot calculate the extent of country having gold. The working of quicksilver mines, like every thing else, is stopped: three-fourths of the houses in the town of San Francisco are shut up. Houses in Monterey are being closed this week; the volunteer companies of Sonoma and San Francisco have lost several men by desertion. Under

other vessel lying at anchor in San Francisco would lose many men. In that town there is hardly a mechanic remaining. I expect the same in Monterey in two weeks. Both newspapers have stopped. All or nearly all the hotels are shut up. One of my clerks who received dollars 500 and board now receives in his store near New Helvetia (Suter's Fort) dollars 100 per month; my others are fast closing their books to leave me. In fact, I find myself, or shall this month, without a clerk, carpenter, or servant, and all my houses, formerly rented, given up to me. In two weeks Monterey will be nearly without inhabitants.

I am, with much respect,

Thomas O. Larkin.

Com. Thos. Ap. C. Jones.

3.

(Urbaina 17. Oktober 1848.)

Wenn ich Ihnen so spät erst für Ihre schönen Geschenke danke, so lag es an den Ereignissen der verhängnißvollen Tage. Ich habe eben geographisch-literarische Aufträge aus Indien bekommen, die ich Ihnen zuwenden möchte, und die Ihnen pecuniair, glaube ich, in einer so erwerblosen Zeit nützlich sein könnten. Ich wünsche Ihnen Morgen, Mittwoch, früh 10 Uhr, meine Vorschläge zu machen, wenn Sie mich gütigst besuchen wollen.

Mittags.

A. Humboldt.

Ich habe Ihnen wohl schon gesagt, daß nach Pent-

alten Culminationsbesitz restaurirt ist. Sie erinnern sich, daß nach Pentland's Messungen, im Annuaire du Bureau des longitudes pour 1830, p. 323, bekannt gemacht,

der Sorata 7696m (3948t) oder 25,249 engl. Fuß,
der Illimani 7315m (3753t) oder 23,999 engl. Fuß

haben sollen, während nach meiner Messung

der Chimborazo 6530m (3350t) oder 21,423 engl. Fuß

Höhe hat. Nach Pentland's neuer Carte von Bolivia hat aber

der Sorata nur 21,286 engl. Fuß oder 3328t oder 19,972 par. Fuß,
der Illimani nur 21,149 engl. Fuß oder 3307t oder 19,843 par. Fuß.

Es war also der Sorata um 3700, der Illimani um 2300 par. Fuß von Hrn. Pentland zu hoch angegeben, der mir unterm 8 October aus Paris auf meine dringende Anfragen über die Zahlen, welche seine neue Carte enthält, freimüthig geantwortet hat: von seinen Messungen sei die von 1827 ganz irrig gewesen, die durch mehrere genau gemessene Standlinien berichtigte von 1838 habe die Resultate gegeben, die auf der Carte stehen.

So hat denn veranlaßt, daß ein so großer Irrthum 18 Jahre lang in Hunderten von Schriften und Profilen herumgetragen worden ist!

Sie können von diesen Zahlen, die ich in der neuen Auflage der „Ansichten der Natur" zuerst veröffentliche, für Ihre „Zeitschrift der Erdkunde" Gebrauch machen, auch von den beiden Notizen aus Jos. Hooker's Brief an mich —

1) Ueber die Entdeckung und Messung eines Berges, des Kinchinjunga, der 26,438 par. Fuß und der nächste

nach dem ebenfalls neu gemessenen Dhawalaghiri ist. Letzterer ist also noch höher, als man ihn bisher geglaubt und der zweite Culminationspunkt nach dem Dhawalaghiri ist nicht der Djawahir, sondern der Kinchinjunga in Sikim. Steht der Name auf Ihren schönen Karten?

2) Ueber die Schneegränze südlicher Abfall des Himalaya unter 27° Lat.

Sie sollen später Hooker's Brief wieder haben, aber für jetzt brauche ich ihn und bitte Sie, ihn mir morgen wieder zurückzugeben.

Besitzen Sie Werne's neues Buch der Nilreise, so schicken Sie es mir auf einige Stunden.

A. Ht.

In Folge der Einladung des Hrn. C. von Humboldt vom 17. h. hab' ich denselben heute besucht, und es ist mir von ihm das nachstehende Schreiben mitgetheilt worden, das über die „geographisch-literarischen Aufträge aus Indien" Auskunft giebt, deren Humboldt's Brief gedenkt.
Potsdam, den 18. October 1848. S—t.

Abschrift.

Dorjeling Sikim Himalayah, August 9, 1848.

My dear Baron Humboldt.

When I had the honor of writing to you a fortnight ago I intended to have as lied your kind aid in behalf of my friend Hodgson who is devoted to the Sciences and to the subject of the „Education in the Vernacular".

Mr. Hodgson wants „an Elementary treatise on „Geography (in French to be translated by himself into „Hindu) calculated for the young Hindu and to give

"all the important and indisputable parts of the subjects and only such as are indisputable."

The work is for the use of schools and should contain about 6 or 8 outline Maps of the world of the following description:

1) Political, with the provinces and towns of Eminence.
2) Physical, the mountain chains and Rivers.
3) Ethnographical ⎫
4) Botanical   ⎬ Illustrating only the leading facts in the distribution of man, plants and animals.
5) Zoological   ⎭

If thought proper by the author Maps of Currents aerial and oceanic, of Isothermal lines and geology should be added.

Mr. Hodgson has directed the Secretary of the Vernacular society at Delhi, to remit £ 100 to any person, whom you may recommend to provide the Msc. of such a work in French; which money will either be paid to yourself or agents at once; or to the author on his remitting the Msc., as you think proper. Should you think this insufficient remuneration, Mr. Hodgson offers to make it L. 150 sterling.

A Quarto Size would be most convenient for a school-book. The Zoological and Botanical Maps to contain little sketches of the conspicuous objects of Each Region, but these are not to be crowded.

We are quite at a loss to know whom to apply to for assistance in this matter and I take the great liberty of applying to you because I think that amongst the many young geographers in Berlin you may know one, to whom the remuneration would be acceptable, and who could command such aid as to make the work *accurate*; it cannot be too simple and precise.

You too will I know highly approve of the noble liberality of the individuals, where love for the spread of sound geographical knowledge amongst the natives of India, has volunteered this sum.

I now quite expect to be able to explore Kinchinjunga in October; as the Government have taken up the question of our rights to travel in Sikhim with the object of forwarding my views. Now I am taking hourly Meteorological observations from 8^h am. to 2^h pm. The Barometrical fluctuations are small and very irregular. This is perhaps the most equable climate I ever was in.

Again believe me
   withe profound respect and esteem
      Your affectionate pupil
         Jos. D. Hooker.
Address: H. C. Botanical
  Gardens, Calcutta.

Nachdem ich diesen Brief gelesen hatte, nahm Humboldt das Wort, und sagte:

Ist es nicht ehrenvoll für uns Deutsche, daß man sich in Indien wegen Abfassung eines solchen Buchs für Hindu-Schulen nicht nach England, sondern an uns wendet? Sie gehören zwar nicht zu den „vielen jungen Geographen Berlins", von denen Hooker spricht, im Gegentheil zählen Sie mit zu den Nestoren; allein an wen anders, als an den Verfasser des Physikalischen Atlas könnte ich mich wenden, um dem Vertrauen zu entsprechen, was die Leute in Indien in unser geographisches Wissen setzen! Zwar steht das Honorar, welches sie bieten, nicht im richtigen Verhältniß zu der Aufgabe, deren Lösung sie verlangen, da zum Buche auch Karten gegeben werden sollen, da überdem das Manuscript in französischer Sprache geschrieben werden muß, was eine Übersetzung aus dem Deutschen voraussetzt, die auch bezahlt sein will; dennoch glaube ich, daß wir den ehrenvollen Antrag nicht von der Hand weisen dürfen, — schon allein des deutschen Namens wegen! Wollen Sie also diese Arbeit übernehmen? Jedenfalls werde ich, wenn Sie sich dazu entschließen, das Maximum des Honorars befürworten, und die Dispensation, daß das Manuscript französisch geschrieben werde, um Ihnen die Kosten der Übersetzung zu ersparen!

Nachdem ich im Allgemeinen meine Bereitwilligkeit zur Übernahme dieser Arbeit zu erkennen gegeben hatte, daß ich aber vorher Perthes* davon benachrichtigen müsse, theils weil ich mit der neuen Auflage des Physikalischen Atlas beschäftigt sei, theils aber auch um seine Meinung über anderweitige Benutzung einzelner Karten des Atlas — er, wie er, Humboldt, wisse, gemeinschaftliches Eigenthum von Perthes und mir sei, — für diesen indischen Zweck zu hören, meine definitive Antwort also vorbehalten bleiben müsse, wurde das Kapitel der Karten sehr ausführlich besprochen. Das Resultat war, daß der Hindu-Geographie nicht weniger denn 12 Karten beigegeben werden müßten! Humboldt schrieb den Titel einer jeden Karte mit Bleistift auf ein kleines Zettelchen, das ich aufbewahrt habe. Darauf steht u. a.:

Irgendwo Stellung der Erde $+\mathbb{C}$ im Planetensystem, sammt Neptun, nicht alle kleine Planeten, blos Ceres und Pallas.

In Bezug auf die vorgeschriebene Sprache, in welcher das Buch abgefaßt sein müsse, äußerte ich, daß ich das Manuscript unmittelbar französisch schreiben würde. Humboldt antwortete rasch:

Nein, nein! Das wird nicht angehen. Haben Sie auch

in der Jugend Französisch gedacht, gesprochen und geschrieben,
so ist das lange her; Sie sind ganz aus der Gewohnheit
gekommen. Schreiben Sie das Manuscript in deutscher
Sprache; ein Übersetzer ins Französische wird sich s. Z. schon
finden; er muß nicht allein der Sprache mächtig sein, sondern auch Sachkenntniß besitzen.

Am Schluß der mehrstündigen Conferenz bat ich Humboldt um die
Erlaubniß, die Nachrichten über Pentland's neue Messungen über die
Andesgipfel in Bolivia zu einer Notiz in der „Zeitschrift für Erdkunde"
benutzen und ihm den Aufsatz vor dem Abdruck zur Revision vorlegen
zu dürfen.

Ich habe es Ihnen ja schon gestern geschrieben, daß
Sie eine Berichtigung der fabelhaften Angaben Pentland's
von 1827 in Ihrem Journal bekannt machen mögten!
Wollen Sie mir den Aufsatz vorher zur Ansicht schicken, wird
es mir angenehm sein, obwol ich die Nothwendigkeit nicht
einsehe, daß ich Ihr Revisor oder Corrector sein soll.

Im Lauf der folgenden Tage wurde über das Pinto-Buch noch
weiter gesprochen. Humboldt wünschte meine baldige definitive Erklärung. Ich konnte sie ihm am 30 Oktober geben: ich erklärte mich zur
Annahme seines ehrenvollen Antrags bereit. Gleichzeitig schickte ich ihm
den kleinen Aufsatz über die Pentland'schen Messungen, in welchem ich
gesagt hatte, daß Humboldt der erste gewesen, der die Pentland'schen
Entdeckungen der Riesenhöhe der Andesgipfel in Bolivia 1829 in der
„Hertha" bekannt gemacht habe Er schickte mir denselben am andern
Tage mit folgenden Bemerkungen zurück:

4.

(Erhalten 31. Oktober 1849.)

Potsdam, Dinstags.

a) Nein, die Pentlandschen Messungen sind zuerst Hrn.
Arago mitgetheilt worden und von diesem im Annuaire du

Bureau des long. pour 1830, p. 323, veröffentlicht, die Zahlen in Mètres Maaß.

Pentland war zu zwei verschiedenen Malen, 1827 und 1838 (nicht 1828) — [1838 stand auch in meinem Manuscripte, die 3 war aber Humboldt in der Nacht bei Kerzenlicht nicht ganz deutlich gewesen] — als politischer Agent in Bolivia.

b) [Hier waren die Höhenzahlen für Sorata, Illimani, Chimborazo von oben S. 33 wiederholt, mit dem Zusatze]: Der Illimani im Annuaire zu hoch nicht 2300, wie Sie sagen [es war Humboldt's eigene Ziffer], sondern 2675 par. Fuß, denn 22518—19843 = 2675 par. Fuß.

c) Ich bitte: „Brieflich befragt" [nämlich Pentland durch Humboldt] wegzulassen, weil es unmittelbar sich auf einen Privatbrief bezieht. Sagen Sie gütigst: „Pentland erklärt die großen Differenzen dadurch, daß . . . ."

A. Ht.

Nehmen Sie gütigst Abschrift von dem Briefe an Hooker, den Sohn, den ich offen an den Vater schicke, Sir William Jackson Hooker (Kew Royal Botanical Garden). Merken Sie sich die Adresse, weil Sie doch mit Sir William in Correspondenz treten müssen. Bringen Sie mir den Brief morgen um 2 Uhr wieder.
A. Ht.

A. de Humboldt à Mr. Joseph Dalton Hooker,
à Dorjeeling (Sikhim Himalaya).
à Potsdam, ce 31 Oct. 1848.

Vous connaissez assez, mon cher Monsieur Hooker, l'amitié et la haute estime que je vous ai vouées pour pouvoir douter un instant du plaisir que j'ai éprouvé en recevant de vous un souvenir aussi affectueux et si riche en observations importantes. Vos deux lettres en date du 25 Juillet et du 9 Août me sont arrivées avec cette rapidité qui surprend, et qui prouve les progrès inouis de l'art de la navigation !

Les tristes agitations politiques de mon pays et ma position auprès du Roi me forcent de vous offrir plus laconiquement que je voudrois le faire l'hommage de ma vive reconnaissance et d'un attachement héréditaire pour son objet, puisqu'il date du voyage de votre excellent père en Islande et de la bienveillance qu'il a daigné me montrer en publiant mes cryptogames des Andes.

J'ai une qualité morale qui n'est pas commun parmi les voyageurs et dont j'aime a me vanter: je jouis de la gloire et des succès de mes amis. Jugez par là combien je me plais à l'idée qu'avec la variété de connaissances et de vues que vous avez acquises, Monsieur, aidé des conseils du plus savant et du plus expérimenté des scrutateurs de l'Himalaya, Mr. Hodgson, vous puissiez pénétrer en avant vers les pentes du Kinchinjinga que vous nous avez fait connaître. La mesure trigonométrique de cette cime — (donnez nous le nom de celui qui a mesuré récemment le Kinchinjinga et le Dhawalagiri!), vos communications géologiques et botaniques, celles qui ont rapport au cours du Dzangbo-tchou (Irawaddy?) et la limite des neiges nous ont vivement intéressé Mr. Ritter et moi.

J'ai été en particulier très-sensible au suffrage important que le savant Mr. Hodgson a donné aux parties principales de mon ouvrage sur l'Asie centrale. Quand vous ajoutez un dissentiment sur l'opinion que j'ai eu l'audace d'exprimer que la continuation de l'Hindoukho à l'est du croisement de la chaîne meridionale du Bolor et le Kouen-lun et non l'Himalaya (le dernier offrant un changement d'allure SE—NO. (entre 74° et 82° de long. de Greenwich) je pense que ce dissentiment se fonde plûtôt à des notions de volume et de hauteur, à des idées hypsométriques, qu'à ces vues de la géologie moderne, qui met le plus d'importance à la continuité de direction d'une même fente, sur laquelle une chaîne de montagnes a été soulevée. Or dans une chaîne de montagnes la connaissance des latitudes me parait un argument de la plus haute importance: j'aurois dit un argument decisif, si je ne parlois pas à des hommes, qui sont sur les lieux et qui forment des combinaisons, qui ont pu m'échapper.

Vous dites, mon excellent ami, que Mr. Hodgson et vous même vous continuez à regarder l'Himalaya comme „the dividing chain": certes elle est par son élévation continue, sa crête c. à d. la série de montagnes colossales, placées généralement E—O. de long. 82° à 97° en traversant semblable au Bolor les chaînes méridionales (dirigées N—S.) qui causent la grande sinuosité du Dzangbo-tchou et déterminent la forme de la peninsule de Malacca.

Il est très-probable qu'à l'est du méridien de Tengri-noor (long. 90°) la direction E—O. du Kouenlun est moins marquée que celle E—O. de l'Himalaya qui recommence en Chine à l'est du croisement (long.

97°—103°) du système de chaînes méridionales: mais la latitude, les parallèles de 35° 3' et de 35° 22' qui suit la fente de l'Hindou-kho diffère bien essentiellement de la latitude moyenne de l'Himalaya (lat. 28° à 29°) à l'est du Dhawalagiri, pour no pas chercher la continuation de l'Hindou-kho plus au nord.

C'est comme dans les filons que par un changement d'allure que l'Himalaya se lie dans le noeud du Thsoung-ling à l'Hindou-kho (Asie centrale, p. XXII, p. 124—133, 205—207, T. II, p. 367, p. 414—435). Je desire beaucoup que ce point important soit un jour discuté publiquement par Mr. Hodgson, dont la bienveillance me rassure et l'autorité est si grande. La chaine occidentale des Alpes presente aussi, comme l'a prouvé Élie de Beaumont, près du Mont-Blanc un changement d'allure, la direction des Alpes maritimes étant presque N—S.

Nous avions cru jusqu'ici que les deux plus hautes cimes de l'Ilimalaya étaient le Dhawalagiri et le Djawahir, en donnant au premier 28,077 piés anglais ou 26,345 piés de Roi (ancienne mesure françoise), au second 25,749 piés anglais ou 24,160 piés françois. Mr. Colebrooke (Asie centrale, T. III, p. 283) regardoit la mesure du Dhawalagiri comme peu certaine. Or comme le Kinchinjinga a 28,178 piés anglais ou 26,438 piés françois et que vous dites que Kinchinjinga est la plus haute cime *après le Dhawalagiri*, ce dernier doit avoir plus de hauteur que les 28,077 feet qu'on lui a assignés jusqu'ici. Vous m'obligerez beaucoup en me communiquant le resultat de la nouvelle et dernière mesure du Dhawalagiri.

Vous serez surpris d'apprendre qu'en Europe nous avons été en erreur pendant 13 ans sur les points culminants des Cordillères. Mr. Pentland a publié dans l'Annuaire du Bureau des longitudes pour 1830, p. 323, que dans la chaine de Bolivia (Haut Pérou) à l'est du lac de Titicaca il y a deux cimes mesurées par lui, le Sorata et l'Illimani, dont l'une a 7,696m (25,249 piés anglais ou 23,688 piés françois), l'autre 7315m (ou 23,999 piés anglais ou 22,518 piés françois) et que le Chimborazo, que j'ai trouvé de 6350m (ou 21,424 piés anglais ou 20,100 piés français) n'est par conséquent pas la montagne la plus élevée des Cordillères. He bien, selon la grande Carte du lac de Titicaca par Mr. Pentland, publiée il y a quelques mois (Juin 1848) le Sorata n'a plus que 21,286 p. angl. (6497m ou 19,972 p. fr.)

l'Illimani n'a plus que 21,149 p. angl. (6446m ou 19843 p. fr.)

Il y a donc une erreur sur le Sorata de 3716, sur l'Illimani de 2675 piés françois!

Il est cruel, que Mr. Pentland, qui est un géologue très-spirituel et instruit ne nous ait pas revélé cette étrange erreur plûtôt!

Voilà donc mon Chimborazo de nouveau la plus haute cime des Andes. C'est une dynastie restaurée! Tous les livres de géographie physique, tous les profils géologiques et hypsométriques ont été empestés depuis 18 ans de ces fausses mesures. Mr. Pentland m'écrit de Paris que ayant été envoyé par le gouvernement deux fois en 1827 et 1838 à Bolivia, les opérations trigonométriques, faites en 1838 lui ont prouvé que ses premières opérations de 1827, communiquées à sa demande en 1830 par M. Arago, étoient inexactes à cause de la petitesse de sa base.

J'en viens à présent à la proposition de la redaction d'une géographie populaire à l'usage des écoles Hindoux, que vous voulez bien me faire dans votre aimable lettre du 9 Août au nom du respectable Mr. Hodgson. Je suis très-sensible à cette marque de confiance. Vous desirez le manuscrit d'un „Elementary treatise", redigé en français in 4to accompagné de 6 ou 8 „outlines maps" qui ayent rapport —

1) à la géographie proprement dite, mappemondes, divisions de provinces;
2) aux chaines de montagnes et de rivières;
3) à l'Ethnographie;
4) à la géographie des plantes et —
5) des animaux.

Vous desirez aussi des esquisses sur les courans aériens et pelagiques, mes lignes isothermes et la géologie (sans doute la superposition des formations). On veut remunerer l'auteur de 100 ou 150 £. Sterl. payable en Angleterre quand le manuscrit sera livré avec le dessin des cartes. C'est une affaire. Il faut donc, mon cher ami, que je suivisse bien exactement ce que desire Mr. Hodgson.

Mon choix est facile à fixer. Je dois vous proposer un savant, dont les nombreux travaux publiés depuis plus de 25 ans (des Manuels de géographie, les belles cartes de l'Inde insulaire etc., l'Atlas physique, illustrations of the geographical distribution of Natural phenomena relating to Geology, Hydrography, Meteorology and Natural History traduit et considerablement augmenté par Johnston à Edinburgh) ont été honorablement appreciés en Allemagne, en Angleterre et en France. Je parle du Professeur Berghaus, directeur de l'Institut géographique établi à Potsdam. Il accepte la proposition en fixant la remuneration à cent cinquante livres Sterling, à cause d'autres travaux littéraires, que ce travail lui fera negliger.

J'ai discuté très-sérieusement avec lui la nature de ce travail, qui doit être correct, simple, pas verbeux de style, très exact dans les chiffres, tout reduit en mesures anglaises, therm. de Fahrenheit, milles anglaises, en adoptant les notions géographiques à l'intérêt asiatique et anglo-européen, l'intérêt de metropole et des colonies (possessions anglaises).

Il faut fixer le nombre des feuilles à imprimer et le nombre des cartes physiques et géographiques. Nous avons pensé que quinze feuilles d'impression suffiront. Vous voudrez bien dire, s'il en faut jusqu'à 20 feuilles, cela a de l'importance pour l'étendue des divers articles. Le nombre des cartes seroit mieux de 11 ou 12 que de 8. La grandeur convenable serait de 16 inches in length et de $10^1/_2$ inches in hight. Cela seroit un in *Quarto* allongé. Il faut eviter de ne pas plier les cartes. Si vous ne voulez pas que les cartes fassent un cahier séparé, on pourrait imprimer le texte sur trois colonnes à chaque page.

Nous proposons pour les cartes:

A) *Géographie proprement dite:* — Deux Mappemondes, dont une projection de Mercator plus favorable pour les notions météorologiques de diversité de Climats par les mêmes latitudes. — Une carte de *l'Europe,* — une de *l'Asie entière,* — une de *l'Inde* seulement jusqu'au parallèle du Jawahir vers lat. 31° (Cachmir, Ladak, le Pendjab, le Manassorowar, la courbure du Dzangbo-tchou pourront être vus comme le Hindou-kho sur la carte générale de l'Asie). Il faut conserver de la place pour le pays au sud de l'Himalaya entre 80° et 97° de long. — Cela fait 5 cartes géographiques.

B) Il reste pour les cartes physiques:

6) *Chaînes de montagne* sous le rapport hypsométrique des cimes et des plateaux, Profils de l'Himalaya, des Andes, Alpes, Pyrenées; Neiges perpétuelles peut-être avec les détails de ma Carte dans le livre: De distributione geographica plantarum 1817.

7) *Carte des courants dans les mers* avec quelques lignes isothermes seulement pour faire comprendre le sens des sommets concaves et convexes, côtes orientales et occidentales, decroissement du Calorique sur les montagnes.

8) *Zones de plantes,* surtout les cultures.

9) *Distribution géographique des animaux.*

Les figures de plantes célèbres par la culture et les figures des animaux ne doivent pas être sur les cartes comme au moyen age: ces figures (dessins linéaires non ombrés) formeront en bandes (arabesques) le cadre des Cartes 8 et 9.

10) Les *courbes magnétiques* de déclinaison, d'inclinaison et d'intensité seulement quelques unes, pour comprendre leur valeur, les maxima et minima, les *lignes sans declinaison*, l'intersection de l'équateur magnétique avec l'équateur géographique.

11) *Races d'hommes*, seulement l'ancien continent, placé de manière à donner une partie de la mer du sud vers la Nouvelle Hollande (projection de Mercator).

12) Une petite équisse du *Monde planétaire* actuellement connu des cercles jusqu'à Neptune, mais seulement deux des asteroïdes, Cérès et Irès ou Flore, pour ne pas rendre le dessin confus. A côté les vrais diamètres jusqu'à Uranus et Neptune, d'après la belle et toute nouvelle Carte planetaire de Bernhard Cotton.

Vous voyez que je me suis bien occupé de votre demande: agé presque de 80 ans je continuerai à donner mes conseils au Professeur Berghaus, mais mon age, ma position, mes travaux ne me permettent aucunement de me mêler de la redaction, de revoir ou d'examiner le manuscrit ou les cartes, — d'en être le Ministre responsable! Mr. Berghaus n'est pas en état de redigor en français ou en anglais quoiqu'il possède parfaitement les deux langues; il fera traduire ici (s'il le faut absolument) son manuscrit en français, mais il serait bien desirable que Mr. Hodgson puisse se servir d'un manuscrit allemand.

J'ose vous prier de correspondre *directement* sur

tous ces points douteux non avec moi, mais avec Mr. Berghaus en anglais: il vous repondra en françois à vous ou à Mr. Hodgson. Le plus simple seroit de faire passer les lettres par Kew et de les diriger à *Mr. le Professeur Berghaus à Potsdam*. Mon séjour change trop souvent.

Je consulte à Mr. Berghaus, qui est très actif, aussi actif qu'instruit, de commencer l'ouvrage même avant votre première reponse.

Il desire un premier payement de 50 £. Sterl., lorsqu'il a envoyé à Mr. votre père à Kew 7 à 8 feuilles de texte et 4 cartes. Les payemens ne se feront jamais par moi, mais directement par votre excellent père à Mr. Berghaus. C'est le galvanisme qui attaque ce prose de la vie.

Si je demande la correspondance directe avec Mr. Berghaus, ce n'est pas pour être privé de vos aimables lettres!

Al. Humboldt.

Veuilles bien decider si vous aimez mieux de diminuer le nombre des Cartes physiques.

Pourrez vous lire mes infusoires?

Dieser lange Brief enthielt in seinem zweiten Theile das Resultat der Besprechungen, die ich in den vorhergegangenen Tagen seit dem 19 October mit Humboldt gehabt hatte. Nur die eine Bemerkung wegen der Sprache, in welcher das Manuscript geschrieben werden sollte, die Humboldt in seinen Brief hatte einfliessen lassen, war nicht nach meinem Sinne, entsprach auch nicht der getroffenen Vereinbarung, die es festgesetzt hatte, dass ich das Manuscript sogleich in französischer Sprache schreiben würde.

Als ich nach genommener Abschrift den Brief an Hooker am 1 November Humboldt persönlich zurückgab, und die Rede auf dieses Kapitel von der Sprache kam, äusserte er:

Ich weiß es schon, was Sie sagen wollen. Sie wollen mich an meine Zustimmung erinnern! Als ich beim Schreiben des Briefes an diesen Sprachen-Punkt kam, stiegen mir wieder meine früheren Bedenken auf. Und so schrieb ich denn, wie ich geschrieben habe. Ausstreichen und ändern kann ich doch in dem Briefe nichts, er würde ganz undeutlich werden. Hooker wird ohnehin Mühe haben, meine Handschrift zu entziffern. Und noch einmal abschreiben wegen dieses Punktes kann ich doch auch nicht; dazu habe ich keine Zeit. Die Fassung, die ich diesem Punkte gegeben habe, kann ja nicht schaden, um so weniger nicht, da ich ausdrücklich sage — Sie wären beider Sprachen, der englischen sowol als französischen, mächtig. Sie können es bei der Abfassung des Manuscripts ja noch immer halten wie Sie wollen.

Dennoch kam Humboldt, wie sich weiter unten ergeben wird, auf diesen Punkt noch ein Mal sehr ausführlich zurück: er traute es mir nicht zu, daß ich Französisch schreiben könne! Mit welchem Eifer und welcher Vorliebe er diese Angelegenheit des geographischen Pflanzen-Compendiums ergriff, sieht man aus den folgenden, rasch auf einander folgenden Briefen, davon der erste in seinen Eingangsworten zugleich Zeugniß ablegt von dem besorgnißvollen Wohlwollen für mich, das sein Herz wie für alle anderen Menschen ganz erfüllte!

5.

(Erhalten 2. November 1849 Vormittags.)

Da es mir sehr darauf ankommt, theurer Professor, daß nicht der Ruhm Ihres Namens durch die neue Arbeit gefährdet werde, deren Anfang bei Sir William Hooker, wie Sie erwarten müssen, von vielen Sachkennern wird besehen und beurtheilt werden, so rathe ich Ihnen, nicht so schnell sich an das Zeichnen der physikalischen Carten zu machen. Diese erfordern Materialien, die nicht veraltet sind und deren Vergleichung allen Engländern durch Vergleichung des weit verbreiteten Berghaus-Johnston'schen Atlas so erleichtert ist. Was anders wäre es, wenn Sie mit den rein geographischen Carten anfingen. Zeichnen Sie sich daher ja zuerst auf für die physikalischen Theile, woher Sie zu jetziger Zeit schöpfen müssen. Ich denke deshalb Ihnen nützlich zu sein, wenn ich Ihnen beifolgende Bücher schicke, die ich Sie aber bitten muß, da ich sie täglich brauche, mir a l l e bis Freitag über acht Tage — wiederzuschicken.

Sie können die physikalische Arbeit nicht anfangen, ohne Johnston's englische Ausgabe Ihres Atlas v o l l s t ä n d i g bei der Hand zu haben. Sie enthält viel Vortreffliches und ganz Neues für Geographie der Pflanzen und der Thiere, Windrichtungen, Meeresströme, magnetische Karten.

Ich kann Ihnen vielleicht aus des Königs Privat-Bibliothek, von Duvinage, wenn es schon gebunden ist, ein vollständiges Exemplar von Berghaus-Johnston verschaffen.

Für den Text ist vortreflich Endlicher, Geographie der Pflanzen p. 417—468.

Die Zahl aller jetzt beschriebenen Pflanzenarten wird auf 86,000 Species geschätzt von Lindley, nämlich 77,000 phanerogamische und 9000 cryptogamische Pflanzen.

Die höchsten Bäume sind unter den Zapfenbäumen oder Coniferen, und zwar

        Sequoia gigantea aus Californien, 300 engl. Fuß hoch;

        Araucaria chilensis, 260 pariser Fuß;

Der Pinus von Douglas, NW.-Küste von Amerika, 245 par. Fuß.
(Synopsis Coniferarum, von Endlicher, 1847, p. 199.)

Die Palme von Cuindiu, Ceroxylon andicola, von mir gemessen, 180 par. Fuß;

Aber ein Seetang, Macrocistes pyrifera, auch Facus giganteus genannt, auf Cook's Reise gefunden, ist 360 engl. Fuß, also länger als alle Bäume.
(Darwin's Journal und die vortreffliche Physical Geography von der großen Mathematikerin Mrs. Somerville, T. II, p. 136.)

Lesen Sie Maritime vegetation und Ocean und Höhe der Wellen bei der Somerville sehr genau, T. I, p. 233; Tiefe p. 235; Ebbe p. 239.

In allen botanischen Gärten zusammen in Europa werden 20,000 bis 22,000 Species cultivirt (in Berlin 14,000 Species).

Ein Bild, was Sie vielleicht copiren und mitliefern, weil es Schneehöhen, Plateaux, Cultur der Cerealien (Acker), Baumgränze, Temperatur, zugleich enthält, steht am Ende meiner Schrift De distributione geographica plantarum. Ich schicke das Buch mit. Es macht freilich am meisten Effect in Farben. Sie könnten eine Gruppe für den Himalaya mit nördlichem und südlichem Schneeabfall, Dhawalagiri und Kinchinjinga, auch Plateau von Thybet in Lat. 30°—34° N. zufügen. Alle Materialien dazu stehen in meiner Asie centrale, in Tabelle T. III, p. 362.

Aus Cotta, Commentar zum Cosmos, benutzen Sie Vieles, besonders:

Gletscher p. 206*); Atmosphäre p. 217; die schöne Abbildung eines baumartigen Farrn p. 142; Tronte p. 139; einige Versteinerungen als — bordurn p. 150; Formationen p. 97, dazu englische Ausdrücke aus Leonhard, Geologie, 1839; das Bild p. 79 zu geben, aber einfacher in den Eruptionsspalten; Mulden p. 50.

Die Planetenkarte und Planeten-Durchmesser sind sehr hübsch und auf ¼ zu reduciren, aber von den kleinen Planeten nur zwei zu behalten, Ceres und Pallas, um die Confusion zu vermeiden.

*) Aus Burmeister zu nehmen: p. 45 Gletscher, und Menschenracen p. 563, besser als im phrenologischen! Cotta.

Ich werde Ihnen rathen, sich für jetzt nur die Stellen, die Sie einst benutzen wollen, der Seitenzahl nach zu notiren, da diese Bücher später immer wieder zu schaffen sind.

Mittwoch Nacht.

Ihr
A. H.

6.
(Erhalten 2. November 1849 Nachmittags.)

Wenn ich auch in dem Briefe an Hooker sage, daß ich keine Responsabilität übernehme, so werden Sie doch aus der Beilage zum Plan des ganzen Werkes sehen, wie ernsthaft ich wünsche, Ihnen, theurer Freund, nützlich zu sein, und in denen Dingen, die mir durch die lange Richtung meiner physikalischen und naturhistorischen Studien mehr als Ihnen familiair sein müssen, Ihnen zu helfen. Ich habe, wie Sie es wünschten, nachgegeben und die Pflanzen-Geographie vor die specielle Landeskunde, in der Sie ja der Meister sind, und keine Hülfe bedürfen, gesetzt.

Da ich leider! vorhersehe, daß man in Indien von der französischen Redaction nicht abgehen wird, so ist die Auswahl des Uebersetzers die Sache, vor der ich zittere, wenn der Uebersetzer (was bei der Mannichfaltigkeit der Gegenstände so schwer ist) nichts von der Sache selbst versteht. Ein tröstender Ausweg liegt in den Citationen, die mein Plan enthält. Ich werde Ihnen die 2 Bände der vortrefflichen Uebersetzung des „Kosmos" schicken. Sie legen sie in die Hand des Uebersetzers und dieser findet in dem „französischen Kosmos" die ganze wissenschaftliche richtige Nomenclatur. Wegen der Wahl des Uebersetzers, mit dem Sie bogenweise die Bezahlung accordiren müssen, rathe ich Ihnen, Mr. de la Harpe (aus Lausanne), Professor am Collége françois und Redacteur der Werke Friedrich des Großen, ein Freund des Professors Preuß, zu consultiren. Am besten wäre ein Primaner, der Lust zur Physik hat und von der französischen Colonie ist. Vielleicht findet Mr. de la Harpe auch Jemand aus Neuchatel oder Lausanne.....

Eine Durchsicht der französischen Uebersetzung und Rath darüber werden Sie auch erlangen von einem sehr kenntnißreichen, der französischen wissenschaftlichen Sprache ganz — ganz mächtigen jüngern Gelehrten, dem Dr. Emil Du Bois (Carl Straße No 21 in Berlin), dem Verfasser des neuen Entdeckungsreichen Werkes „Untersuchungen über thierische Electricität", 1848, bei Reimer. Dr. Du Bois, Sohn des alten Geh. Legations Raths Du Bois bei dem Ex-Neuchateler Departement, wird bei dem ersten übersetzten Bogen, den Sie ihm mittheilen, entscheiden, ob der vorgeschlagene Ueberſetzer zu brauchen iſt. Das iſt in dieſer ernſten Sache ein ſehr wichtiger Punkt.

Meine Citate im Entwurf, den ich Ihnen vorlege, beziehen ſich auf die Seitenzahl des „Deutſchen Kosmos". Der Ueberſetzer muß die deutſche Ausgabe auch zur Hand haben und die correſpondirende franzöſiſche Seitenzahl aufſuchen, was leicht iſt, da der Entwurf, — falls Sie ihn im Ganzen billigen, — die Materien ſo an einander reiht, wie im Naturgemälde des Kosmos.

Fürchten Sie nicht die Länge (Bogenzahl), die der Entwurf zu erheiſchen ſcheint. Ich lege nur Wichtigkeit auf die **Anreihung**, welche der jetzige Stand unſers Wiſſens erheiſcht und daß die Materien berührt durch einige numeriſche Angaben erläutert werden, von denen ich weiß, daß Hodgſen und Hooker ſie in Ihrem Manuſcript ſuchen werden. Die Klarheit entſpringt aber aus der Anreihung und der beſtimmten wiſſenſchaftlichen Sprache. Das ganze wichtige Capitel des Erdmagnetismus z. B. können Sie in ein Capitel von 7—8 gedruckten Seiten zuſammendrängen, wie Ihnen mein Kosmos beweiſt, in dem ich 14 Seiten (I, p. 184—198) darauf verwandt. Geben Sie mehr, ſo kann Hr. Hodgſen ja immer dort abſchneiden.

Mit alter freundſchaftlicher Anhänglichkeit

Ihr

Donnerſtags Morgen. Al. Ht.

Plan, und wo ſichere Zahlen zu finden!

Ueber die Reihefolge der Materien ſind wir beide nach unſern mündlichen Verabredungen ohngefähr derſelben Meinung:

I. **Physikalische Erdbeschreibung.**
  A. **Unorganisch-Tellurisches.**

Definition der Geographie

Erde für sich betrachtet oder in ihrem Verhältniß zu dem Centralkörper, d. h. als einer der Planeten, die um die Sonne kreisen. Da dieses planetarische Verhältniß auf die Klimate wie auf Ebbe und Fluth einwirkt, so wird es später in einem kurzen Abschnitt entwickelt.

Eintheilung in Capitel mit Ueberschriften.

Erdball. Gestalt, Abplattung, Größe der Durchmesser. Mittlere Dichtigkeit. Attraction, Schwere, Wirkungen auf die Pendelschwingungen am Equator und an den Polen, am Meeresstrande und auf hohen Bergen. Zahlen im Kosmos, Tb. I, p. 162—178; p. 416—425.

Wärme des Erdkörpers. Zunahme gegen die Tiefe. In welcher Tiefe Granit geschmolzen. Kosmos I, p. 178—184; p. 425—427.

Magneto-electrische Strömungen im festen Theile des Erdkörpers; Erdmagnetismus und seine periodische Veränderlichkeit durch frei aufgehangene Magnetnadeln ergründet.

Abweichung, wichtig für Schiffarth. Stündliche Veränderung der Abweichung; regelmäßige und zufällig gestörte magnetische Ungewitter. Linien ohne Abweichung. Geschichte ihrer Bewegung ungleich in verschiedenen Zonen.

Inclination, Neigung der Magnetnadel. Linie ohne Abweichung (? Neigung) oder magnetischer Aequator; sein Verhältniß zum geographischen Aequator.

Intensität der magnetischen Kraft, wo Maximum, wo Minimum.

Man zieht auf der Oberfläche der Erde Linien gleicher Abweichung, gleicher Inclination und gleicher Intensität der Kraft.

Lage der magnetischen Pole, ungewiß ob 2 oder 4. Kosmos I, p. 184—199; p. 427—439.

Lichtausströmung an den magnetischen Polen der Erde. Polarlichter am Nord- und Südpole, wahrscheinlich ohne Geräusch; Wirkung der Polarlichter auf die Magnetnadel. Kosmos, I, p. 199—208; p. 430—442.

Bewegungen in der festen Rinde des Erdballs.

Bloß räumliche Veränderungen: Erdbeben, Erschütterungs-Wellen; Gränzen der Erschütterungskreise. Kosmos I, p. 210—224; p. 443—445.

Faltungen der Erdrinde; Veränderungen des Niveaus; Hebungen und Senkungen des Bodens, entweder augenblickliches oder langsames Aufsteigen von Schweden. Allmälige Hebung oder Senkung der Continente und Inseln. Kosmos I, p. 312—317; p. 473, 474.

Die Corallen-Inseln bezeichnen die Höhenpunkte untergegangener versunkener Inseln. Mad. Somerville Vol. I, p. 211—220; Cotta, p. 269—277.

Räumliche Veränderungen, die zugleich Stoffhaltiges hervorheben: Stoffhaltiger Erguß. Erzeugung gasförmiger und tropfbarer Flüssigkeiten, heißer Schlamm und Lava, d. i. geschmolzene Erden, die zu Gebirgsarten erstarren.

Alles dies sind vulkanische Erscheinungen; diese Vulcanicität ist die Reaction des Innern eines Planeten gegen seine Oberfläche. Kosmos I, p. 209—225.

Gasquellen;

Heiße Quellen;

Salsen und Schlammvulkane;

Eigentliche Feuerspeiende Berge, die aus Erhebungscratern hervortreten. Kosmos I, p. 226—249.

Central- und Reihen-Vulkane. Abstand vom Meere. Kosmos, I, p. 250—256.

Allmäliges Erlöschen der vulkanischen Kräfte.

Diese Kräfte und Niederschläge aus Wasser haben die Rinde des Erdkörpers gebildet, Eruptivgesteine gehoben auf Spalten und Gängen; Sediment- oder Flözgestein organische Reste eingeschlossen; umgewandeltes Gestein. Kosmos, I, p. 257—268.

Typus der Formationen. Kosmos I, p. 261, 266, 291.

Etwas von den Versteinerungen. Unterschied der Steinkohle, der Lignites (Braunkohle) in Hinsicht auf relatives Alter der Schichten und Natur der eingeschlossenen Pflanzenreste, ihrer Aehnlichkeit oder Verschiedenheit von den jetzigen noch lebenden Pflanzenformen. Bernstein. Kosmos, I, p. 293—298; II, p. 163 und 410.

Die geognostischen Revolutionen, Erschütterungen und Faltungen des Bodens haben die jetzige Gestalt und das Verhältniß des Festen und Flüssigen auf der Erdfläche bestimmt. Numerische Verhältnisse.

Gestaltung in horizontaler Ausdehnung (Gliederungsverhältnisse, pyramidale Endigungen gegen Süden, Wiederholung derselben Formen) und in senkrechter Erhebung (hypsometrische Ansichten; Plateaus; Versuch, den Schwerpunkt des Volums des jetzt über dem Meeresspiegel erhobenen Landes zu bestimmen). Kosmos, I, p. 311—320. De la hauteur moyenne des continents in Asie centrale, I, p. 82—90, p. 168—189.

Progreſſion der Hochebenen in Tolſen. Asie centrale, I, p. 19.

Höchſte Gipfel beider Continente, eine kleine Tabelle: Dhawalagiri, Kinchinjinga, Chimborazo, Mont-Blanc.

Höchſte permanente menſchliche Wohnungen: Städte und Dörfer; Potoſi, Tübet, Dörfer in den Pyrenäen, Alpen. — Schöpfen Sie aus Annuaire du bureau des long. pour 1830, und für Tübet: Asie centrale, T. III, p. 310—326.

Die Erde hat zwei Umhüllungen, —

Eine tropfbare: Meer; Salzgehalt, Ströhmungen, Leuchten; Kosmos, I, p. 320—332;

Eine luftförmige: Atmosphäre.

Chemiſche Zuſammenſetzung. In der Luft ſchwimmen zahlloſe kieſelſchalige Infuſorien, todte auch lebendige der Fortpflanzung fähige. Nebel von Cap Verd, bis Oberſchleſien. Ihre niederfallenden Maſſen. — Ehrenberg, in den akademiſchen Monatsberichten; Kosmos, I, p. 332 und 334.

Druck. Stündliche Barometer-Veränderung. Mittlerer Druck am Meere. Siedepunkt verſchieden nach Druck: Kosmos, I, p. 332—340.

Temperatur: Iſothermen, Kosmos, Inſel- und Küſtenklima. Kleine Tabelle der mittleren Temperatur. Winde; Sturmtheorie; Region der Windſtillen: Kosmos, I, p. 340—358.

Abnahme der Temperatur nach Breitenunterſchieden. Tabelle: Asie centrale, T. III, p. 227.

Abnahme der Temperatur nach Höhen: Asie centrale, T. III, p. 215—225.

Thermische Cultur-Scalen: Kosmos, I, p. 349 und 481. Wovon die Wärme von Europa abhangt: Kosmos, I, p. 351.

Schneegränze: Kosmos, I, p. 356—358. Asie centrale III, p. 360, p. 231—350.

Dampfmenge des Luftkreises und Electricität: Kosmos, I, p. 359—366.

II. Organisch-Tellurisches.

Die Temperatur und Feuchtigkeit der Atmosphäre, mineralische Bodenbeschaffenheit und senkrechte Höhenverhältnisse bestimmen die Verbreitung der Pflanzen und Thiere auf der Erde.

Allgemeinheit der Verbreitung der Organismen. Wo? Im Meere, auf dem Lande, wie hoch auf Bergen! Unterirdische Pflanzen (Cryptogamen) und Infusionsthiere im ewigen Dunkel der Bergwerke.

Geographie der Pflanzen.

Zahl der beschriebenen Arten; jetzt geschätzt auf 86,000 Species, wovon 9000 Cryptogamen.

Etwas größere Abtheilungen:

a) Acotyledonen, cryptogamische Pflanzen (Algen, Seetang, Pilze, Flechten, Moose, Farrenkräuter).

b) Monocotyledonen (Palmen, Gräser, Nympheen oder Lotusarten, Drachenbäume, Liliaceen, Orchideen, Pisanggewächse, Aroideen);

c) Dicotyledonen oder Exogene (Coniferen oder Zapfenbäume, Cycadeen oder Sagobäume, Eichen, Weiden, Myrtengewächse, Lorbeer- und Zimmtbäume und zahllose andere).

Die Classen b und c heißen Phanerogamen, im Gegensatz zu a, das die Cryptogamen begreift.

Lächerlich, daß ich dies für Sie hinschreibe; es steht aber einmal auf dem Papiere; streichen Sie es aus!!

Pflanzenfamilien, die am zahlreichsten an Arten sind: Composeen in der gemäßigten Zone $1/7$ aller Phanerogamen; Gräser ($1/8$); Schotengewächse, Leguminosen ($1/10$); Farrenkräuter ($1/70$); Malvaceen ($1/200$).

Einige Familien nehmen an Zahl der Arten zu vom Aequator gegen den Nordpol (so Gräser oder Glumaceen, und Coniferen): andere nehmen in dieser Richtung ab, wie Malvaceen und Euphorbiaceen.

Höhe und Dicke und Alter der Bäume (die neue Ausgabe meiner „Ansichten der Natur", — wird bald erscheinen).

Verbreitung. Pflanzen entweder wie bei Thieren (Amerika in Burmeister [?]); gesellig lebend; Pflanzenzüge; Haideländer; Wechsel von Zapfenbäumen; Bambuswälder, oder sporadisch einzeln lebende: Endlicher, §. 1061—1063.

Zonen der Gewächse, nur sehr wenig: Endlicher, §. 1072—1077.

Von den Vegetationsgebieten und ihren thermischen Gränzen nur einige Beispiele: Endlicher (p. 440); Indisches Reich (p. 442); Tropisch-afrikanisches (p. 449); Reich der amerikanischen Cacti (p. 445); Wüsten-Reich (p. 444); Antarktisches Reich (p. 447); Australien und Südsee (p. 447). — Bloß einige Namen.

Geographie der Thiere: Berghaus-Johnston's Atlas; sehr schön.

Meuscheuracen.

C. **Verhältniß der Erdstellung als Planet.**
Bloß eine Seite. Abstände Größe.

II. **Specielle Geographie:**

Länderbeschreibung.

Alter Continent. Neuer Continent. In jedem Berg-
systeme wieder mit Angabe der Höhen, Flußgebiete ic.
Potsdam, den 2 Nov. 1848.   Al. Humboldt.

Dieses Schema stimmte zwar in den Hauptzügen mit demjenigen
überein, welches wir in unseren mündlichen Unterhaltungen mehr oder
minder festgestellt und als maßgebenden Leitfaden angenommen hatten;
in den Besonderheiten aber wich es von dem Resultate unserer Besprechungen bedeutend ab. Man sieht, Humboldt wollte seinen Kosmos im
Kleinen in die Schulen der Hindu-Jugend verpflanzt wissen! Als ich
diesen „Plan" gelesen hatte, mußte ich mir die Frage vorlegen: Kann
man den Hindu-Schülern Dinge erzählen, die nach dem Gange ihrer
Erziehung für ihr Fassungsvermögen nicht geeignet sind; wird der von
Hodgson vorgeschriebene Umfang des Buchs hinreichen, alle diese Dinge
hineinzuzwängen, selbst wenn, nach Humboldt's und meinem Vorschlage,
der Umfang auf 20 Bogen erweitert wird? Werd' ich mich nicht etwa
auf eine bloße Nomenclatur beschränken müssen, die doch eigentlich gar
keinen Sinn hat?

Wie ich mich aus diesem Dilemma herauszuwickeln gesucht und das
Einverständniß mit meiner Arbeit Seitens des Hrn. Hodgson zu erreichen gestrebt habe, wird sich aus dem Verlauf des Briefwechsels ergeben,
an welchem von nun auch die beiden Hooker, Vater und Sohn, sowie
Hodgson selbst, Theil nehmen.

Gegen Humboldt äußerte ich weiter kein Bedenken über seinen
„Plan" (der für ein größeres Buch vortrefflich ist), als ich ihm aber
am 7 November 1848, die mitgetheilten Bücher, nämlich: —
Burmeister, Geschichte der Schöpfung, Leipzig, Otto Wigand, 1848;
— Cotta, Briefe über A. v. Humb. Kosmos, Leipzig, Weigel, 1848;
— Endlicher und Unger, Grundzüge der Botanik, Wien, Gerold, 1843;
— Mary Somerville, Physical Geography, London, 1848. —
Humb. de Distrib. geogr. plantarum,

zurückschickte, konnt' ich es nicht unterlassen, ihn wegen der Sprache,
in der ich das Manuscript abzufassen hatte, an die letzte unserer Unter-
redungen zu erinnern, indem ich in meinem Begleitschreiben wörtlich
sagte: — „Ich werde den — lecken Versuch machen, selbst das Hindu-
Schulbuch in französischer Sprache zu schreiben, die Karten aber unmittelbar in englischer Sprache abfassen." In der That, — so gut es

Humboldt auch meinte, ich glaubte nicht nöthig zu haben, mich fremder Hülfe zu bedienen.

Die Zeichnung der Karten gedachte ich dem talentvollsten der damaligen Schüler und Mitarbeiter in der geographischen Kunstschule zu übertragen, nämlich meinem Neffen Hermann Berghaus, der mit größter Geschicklichkeit im Zeichnen — durch lange Gewohnheit mit der linken Hand — Sachkenntniß und vollständigste Sprachkenntniß im Französischen, Englischen, auch im Spanischen, schon damals verband.

7.

(Erhalten 9. November 1848.)

Sie erhalten hier Hooker's sehr inhaltreichen Brief mit einer vortreflichen englischen Abschrift, nach der Sie Ihre Uebersetzung machen können. Da diese Abschrift aber Hrn. Prof. Ritter gehört, so muß ich Sie bitten, mir dieselbe bis Montag zurückzuschicken; ich habe es ihm so versprechen müssen.

Wenn Sie unmittelbar die französische Redaction der Geographie versuchen wollen, so müßte sie auf jeden Fall von einem der Französischen Sprache und der Sache kundigen abgeschrieben werden, damit er im Abschreiben corrigirte. Ich fürchte nur, daß die eigene französische Redaction Sie, theurer Professor, der Ungewohnheit wegen, oft hindern wird, deutlich zu sagen, was Sie sagen wollten.

Ihr

Mittwoch Nachts 2 Uhr.   A. v. Ht.

Also noch immer Zweifel über meine Fähigkeit, auch in vorgerückten Jahren, troß „der Ungewohnheit", noch Französisch schreiben zu können, wie in meiner Jugend! Ein halbes Jahr später hab' ich die Genugthuung gehabt, daß Humboldt von seinen Zweifeln zurückkam (s. 28 Juni 1849).

Hooker's Brief war der vom 25 Juli 1848 aus Darjeeling, Sikim

Himalaya, welchen Humboldt in seinem Schreiben vom 31 October beantwortete. Ich machte davon eine Übersetzung und schaltete dieselbe in die „Zeitschrift für Erdkunde", Bd. IX, Heft 3 (Magdeburg, Emil Bänsch), 1848, ein. Das Original des Briefes, von Hooker sehr undeutlich geschrieben, und die dem Prof. Ritter gehörende deutsche Abschrift schickte ich am 13 November an Humboldt zurück.

8.

(Erhalten 15. November 1848.)

Ich lese gerade Hofmeister's Reise, und hätte gern ein einziges Ihrer schönen Blätter von Katmandu bis zum Pendjab, wo die Bataillen waren. Wollten Sie mir gütigst so eine Karte auf 3—4 Tage leihen?

Sonntag. Al. Ht.

Ich schickte Walter's große Karte von Indien, auf Leinwand gezogen und in Futteral, weil sie sehr reich ist an Ortsnamen, auf die es bei Verfolgung der militairischen Operationen im Sikh-Kriege vorzugsweise ankam. Dr. Hofmeister war in Begleitung des Prinzen Waldemar von Preußen, welcher (nach dem Vorbilde seines älteren Bruders, des Prinzen Adalbert von Preußen, der eine Reise nach Brasilien gemacht hatte) Indien besuchte und die Voränien des Himalaya, bis Katmandu, auch einige Schneepässe bestieg, und zuletzt an der entscheidenden Schlacht der Engländer gegen die Sikhs Theil nahm, in welcher Hofmeister an der Seite des Prinzen fiel. Diese Theilnahme des jungen Prinzen an dem Getümmel einer Feldschlacht auf ferner asiatischer Erde wurde damals am Berliner Hofe und in militairischen Kreisen als eine heroische That gepriesen, in der sich der ritterliche Muth eines Sohnes vom Hause Hohenzollern wiederum kund gegeben. Humboldt war anderer Meinung. Er nannte des Prinzen Waldemar Benehmen bei der Gelegenheit unvorsichtig; aus purer militairischer Neugierde sein Leben aufs Spiel zu setzen, sei kein Heldenmuth; er sei als Prinz vom Hause und als preußischer Soldat sogar strafbar; man könne es sogar als einen politischen Fehler bezeichnen, wären die Sikhs nicht Asiaten, fern von uns, denen es wol nicht einfallen werde, Genugthuung von Preußen zu verlangen! Irre ich nicht, so wurde Prinz Waldemar nach seiner Rückkehr aus Indien auch wirklich als preußischer Offizier vor ein Kriegsgericht gestellt!

9.

(Erhalten 23. November 1849.)

Ich schicke Ihnen eine große Seltenheit, eine Carte, auf der ich ein eigenes Flußgebiet und Berge habe. Ich muß bitten, sie mir gütigst in 14 Tagen wieder zu schicken, weil ich sie dann selbst brauchen werde.

[Ohne Angabe des Tages.] Al. Ht.

Diese Seltenheit ist: — *Map of Oregon and Upper California from the surveys of John Charles Frémont and other authorities. Drawn by Charles Preuss under the order of the Senate of the United States. Washington City, 1848. Scale = 1:3,000,000.* Es gehört dazu: — Geographical Memoir upon Upper California, in illustration of his Map of Oregon and Upper California by John Charles Frémont: addressed to the senate of the U. S. Washington, 1848. 67 S. in 8.

Frémont hat auf dieser Karte einen Fluß und eine Bergkette im Innern von Hoch-Californien zum ehrenden Gedächtniß an den Illustrador der Neuen Welt Humboldt's River und Humboldt's Range genannt.

Damals, im November 1849, war diese Karte, welche Frémont's Entdeckungen zwischen der Kette der Rocky Mountains und der Südsee zum ersten Male enthielt, allerdings eine große Seltenheit, weshalb ich sie auch durch einen Zögling der geographischen Kunstschule, Theodor Schilling, rasch copiren ließ; später wurde sie allgemeiner verbreitet, scheint aber jetzt, 1862, wieder zu den kartographischen Seltenheiten zu gehören.

10.

(Erhalten 26. November 1848.)

Ich glaube Pentland's Carte von Bolivia ist noch in Ihren Händen. Darf ich Sie bitten, mir dieselbe, da ich sie zu einer Arbeit brauche, in 2—3 Tagen zu schicken?

AL Humboldt.

Noch an nämlichen Tage schickte ich diese Karte an Humboldt zurück, und die Frémont'sche Karte von Californien am 3 December 1848, an welchem Tage Schilling mit der Copie derselben fertig geworden war.

11.

(Erhalten 7. Februar 1849.)

Ich habe die Freude, theurer Professor, Ihnen 3 sehr wichtige geographische und hypsometrische Abhandlungen zu schicken. Sie sehen, daß mein Mexicanisches Barometer-Nivellement nun im Nuevo Mexico vollendet ist.

Ich hatte nach Documenten, die ich in den Archiven in Mexico entdeckt, schon die Reisekarte bis dahin nach Pedro de Rivero (s. meinen Atlas Mexicain, Tab. 6, 7, 8,) gegeben. Aus der Brochure werden Sie auch sehen, daß man große Wichtigkeit hat auf das Wort Sel gemme legen können, das auf meiner großen Karte steht südwestlich von der berühmten nun zu Ehren gekommenen Laguna de Timpanagos.

Ich muß Sie meiner eigenen Arbeiten wegen bitten, diese 3 Brochuren mir spätestens in einem Monate wieder zu schicken. Für heute reclamire ich recht dringend:

1) Frémont neues Heft über Californien, das, wobei die Carte mit Humboldt's Mountains;

2) Nicollet, on Mississippi, — letzteres gebunden.

Aus Indien und von Hooker aus Kew leider! immer noch keine Antwort.

Freundschaftlichst

Berlin, 7 Februar 1849.

Ihr
Al. Humboldt.

Unter den drei Broschüren, welche Humboldt überschickte, war Wislizenus' Memoir of a tour to Northern Mexico die hauptsächlichste. Eine Übersetzung dieser Denkschrift steht in meinem „Geographischen Jahrbuch", 1850, I. S. 25—53.

12.

(Erhalten 4. März 1849.)

Darf ich Sie bitten, diese schöne hypsometrische Arbeit anzusehen und zu beurtheilen, ob es Ihnen, woran ich zweifle, möglich sein möchte, sie in 2 Stücken hinter einander in kleinem Druck ganz abzudrucken? Der Mann ließe sich dann Abzüge mit anderer Paginirung für sein Geld machen. Schreiben Sie mir einige Zeilen darüber, damit ich dem Verfasser antworte. Ich weiß ihm sonst nicht zu helfen.

Verzeihen Sie, theurer Professor, meine Lustigkeit bei dem noch immer altum silentium aus Indien und Kew.

Ihr

Potsdam, Sonntags.   A. H.

Auf jeden Fall bitte ich Sie, heute meinem Diener bis 4ʰ das Manuscript zurückzugeben, damit ich es wieder mit nach Berlin nehmen kann.

Es handelte sich um eine kritische Sichtung und Zusammenstellung aller bis dahin in Mexico und weiter im Norden in den Rocky-Mountains gemachten Höhenmessungen, eine eben so preiswürdige als mühevolle Arbeit, die den Ober-Bergrath Burkart, in Bonn, einen genauen Kenner des Tafellandes von Anahuac, der selbst zur Hypsographie von Mexico beigetragen, zum Verfasser hatte. Ich gab Humboldt in einem Antwortschreiben vom 6 März 1849 meine Bedenken wegen der „Möglichkeit" der Aufnahme der wichtigen Arbeit von Burkart in die „Zeitschrift für Erdkunde" zu erkennen, an der er ja schon selbst gezweifelt habe: das Hinderniß sei formeller und materieller Art, nach jener Richttung, weil das 8°Format der Zeitschrift zu dem Groß-Quart-Format des Manuscripts gar nicht passen wolle, dieses daher erst umgeschrieben werden müsse; in materieller Beziehung hätte ich nach langer Redactions-Erfahrung die Überzeugung gewonnen, daß die große Mehrzahl der Abonnenten eines geographischen Journals nicht allein nicht ein Interesse an ausführlichen Specialitäten der Hypsometrie nehmen, wie gründlich und lehrreich sie auch für uns Leute von Fach seien, sondern daß diese große Mehrheit, auf der denn doch der Bestand eines Journals beruhe, statt der vielen Ziffern, welche ja die Hauptsache in der Höhenmessung seien, Mittheilungen vorziehe, die auf Unterhaltung berechnet seien. Ich erinnerte Humboldt zugleich an das, was er selber in dieser Hinsicht beim Beginn der „Geroda" geäußert (Rede I, S. 2), bat ihn aber auch, mir das Burkartsche Manuscript noch ein Mal zugeben zu lassen, um die formelle Seite in gründlichere Erwägung nehmen zu können, als es bei der flüchtigen Überschau am Sonntag (den 4) möglich gewesen sei.

13.

(Erhalten 14. März 1849.)

Ich hoffe, theuerster Professor, daß die Mexicanische Hypsometrie jetzt in Ihren Händen gewesen ist und daß Sie mir bald etwas darüber schreiben können.

Heute habe ich Ihnen noch eine kleine Berichtigung wegen der ewigen Pentlandschen Berge zu schreiben. Alles was wir darüber haben drucken lassen ist vollkommen richtig.

[Hier wiederholt H. die bekannten Zahlen von ehemals und von jetzt. — s. oben S. 33.]

Der Chimborazo (20,100 Par. Fuß oder 21,422 feet) ist also höher als der Sorata und Illimani, höher als alle Berge der östlichen Kette von Bolivia; aber Dr. Kiepert hat mir eben gezeigt, daß Pentland in der neuen Carte in der westlichen Cordillere vier Berge auftreten läßt, denen er jetzt eine größere Höhe als dem Chimborazo zuschreibt. Sie liegen nahe dem Parallel von Arica und haben 20,300 und 20,960 Parifer Fuß Höhe. Diese letztere Höhe gehört dem Sahama, der also danach 860 par. Fuß höher als der Chimborazo wäre.

Die 4 Berge der westlichen Cordillere sind:

Die Pomarape Lat. 18° 9' Long. 69° 10' Höhe 21,700 Feet.
Die Parinacota . 18 10 . 69 12 . 22,030 .
Die Gualateiri . 18 25 . 69 5 . 21,960 .
Die Sahama . 18 7 . 68 54 . 22,350 .
Long. alle von Greenwich. — 20,960 Par. F.

Diese 4 waren im Annuaire du Bureau des long. nicht genannt, aber wohl der Cerro de Tacora oder Chipicani. Er wird dort angegeben 5760m = 18,896 feet. Auf der neuen Carte ist er 19,750 feet angegeben, er ist also 844 feet gewachsen!

Ich glaube, es wird Ihnen angenehm sein, dies bekannt zu machen.

Ihr

[Berlin, 12 März 1849.] Montags.

A. Humboldt.

Ich habe in hiesiger Münze den Werth der im letzten Jahre gewonnenen 2000 Pud Waschgold berechnen lassen (nach Reduction der Gewichte in der Beimischung). Die 2000 Pud Waschgold enthalten 1760 Pud reines Gold oder 61,000 Preuß. Pfund Gold, an Werth 26,980,800 Thaler. 1 Pfund Preuß. Gold = 438 Thaler.

Lange vor Empfang dieses Schreibens, also auch lange vor der — Entdeckung des Dr. Kiepert hatte ich die Pentlandsche Karte, von der in diesen Blättern schon so oft die Rede gewesen ist, einer genauen Durchsicht unterworfen, und als Resultat dieses Studiums einen kleinen Aufsatz geschrieben, in welchem die Zahlen des Anhangs, welcher die mittlere Kammhöhe der Andesketten von Bolivia nachweiset, von meinem

Reffen Hermann Berghaus berechnet worden waren. Es ist derselbe Aufsatz, von dem oben S. 38, 39 die Rede gewesen ist und der Humboldt also damals schon (im Oktober 1848) zur Revision vorgelegen hatte. Er war seinem Gedächtniß entfallen. Ich überschickte ihm denselben noch einmal mit einem kurzen Anschreiben vom 15 März 1849. Der Aufsatz ist folgender:

Der Nevado de Sorata ist nicht der höchste Berg in Amerika.

Seit dem Jahre 1820, wo Pentland's geographische und gnostische Arbeiten im südlichen Peru, die er während der Jahre 1827 und 1828 ausgeführt hatte, in Deutschland zuerst durch A. von Humboldt bekannt wurden*), galt der Nevado de Sorata für den höchsten Berg der Andes-Kette. Ihm zunächst stand, in Folge jener Arbeiten, der Berg Illimani, beide auf der östlichen Kette der Andes von Bolivia, auf der Ostseite des Plateaus, von dem der große See von Titicaca den Mittelpunkt bildet.

Im Jahre 1830 theilte Pentland's Messungen im Annualre du bureau des longitudes mit, und fünf Jahre später gab Pentland selbst einen allgemeinen Umriß über die physikalische Gestaltung der Bolivianischen Andes im Journal of the Royal Geographical Society, Vol. V, Part 1, der auch in deutscher Übersetzung bekannt geworden ist**).

Diesen drei Mittheilungen zufolge war die Höhe der beiden Andes-Gipfel über dem Meere in englischem Fußmaaß folgende:

	Hertha	Annuaire	Journal
Sorata	25,500	25,249	25,250
Illimani	24,290	23,059	24,100

Nun aber hat das hydrographische Amt der englischen Admiralität unlängst, und zwar unterm 8 Juni 1848, Pentland's Karte vom nördlichen Theil der Republik Bolivia herausgegeben***), auf der ganz andere Zahlen für die Höhe der in Rede stehenden Berge angegeben sind, wodurch diese weit niedriger werden. Es sind nachstehende:

Nevado de Sorata, oder Ancohuma (im Journal R. G. S. —

---

*) Hertha, Zeitschrift für Erd-, Völker- und Staatenkunde. Unter Mitwirkung des Freiherrn Alexander von Humboldt herausgegeben von Heinrich Berghaus. XIII. Bd. 1829, S. 5—29.
**) Berghaus' Annalen der Erdkunde, XII. Bd. 1835, S. 549—573.
***) Der vollständige Titel dieser Karte ist: La Laguna de Titicaca and the Valleys of Yucay, Collao and Desaguadero in Peru and Bolivia. From Geodesic and Astronomic Observations, made in the years 1827, 28, 37 and 38. By J. B. Pentland, Esq. H. M. Consul General to the Republic of Bolivia.

Ancomani), südlicher Gipfel, 21,256 engl. Fuß oder 19,972 par. Fuß = 3329. Der nördliche Gipfel 21,043 engl. Fuß, der Ort Sorata, welcher auch den Namen Chuquibel führt, 5650 engl. Fuß.

Illimani, südlicher Gipfel, 21,149 engl. Fuß oder 19,843 par. Fuß = 3307. Der große nördliche Gipfel 21,060 engl. Fuß. Der Ort Cedecullo am südwestlichen Fuße des Berges 8590 engl. Fuß.

Hiernach ist der Sorata um 2700, der Illimani um 2300 par. Fuß niedriger, als die ursprünglichen Angaben lauten. Herr Pentland, über diese Differenzen und die Zahlen, welche seine neue Karte enthält, befragt, hat freimüthig geantwortet, daß von seinen Messungen die von 1827 ganz irrig gewesen sei, und die durch mehrere genau gemessene Standlinien berichtigten Messungen vom Jahre 1838 hätten die Resultate gegeben, welche auf der Karte stehen. So hat denn veranlaßt, daß ein so großer Irrthum zwanzig Jahre lang von Hunderten von Schriften, Karten und Profilen herumgetragen worden ist (Humboldt, S. 83).

Was ist denn nun aber der höchste Berg in der Neuen Welt? Muß etwa der Chimborazo in seinen alten Culminations-Besitz wiederhergestellt werden?

Der Chimborazo hat nach A. von Humboldt's Messung eine absolute Höhe von 3350¹ = 20,100 par. oder 21,423 engl. Fuß: er ist mithin 128 par. Fuß höher, als der Nevado de Sorata (Ancohum, Ancomani, Ilampu, Illhampu, Synonymen für einen und denselben Berg in der Aimara-Sprache). (Ymarra schreibt Pentland, Journ. R. G. S.)

Südlich von Arica (18° 28′ S. Breite) und westlich von der Laguna de Aullagas (in die sich der aus dem Titicaca-See abfließende Desaguadero ergießt) erhebt sich auf der bolivianischen Küsten-Cordillere eine große Gruppe schneebedeckter Gipfel, die den Seefahrern, welche von Valparaiso und Cobija nach Arica segeln, wohl bekannt sind. Die südlichste Abtheilung dieser Gruppe besteht aus vier majestätischen Nevados oder Schneebergen, welche bei den Indianern der benachbarten Provinzen des Binnenlandes unter den Namen Gualatieri oder Sebama, Chungara, Parinacota und Anarlache bekannt sind. So sagt Pentland in seinem Bericht von 1835, indem er hinzufügt, der Nevado von Gualatieri oder Sebama sei ein thätiger Vulkan und man könne ihm, auf Grund einer vorausgesetzten Höhe der Schneelinie, eine absolute Höhe von 22,000 engl. (= 20,640 par.) Fuß zuschreiben*).

Auf Pentland's Karte sind der Gualatieri, der hier Gualaieri heißt, und der Sebama (Sahama der Karte) zwei verschiedene Gipfel, die um etwa fünf deutsche Meilen von einander entfernt liegen: der abgestumpfte

---

*) Bergbaus' Annalen, a. a. O. S. 171.

Kegel des Chungara heißt auf der Karte Parinacota und der glocken- oder domförmige Parinacota führt den Namen Pomarape. Anaclache ist der nördlichste dieser Gipfel und bildet einen rauhen Kamm (ridge) von beträchtlicher Länge in der Richtung der Achse der Cordillere. Der Nevado von Anaclache ist, bemerkt Pentland (in Bericht von 1835, gewiß niedriger als die drei (vier) vorhergenannten und schien mir nicht über 18,500 Fuß (engl.) hoch zu sein*).

Die Karte enthält folgende Höhenbestimmungen für diese Gruppe:

	Engl. Fuß.	Toisen.	Par. Fuß.
Gualateiri Peak	21,960	3434	20,604
Parinacota Cone Peak	21,030	3445	20,670
Pomarape Dome Peak	21,700	3373	20,240
Sahama Peak	22,350	3495	20,970

Hiernach würde der Sahama oder Sebama, der in 18° 7′ S. Breite und 68° 54′ W. Grw. auf der Karte eingetragen ist, der höchste Berg nicht allein der Andes von Bolivia, sondern auch von ganz Ame- rika sein, wenn nicht weiter im Süden ein anderer Gipfel läge, dessen Höhe noch größer angegeben wird.

Es ist der Aconcagua, den wir meinen, ein Gipfel der Andes- Kette von Chile, welcher nordöstlich von Valparaiso unter 32° 38′½ S. Breite und 1° 41′ O. von der genannten Hafenstadt belegen ist. Die Höhe dieses Berges ist auf Kapt. Fitzrov's hydrographischer Expedition gemessen und zu 23,200 engl. Fuß oder 3625″ = 21,769 par. Fuß be- stimmt worden**).

Unter der Voraussetzung, daß die Messungen richtig sind, würde der Sahama um 670 und der Aconcagua um 1088 par. Fuß höher sein, als der Chimborazo. Allein wir verhehlen es nicht, daß wir gegen Pentland's Angaben mißtrauisch geworden sind. Die Schwankungen in denselben haben ihre Glaubwürdigkeit erschüttert, die einigen Maßen nur dadurch wiederhergestellt werden kann, wenn Pentland alle Elemente seiner Messungen bekannt macht. Und was Fitzrov's Höhenbestimmung des Aconcagua betrifft, so stützt sie sich auf Peilen- und Winkelmessungen zur See, die selbstredend nicht auf diejenige Genauigkeit Anspruch machen können, welche auf dem Lande angestellte Beobachtungen gewähren.

Die Reihe der Gipfel-Erhebungen in der Andes-Kette von Süd- Amerika stellt folgende Einsenfolge dar:

---

*) Bryhant' Annalen, a. a. O. S. 573.
**) Narrative of the Surveying Voyages of H. M. Ships Adventure and Beagle. London 1839. Appendix to Vol. II, p. 301.

	Breite.	Höhe.
Tronadore	1° 30' 30" S.	22,763 par. Fuß.
Sahama	18 7 5	20,975 —
Chimborazo	1 21 10 „	20,100 —
Sorata	15 43 0 „	19,974 —
Illimani	16 37 30 „	19,843 —

Es darf daran erinnert werden, daß die drei größten Hervorragungen auf der westlichen, oder Küsten-Cordillere stehen, was in geologischer Hinsicht bemerkenswerth ist.

Die Wasserfläche des Sees von Titicaca steht, nach Pentland's Karte, 12,650 engl. oder 12,056 par. Fuß über dem Meere, das ist so hoch, als der Groß-Glockner in den Salzburger Alpen. Cuzco, die alte Hauptstadt der Inca, von der man bisher keine Höhenbestimmung kannte, setzt Pentland 11,360 engl. oder 10,876 par. Fuß über die Meeresfläche, übereinstimmend mit einer Höhe, welche herauskommen würde, wenn man den Brocken, im Harzgebirge, drei Mal auf einander zu stellen im Stande wäre.

Mittlere Kammhöhen der Anden von Bolivia.
Nach den Paßhöhen berechnet.

Westliche Kette.	Engl. Fuß.	Oestliche Kette.	Engl. Fuß.
Alto de los Cardones	13,610	Tolapalca	13,720
Apo	14,876	Gonzar Bacheta	14,048 / 13,880
Bari	14,500	Laguniltas	13,900
Alto de Toledo	16,500	Cenas	13,300
Thocopalca	13,915	Brusi	13,780
Laguniltas	15,500	Venta in medio	13,030
		Camaroncs	12,740
		Santar	12,190
		Retarto	12,730
		Cinesta	13,710
		Calamarca	12,850
		Sumayacheta	13,500
		Gualtata	14,110
Guallias	14,750	Pales	13,470
SD Bart	14,410	Toletopampa	16,070
Tacora	13,000	Tacunai	15,340
Lacounarra	14,310	Chucurca	19,745
Casa sola	14,510	Stella	12,560
Challinquimani	15,100	Huaylas	12,050
Mittel	14,500	Mittel	13,550
Maximum	16,500	Maximum	16,840
Minimum	13,610	Minimum	12,730

Mittlere Kammhöhe der Anden von Bolivia.

	Engl. Fuß.	Toisen.
1. Westl. Kette	14,500	2267
2. Oestl. Kette	13,500	2112

Mehrere Monate später, nämlich im November 1849, wurden mir aus den Comptes rendus der Pariser Akademie der Wissenschaften (T. XXIX, p. 11) andere Höhenbestimmungen aus den bolivianischen Anden bekannt, welche ein Franzose, Namens Pissis, bei Gelegenheit der Aufnahme einer Karte von Bolivia, mit der er von der Landes-Regierung beauftragt war, trigonometrisch gemessen zu haben versichert.

Diese Messungen rechtfertigen das Mißtrauen, welches in die Pentland'schen neuen Angaben gesetzt worden war — das seitdem, so viel mir bekannt, — auch nicht beseitigt worden ist; — denn sie legten dem Illimani wiederum eine andere Höhe bei; obwol auch sie selber nicht eben geeignet scheinen, ein großes Vertrauen zu erwecken. Es sind folgende:

	Gemessen von	Metres.	par. Fuß.
Illimani.	Pic Pilar aus . . . 6575 m Chacaltaya aus . 6455 Capilla aus . . 6455 Pic de Tamosa aus 6575	6509	20,037
	Mittel der beiden höchsten Angaben	6574	20,237
	Mittel der beiden niedrigsten Angaben	6455,5	19,867
	Mit diesem Minimum stimmt Pentland am meisten überein.		
Schneegränze am Illimani (im October 1847)		5060	16,189
(Schneegränze in Quito (nach Humboldt) 14,760)			
Huaina Potosi (Mittel)		6054	18,730
Dom von Sanjama, isolirter Trachytberg (Sabama?)		6415	19,745
Cerro de Nigro Garellon (bei Oruro) . . .		5585	17,171
Cerro de Billarota		5579	17,157

Die beiden letzten Berge, obwol höher, als die Schneegränze am Illimani, tragen nicht das ganze Jahr hindurch Schnee, weil sie im centralen Theil des Plateaus liegen, wo, bei gleicher Erhebung, die Temperatur höher ist, als in den Anden.

Pic de Toevo (am See gleiches Namens)		5064	15,588
Pic de Tamosa (bei Salamarca)		4365	13,436
Pic Pilar (auf dem Plateau von La Paz) . .		4149	12,773
Cerro de Oruro		4154	12,786

Wenige Tage nach diesem Briefwechsel empfing ich aus Naumburg a/S. die Nachricht von der schweren Erkrankung meines ältesten

Sohnes Alexander, der schon seit mehreren Jahren mit Brustleiden kämpfte, wozu der Grund in der Zeit seines einjährigen Soldatendienstes beim Kaiser Franz Grenadier-Regiment gelegt worden war. Ich eilte nach Naumburg, fand aber meinen Sohn nicht mehr unter den Lebenden. Sein Freund, Graf Hacke, auf Alt-Ranft, im Ober-Barnim, hatte ihm am 19 März die Augen zugedrückt. Als ich nach Potsdam zurückkehrte, fand ich das folgende Schreiben von Humboldt, welches während meiner Abwesenheit am 22 eingegangen war.

14.

(Vorgefunden am 31. März 1849.)

Sie verzeihen wohl, theuerster Professor, daß ich in diesen bewegten Tagen Ihren mir am 15 zugeschickten Aufsatz Ihnen so spät restituire. Ich hoffte immer in der Zwischenzeit einen neuen Brief aus Bonn zu erhalten. Bei der Ungewißheit ob Ihr Journal für 1849 fortgesetzt wird und der Unzahl von Zahlen, mit denen Sie überschwemmt sein werden, wäre es wohl am besten, der wohlhabende Mann ließe in 4to auf eigene Kosten drucken und Sie nehmen dann daraus, was Ihnen nützlich und Hrn. Burkart angenehm sein kann.

Ihr lehrreicher Aufsatz über Pentland bezeugt, daß Sie längst auf die höheren Berge der westlichen Cordillere aufmerksam waren. Ich möchte in meinen „Ansichten der Natur" gern Ihre Bemerkung des Verhältnisses des Kammes zur Gipfelhöhe benutzen. Die richtigen Zahlen, die Sie finden, sind doch nach der Carte: mittlere Paßhöhe in der

westlichen Kette 14,500 fuet = 2267t.
östlichen „ 13,500 „ = 2212t.

Also Kammhöhe zur Gipfelhöhe:
westliche Cordillere = 1 : 1,54
östliche „ = 1 : 1,57

Ich benutze immer gern, was von Ihnen kommt. Schreiben Sie mir bald, wenn was zu ändern wäre.
Freundschaftlichst
                                        Ihr
Donnerstags.   Al. Humboldt.

Sie wissen gewiß ungefähr die Zeitepoche, wann ich an Hrn. Hooker nach Kew wegen Ihrer indischen Geographie geschrieben habe. Ich möchte, da ich sonderbarer Weise keine Antwort von ihm erhalte, jetzt an ihn schreiben und — mahnen. Da es ein — Geschäft ist, so nennen Sie mir gütigst wieder den Geldvorschlag und ob Mr. Hodgson verheißen hatte, Geldanweisung nach London zu schicken.

Der erste Absatz dieses Briefes bezieht sich auf die große Arbeit des Ober-Bergraths Burkart über die Hopsographie von Mexico, wegen der Humboldt an den Verfasser geschrieben hatte. Der Fortgang der „Zeitschrift für Erdkunde" war damals in der Schwebe, da der Verleger erklärt hatte, daß in Folge der politischen Unruhen eine Menge Abonnenten abgesprungen seien und der Absatz auf ein Minimum von Exemplaren gesunken sei, wodurch die aufzuwendenden Kosten nicht gedeckt würden. Die Zeitschrift ging ein! Von da an leitete ich mit meinem Freunde Perthes die Herausgabe des „Jahrbuchs" ein, welches als Fortsetzung und Ergänzung des „Physikalischen Atlas" erschien.

Mit Bezug auf die Nachschrift des Briefes muß ich bemerken, daß ich, Humboldt's Aufforderung zufolge, schon seit dem November 1843 mit Bearbeitung des Manuscriptes für das geographische Hinter-Schulbuch beschäftigt, und damit schon weit vorgerückt war, eben so mein Neffe Hermann Berghaus mit der Zeichnung der Karten, die derselbe mit großer Vorliebe betrieb. Humboldt wußte alles dieses, da er sich jedes Mal, wenn ich ihn im Potsdamer Stadtschloß, wo er seine Wohnung im Zwischenstock hatte, besuchte, nach dem Fortgang dieser Arbeiten erkundigte. Weil nun Sir William Hooker, noch viel weniger als Indien dessen Sohn, Mr. Joseph D. Hooker, und Mr. Hodgson, auf den Brief von Humboldt vom 31 Oct. 1843 (s. oben S. 39—49) antworteten, so wurde er schon seit längerer Zeit besorgt wegen der Aufnahme, die seine Vorschläge bei Mr. Hodgson gefunden haben könnten. Ich meldete ihm daher Dasjenige, was er zu einem Mahnbriefe nach Kew wissen wollte, am 1 April, und zeigte zugleich die Ursache an, welche den traurigen Anlaß zur Verspätung meiner Antwort auf sein Schreiben vom 22 März gegeben habe.

15.

(Erhalten 3. April 1849.)

Ich bin tief bekümmert über den unersetzlichen Verlust, den Sie, theuerster Professor, erlitten haben: In diesen jungen Jahren der Kraft und der Hofnung der Welt entzogen zu werden, und dazu ein Mann, der Ihren ehrenvollen Namen ehrenvoll tragen und fortpflanzen konnte![1]

Ich werde unmittelbar an Herrn Hooker nach Kew schreiben, der wunderbarer Weise mir nicht geantwortet hat, als ich ihm den Brief an den Sohn vom 31 October zugeschickt zur Beforgung. Ich muß Sie dringend bitten, ihm nicht Ihr Manuscript zu schicken und ihm 50 Pf. Sterl. abzufordern. Diese Abschlags-Zahlung war ja nur ein Antrag von mir, in den Joseph Hooker und Hodgson erst willigen sollten. Aus dem Stillschweigen des Vaters ist wohl zu erkennen, daß er von der Geldsache nur aus meinem Briefe an den Sohn etwas weiß. Die Absendung Ihres Manuscripts und der fertigen, wunderbar schönen Karten-Zeichnungen Ihres Neffen — der Ihnen den Verlust des Sohnes ersetzen möge! — würde daher ohne allen Erfolg sein. Ich glaube, daß wir die Antwort des Vaters abwarten müssen: ich werde ihn deshalb sehr bedrängen[2].

Mit freundschaftlicher Anhänglichkeit

Montags.
                 Ihr
                 AL. Humboldt.

1) Mein Sohn Alexander war 1824 geboren. Als er die Universität Berlin verlassend, um nach Heidelberg zu gehen, einige Tage bei mir in Potsdam verweilte, traf es sich, daß ich einen Besuch von Humboldt bekam. Mein Sohn befand sich just in meinem Arbeitszimmer, als Humboldt eintrat. Dieser war so freundlich, sich in seiner herzensgewinnenden Weise mit dem jungen Manne zu unterhalten, sich nach dem Gange seiner Studien zu erkundigen und nach der Laufbahn zu fragen, die er zu betreten die Absicht habe. Mein Sohn antwortete ihm, daß er die gewöhnliche Juristen-Laufbahn werde betreten müssen, es aber, weil er sich vorzugsweise und aus besonderer Liebhaberei mit dem Staats- und dem Völkerrecht beschäftige, sein Wunsch sei, in die diplomatische Carrière zu treten, wozu er schon jetzt Excellenz gnädigste Unterstützung und Verwendung zu erbitten so frei sei. — Humboldt antwortete: —

Den Gedanken, junger Freund, schlagen Sie sich aus dem Sinn! Könnten Sie auch väterlicher Seits sechszehn ritterliche Ahnen nachweisen, wie Sie es mütterlicher Seits vermögen, à la bonne heure; so aber, da Ihr Vater nur bürgerliche Vorfahren hat, die vielleicht eben so weit in die Jahrhunderte mit ehrenwerthem Gedenken zurück verfolgt werden können, als die der Herren Ritter, so geht die Sache nicht. Unsere Zustände sind nun einmal so! Nur der Alt-adlige ist ein rechter Diplomat. Wir haben zwar auch bürgerliche Gesandten an auswärtigen Höfen gehabt, wie Jordan, Küster u. a., die aus der großen Hardenberg'schen Demokraten-Zeit stammten, nachher mußten sie aber geadelt werden. Unserm romantischen Varnhagen, dem Feldscheers-sohn aus Düsseldorf, ist es ganz eigenthümlich ergangen: weil er sich aus höchst eigener Bewegung in den Adelstand „v. Ense" erhoben, hat man ihn nach Hardenberg's Tode removirt, besonders auch weil er eine gescheute Jüdin zur Frau hatte, die wegen des Erzvaters Moses und ihrer pikanten Geistreichigkeit wegen von den hochadligen, aber dummen Gänsen in Carlsruhe nicht besehen werden konnte. Also, junger

Mann, rathe ich, den Diplomaten sich aus dem Sinn zu
schlagen; zur Gesandtschafts-Schreiberei werden Sie sich doch
nicht hergeben wollen.

Humboldt schwieg. Ich gab meinem Sohne einen Wink. Er empfahl sich der Excellenz zum wohlwollenden Andenken auch für die Zeit seiner Heidelberger Studien.

Wenn wir, fuhr Humboldt fort, als wir allein waren,
dann und wann Minister bürgerlichen Standes haben, so
ist's leicht zu erklären: gescheute Financiers, wie Maaßen es
war, und wie Rother es ist, wuchsen nicht so leicht aus
einem ritterlichen Stammbaum; und daß Herr Eichhorn an
die Spitze der Geistlichkeit und der Schulmeister gestellt worden, ist begreiflich, weil er es versteht, in das Wunderhorn
des frommthuenden Glaubens zu tuten und unsere Jugend
vor den entsetzlichen Gefahren zu schützen, die wir gottlose
Naturforscher in die Welt bringen!

2) *Der Gedanke, den fertigen Theil des Manuscripts u. der indischen Geographie an Sir William Hooker zu schicken, und denselben um eine Zahlung von £ 50 zu bitten, war von mir zu Anfang des Monats März in mündlicher Unterhaltung angeregt und von Humboldt gebilligt worden. In dem vorstehenden Schreiben vom 3 April nahm er seine Billigung zurück, aus Gründen, denen ich nur beitreten konnte.*

16.

(Erhalten den 5. Mai 1849.)

Sie sehen, theurer Professor, aus der Anlage, daß meine
Briefe richtig angekommen waren und daß der Vater, Sir
William Hooker, auch wirklich einen Brief des Sohnes vom
28 März 1849 — (also unbegreiflich früh — fabelhaft früh,
da der Vater mir am 26 April schreibt; wäre des Sohnes

Brief aus Ceylon, so begriffe ich es eher) — erhalten hat. Der Sohn informed, „daß er meinen Brief mit den Vorschlägen über die Form Ihres Werkes erhalten habe, aber noch nicht antworten könne, weil Mr. Hodgson abwesend sei." Wir werden also very soon befriedigende Antwort haben. Ich schließe daraus, daß die Sache noch immer zu Stande kommen werde, und daß von meiner Seite nichts versäumt worden ist. Jetzt Manuscript und Carten nach London an den Vater zu schicken, würde ohne alle Wirkung bleiben. Es ist nur zu warten und ich rathe bis zu des Sohnes Antwort Ihre Arbeit zu unterbrechen. Sie haben wohl die Güte sich die, Sie betreffenden Stellen des Briefes vom 26 April abzuschreiben und mir das Original zurückzusenden.

Ich wollte Ihnen alles dies schon gestern schreiben, um Ihnen zu Ihrem Geburtsfeste eine Freude zu machen, denn freuen werden Sie sich doch, daß die Sache ihren guten Gang nimmt, und Sie nicht Monate lang umsonst gearbeitet haben, allein ich kam nicht dazu; Sie kennen ja meine unabhängige — Abhängigkeit!

Habe ich Ihnen vielleicht je ein kleines französisches Memoire von Fournel über Salzlager in Algier mit kleinen Carten und Durchschnitten von der Küste zur Wüste geliehen? Ich werde Sie darum bitten und es Ihnen gern wieder bringen. Vielleicht irre ich.

Freundschaftlichst

Ihr

Berlin, den 4 Mai 1849. Al. Humboldt.

Abschriftlicher Auszug aus Sir William Hooker's Brief.
Royal Gardens, Kew, April 26. 1849.

My dear Baron Humboldt, — I should have been but too happy to have written to you on the subject of my son, Dr. Hooker's correspondence with you, if only I could have any thing worth communicating to you from him. Till I have the honour to receive your letter, I had heard *nothing* respecting Mr. Hodgson wishes and his application for the geographical Memoir, — but I immediately forwarded your letter to Dr. Hooker at Darjieling. He was thus unfortunately on a tour of 500 miles among the lofty mountains and the passes into Thibet. On his return when he found your letter Mr. Hodgson was absent, whom it was necessary, he should see; and immediately on his doing so *he informed* me in his letter dated March 28, 1849, that he should write direct to you: — and *if you have not, by this time, received a letter from him, I feel confident you will do so very soon.*

&c. &c. &c.

W. J. Hooker.

Den Hooker'schen Brief schickte ich am 9 Mai an Humboldt nach Berlin zurück.

17.
(Erhalten 15. Juni 1849.)

Ich freue mich, theuerster Professor, Ihnen zwei Briefe schicken zu können, die eben angekommen sind, und beweisen, daß, trotz der Ferne, das Geschäft eine gute Wendung nimmt. Behalten Sie beide Briefe. Sie sehen, man will

150 £ St. geben, die Hälfte, sobald die halbe Arbeit eingesandt wird und das General-Gouvernement von Indien, dem diese Sache vorliegt, seine Einwilligung gegeben hat. Wir können also nichts einschicken und fordern, ehe nicht eine neue conclusive Antwort von Hooker kommt, aber Sie sehen, daß man mit sicheren Leuten zu thun hat[1]).

Wollen Sie gütigst mich morgen Sonnabends um 10½ Uhr besuchen, bevor Sie aufs Rathhaus gehen?

Mir macht die Sprache Sorgen, ich wünsche, daß man in Indien sich darüber deutlich ausspreche[2]).

Freitags.
Ihr
A. Ht.

1) Zweifel darüber waren früher weder von Humboldt noch von mir geäußert worden!
2) Noch immer die Besorgniß, daß mein französisch geschriebenes Manuscript nicht genügend sein werde! Bis dahin hatte Humboldt noch nichts davon gesehen.

Dr. Joseph D. Hooker an Berghaus.

Darjiling, Sikkim Himalayah, April 15, 1849.

My dear Sir,

I have just returned to Darjeeling to consult with Mr. Hodgson on the subject of the work upon Physical Geography, which Baron Humboldt has done him the honour of giving his attention to.

Mr. Hodgson most highly approves of the form and extent of the work as suggested by Baron Humboldt and yourself. The details of this are now before Government of India and as it is possible, that they may suggest some alterations or additions, I merely write to say, that you will receive by the next mail to Europe a conclusive answer upon the subject.

In the meantime you will please to offer to Baron Humboldt Mr. Hodgson's most grateful thanks for the full attention he has given to this subject, and his assurances that it will be with no small pride that he enjoys the privilege of attaching the Baron's name to this endeavour to promote sound knowledge amongst the natives of the East.

I will myself write to Baron Humboldt by the next mail. Believe me very respectfully and truly serv^t.

Jos. D. Hooker.

P. S. Should any progress have hitherto been made in the work, I may inform you that the stipulated sum of £ 150 has been placed in the hands of my father Sir W. J. Hooker (Royal Gardens, Kew, London) who will be prepared to forward the half on the receipt of a portion of the Mss. and Charts, according to your suggestion.

Sir William J. Hooker an Humboldt.

Royal Gardens, Kew, June 11, 1849.

My dear Baron Humboldt,

I have just received the enclosed from Dr. Hooker, which you will kindly hand to Professor Berghaus. Dr. Hooker has explained to me the nature of the arrangement and of course I am quite ready to fullfill the terms as expressed in the note to Mr. Berghaus.

My son was continuing his researches in the East and had just returned from an interesting tour. By this time he has again set out on a visit to the Snow-passes into Thibet and in a better season than on the former occasion.

Thence just received a most beautiful set of Plants from a Mr. Wm Lobb, who was absent six years botanysing in South America from Panama North to the Cordilleras of Patagonia in 46° South. Another and far better educated Botanist, Mr. Spruce, is gone to explore some of the tributaries of the Amazons in search of Plants. The Rio Negro has been particularly recommended to him. He is a very active assistant and I look for great things from him.

I am growing the Victoria regia in our hothouse.

I done say you will be able to send the Manusc. mentioned by my son through His Excellency Bunsen.

Pray made my very kind regards to Mr. Kunth, when you see him and to Professor Link.

Your, my dear Baron Humboldt, most truly and affectionately.

W. J. Hooker.

Humboldt an Berghaus.

18.

(Erhalten 16. Juni 1849.)

Ich habe wegen der vielen Fremden, die jetzt hier sind (der venetianische Agent Parini, der geistreiche französische Uebersetzer des 2ten Theils des Cosmos, Galeśly, der französische General-Consul in Bukarest, Poujade) leider! morgen so viele rendez-vous häufen müssen, daß ich Sie bitten muß, theuerster Professor, mich erst am Montag 1 Uhr mit Ihrem Besuch zu erfreuen.

(Potsdam) Sonnabend. Al. Ht.

In der auf Montag den 18 Juni angesetzten Conferenz wurde der Brief von Hooker noch ein Mal sehr ausführlich durchgesprochen und beschlossen, meine Arbeit, die von meiner Seite bis über die Hälfte des Manuscripts und von meinem Neffen Hermann Berghaus bis über ½ der Karten vorgerückt war, einstweilen bis zum Eingang weiterer Nachrichten aus Indien zu sistiren. Humboldt wünschte mein Manuscript zu sehen. Ich schickte es ihm. Nach mehreren Tagen lud er mich zu sich ein. Ich sagte zu.

19.

(Erhalten 26. Juni 1849.)

Ich habe Sie, theuerster Professor, heute um 1 Uhr vergebens erwartet und bitte Sie, mich morgen recht bestimmt um ¼ vor 1 Uhr zu besuchen, wenn Sie frei sind. Ich vermuthe, daß Sie heute stadtverordentliche Abhaltung gehabt haben, was jedenfalls entschuldigt; denn das Wohl der Gemeinde geht den Interessen von Privatleuten vor, zumal wenn diese Gelehrte sind, die bei uns zu Lande wenig zählen!

Ihre Art, Französisch zu schreiben ist in der That mehr als ich erwartet habe. Es ist vollkommen befriedigend. Alle Bedenken die ich früher gehabt, nehme ich als nicht geäußert zurück; verzeihen Sie, daß ich im Ueberfünfziger nicht erkannt habe, was er als Jüngling getrieben hat.

Heute Abend kam ein sehr schmuziger Brief aus Marseille; da er fast 2 Thlr. kostet, war ich schon in der Gefahr, ihn nicht annehmen zu wollen [1]). Glücklicher Weise nahm

ich ihn. Die Sendung kommt aus Indien von Hooker und Hodgson und enthält viel über Ihre Arbeit aber auch deutlichst, daß
noch keine Antwort vom Government da ist, daß man Sie bittet, in der Arbeit nicht fortzufahren, bis man Ihnen Annahme oder failure melden kann.

Man wird sehen, da Mr. Hodgson, der wenig Vermögen hat, so enthusiastisch für das Project ist, ob, falls das Gouvernement das wenige Geld nicht geben wollte, man andere Auswege finden werde. Ich hoffe es; aber Sie müssen warten. Nehmen Sie Notiz von den Briefen und bringen Sie sie mir morgen zurück.

Freundschaftlichst

Dienstag Ab. spät.

Ihr
Al. Humboldt.

Ich werde Ihnen die trefliche französische Ausgabe meines Kosmos geben, 2 Bände. Ich glaube, sie wird Ihnen für die Sprache nützlich sein zur Abkürzung der Arbeit. Sie finden vieles ganz fertig darin.

1) Es war im Jahre 1834 oder 1835 — ich wohnte noch in Berlin — als eines Tages der Briefträger kam, mir einen schweren Brief in Quartformat zu bringen. „Wollen Sie ihn annehmen?" fragte er lachend. Warum nicht und warum lachen Sie? „Weil ein Porto von 18 Thlrn., so und so viel Groschen und Pfennigen darauf haftet!" und er lachte weiter. Es war wahrhaftig nicht zum Lachen. Der Brief oder vielmehr das Pakel trug den Poststempel Bordeaux. Ich hatte keinen Correspondenten in dieser Stadt. Der Papierumschlag war an zwei Ecken beschädigt, man konnte einen Blick hineinwerfen. „Sehen Sie doch zu, was wol drin sein mag!" Es guckte dickes, wie Zeichenpapier hervor und dünnes, auf dem ich Spanisch erkannte. „Überlegen Sie, ob Sie ihn annehmen wollen, ich komme Morgen, mit Bescheid zu holen." Ich überlegte und entschloß mich zur Annahme; ich öffnete: Die Sendung kam aus Zacatecas, in Mexico, war mit einem französischen Kauffahrteischiff von Vera-Cruz nach Bordeaux gekommen und an den dor-

ligen Preußischen Consul adressirt gewesen, und dieser Mann war
entweder in höchst eigner Person oder in der Person eines seiner Con-
sulats-Commis so — dumm gewesen, statt das Paket, welches werthvolle
Zeichnungen und Manuscripte enthielt, wohl zu verpacken und zur Fahr-
post zu geben, dasselbe zur Weiterbeförderung auf die Briefpost zu
geben. Daher das enorme Porto!

20.
(Erhalten 27. Juni 1849.)

Ihre französische Redaction, Ihr Styl ist über alle
meine Erwartung vortrefflich und im Ganzen so correct, daß
Mr. de la Harpe nichts darin bessern könnte und Mr. Dubois in den Terminis technicis nichts zu ändern fände.
Ich sehe daraus wieder, wie Talent selbst Mangel an Übung
ersetzt. Erlauben Sie aber, theuerster Freund, einige Bemerkungen:

S. 1. Die Engländer, besonders in Indien, legen
einen großen Werth auf das ihnen nahe Neu Holland, dessen
einziger officieller Name jetzt

Australia oder Australian Continent

ist. Gegen die Worte Océanie und Australasie besonders
wird im „Edinburgh Review" oft gewüthet. Wollen Sie
nicht gleich hinzusetzen:

„Dans l'Océanie est comprise l'Australie (le con-
„tinent australien)"

[Ich sehe, daß später, S. 5, sich Alles aufklärt.]

S. 7. Wollen Sie nicht einschieben:

„Himalaya offrant un changement d'allure par les
„82°½ de longitude à l'est de Greenwich;"

auch die Worte:

„On regarde à cause de la direction le Hindou

„kho comme une prolongation du Kouenlun qui crosse „le Bolor."

Seßen Sie: Elbourz (Albors) und Victoria Land du sud.

Was sind Ihre milles carrés? Sind es englische square miles? Das französische Wort milles ist von der unglücklichsten Zweideutigkeit. Ich würde rathen, auf einem besondern Blatt gleich Folgendes hinzuzufügen, das sehr genau ist:

1 mille anglois de 69,2 au degré équatorial a 827,5 toises oder 1612 mètres. Reduciren Sie auf englische Fuß!

1 mille marine de 60 au degré a 951,6 toises.

1 lieue marine française de 20 au degré a 2855 toises (genau 2854,97 Toises) oder 5562 mètres.

1 lieue géographique de 15 au degré a 3809 Toises oder 22,842 piés de Paris.

1 lieue marine carrée (de 20 au degré) a 0,5625 lieues carrées géographiques (de 15 au degré).

1 lieue marine carrée a 11,9716 milles anglais carrés (de 69,2 au degré).

un degré équatorial a 104,24 verst, et il a 57,106 toises.

Wollen Sie nicht gleich vorn etwas bringen auf die Gliederung der Continente: la forme articulée des continens exerce une puissante influence sur le climat, la civilisation et le commerce. L'Europe dirigée ouest-sudouest vers l'estnordest s'élargit progressivement vers l'orient où elle se rattache au grand massif de l'Asie. L'Europe a 3 peninsules, trois grandes articulations:

Ibérique, Italique et Hellenique comme l'Asie a les peninsules Arabique, Indienne et Hindou-Malaye.

Um Aufmerksamkeit zu fesseln gleich einzuschalten einzelne Zahlen:

Mittelhöhen von Plateaus.

Spanien	350t	Quito	1500t
Mysore	460	Tibet	1800
Mexico	1200	Titicaca	2000

gleich in engl. *Feet!*

Wollen Sie nicht zusetzen: En decoupant une mappemonde d'Arrowsmith Mr. Rigaud, Professeur d'Oxford, a trouvé par le poids tout le sphéroide de la terre ayant 16,464,864 lieues marines carrées de 20 au degré (en supposant l'aplatissement de $1/309$) l'area des continens à l'area des mers = 100 : 270.

La surface continentale est selon lui 4,450,000 lieues marines carrées.

Il trouve par le poids

L'Europe 16,65 parties ou 278,000 lieues marines carrées
L'Asie   88,73   — ou 1,484,850 —   —   —
L'Amérique 34,64 — ou 579,700   —   —   —

(Transactions of the Cambridge Phil. Soc. Vol. VI, part 2, p. 297.)

Das sind so einige flüchtige Bemerkungen, die an der sachgemäßen Haltung des Ganzen, welche unserm ursprünglichen Plane vom October vollständig entspricht, nichts ändern wollen.

Mittwochs Nacht.

Ihr
A. H.

21.

(Erhalten 25. Juli 1849.)

Ich habe die Bücher des Prinzen von Wirtemberg richtig erhalten. Darf ich fragen, ob Sie den letzten Brief von Hooker mit dem Kärtchen, den ich an Ritter geliehen, jetzt besitzen? Ich suche ihn bei mir vergeblich.

Al. Humboldt.

Mündliche Antwort heute den 25.7: Nein! Ritter hat mir den Brief noch nicht geschickt. B—t.

22.

(Erhalten 26. Juli 1849.)

Hier sind die Briefe, die mir so eben Prof. Ritter zurückgiebt. Den von Hodgson bitte ich bei sich aufzubewahren. Den Brief von Hooker können Sie nur benutzen, wenn Sie ihn sich von einem Engländer vorlesen lassen (?) und gleich deutsch niederschreiben: auf jede andere Weise werden Sie unwillkürlich viel Falsches in die Welt bringen. Ritter hat sich von beiden Briefen so vortreffliche Uebersetzungen gemacht, von denen ich eine gelesen.

Ht.

Dr. Hooker's und Mr. Hodgson's Handschriften sind allerdings nicht leicht zu lesen — wie überhaupt der Engländer seine Handschrift außerordentlich vernachlässigt, im Vergleich zum Franzosen, der sich stets einer deutlichen Schrift befleißigt — doch brauchť ich Humboldt's Rath nicht zu befolgen. Die Briefe, von denen ich den Hooker'schen nur so weit aufnehme, als er sich auf meine Arbeit bezog, waren folgende:

Dr. Jos. Dalton Hooker an Hrr. von Humboldt.
Darjiling, Sikkim, Himalayah, April 26, 1849.

My dear and kind friend,

Your long and much interesting letter arrived when I was in travelling in Nepal and was not received by me for many weeks after its arrival here. On my return to Darjiling Mr. Hodgson had left the station on account of his health and it was only on my joining him last month in the Terai that I could talk with him about the contents of your letter.

In the first place he desires me to thank you with the greatest warmth and sincerity for the kind and prompt attention you have give to our request. The long letter you have written, the great compliment thus paid to us, and about all for the admirable and unexceptionable plan you and Prof. Berghaus have drawn out, you cannot conceive what a load of trouble this has taken off our heards, nor what a prized memorial it will ever be, not only to ourselves, but to the country, for where benefit the Charts are planned.

That this first attempt to instruct the youth of India in physical science, and in their own tongue, should be grounded on a plan of Baron Humboldt gives a character to the undertaking that nothing else could. Believe us we never expected to have paid such attention to the subject, and that in doing so you have done us the happiest service. The work shall go forth as the offspring of Baron Humboldt's matured experience and I am sure that it will not be felt ..... of you my kind friend, after so many years of succesfullness in other spheres and countries to have your name so prominently associated with an undertaking which under whatever difficulties must succeed in India.

I wrote shortly to Professor Berghaus, requesting him to delay till we should hear whether the Government would wish to take any part in and propose any alteration in the plan. This they do not and as nothing it appears to us can be better than the plan you and Prof. Berghaus have made we think the details better left wholly to the judgment of that distinguished and experienced man. The money is lodged with my Father to be remitted exactly as you propose and I shall write by this mail to Prof. B. again[1]). I wish the sum could be larger, I am sure Prof. B. deserves that it should, but Mr. Hodgson is no longer in the service, and our private means are limited.

Regarding your questions as to the height of the great Himalaya-Peaks, &c., &c.

1) Ist nicht geschehen.   R—t.

Mr. W. H. Hodgson to Baron Humboldt.

Darjiling, April 25. 1849.

M. le Baron, — I cannot suffer Dr. Hooker's reply to your letter to reach you without a small addition from myself expressive of my deep sense of the gracious manner in which you have spoken of my researches and of the flattering alacrity with which you have responded to my request connect to a Geographic treatise.

My views relative to the physical geography of High Asia and of its stupendous southern barrier have been unreserved communicated in the past and present year to my accomplished guest; and you will ere long I trust see them published with all the emendative advantages derived from his adventurous travels and accurately scientific education.

With regard to the proposed Elementary Treatise for the schools of India I beg to inform you that I am so sensible of the value of your promised aid to the great cause of India's educational regeneration that I have urged the adoption of the thing by the Government, so that this first great step in the right direction may be *publicly* taken under the high auspices of your illustrious name. This is not a loud so much of sheer ignorance as of falsy knowledge, and I think that the safest and most effective method of making an impression on the Indian intellect by means of our books is, not by their indiscriminate communication but rather by a plan special in all respects of matter and of manner.

Our books of education are sadly behind our best and latest acquisitions and those acquisitions, as recorded in our Libraries, have been won step by step through and by successive removals of error and prejudice why should not the Hindoos commence calm and untired at the vantage ground of thruth we have gained through so many dearous and toilsome journeys, why should we not, in a word, present to them in our schools the best parts of our best works, judiciously adapted so far as may be, to their known mental habits and wants?

This is what I have long been aiming at with too little success. This is what I now seek to inchoate and set a going under the auspices of an illustrious name, thereby vanquishing the *vis inertiae* of high places, which *vis* has been and is successfully opposed to me. I think and hope however that the Council of Education will this time be found amenable and it is well worthy while to use every endeavour to carry it with me before resorting to individual support, however distinguished, of the project.

I am fully sensible of the value of your suggestion of an enlarged scale for the work, and would even solicit your further consideration whether a scale of 15 to 20 maps instead of 12, and of 500 pages of text instead of 250 would not be still more advantageous. I incline to that opinion, and the more strongly because those special sciences upon which physical Geography is based have been so wholly uncultivated in the East, that each topic, as for instance ,,Distribution of Organisms" will used a prefatory summary as of Botany and Zoology in the instance selected. The work must incessantly treat, in a word, of the *grand results* of sciences, which are themselves so foreign to India, that each of them should be introduced more formally to the students notice than would be needly in any part of Europe.

I throw out the above observation for your deliberation and decision and whilst I shall of course gratefully and eagerly accept the lesser and unaltered work already fixed on, if your leisure or judgment serve not for amplification, I shall be most anxious that no amplification indispensable to the real utility of the work be omitted.

Arrangements shall be made through Sir Wm Hooker for all that relates to the expenses of the work and Professor Berghaus shall be addressed on that and other topics the moment I am in a condition to announce to yourself the *success* or *failure* of the public reference I have above adverted to, as to which I will now only add that whether it succeed or not I shall not want will or power to avail myself of your invaluable aid in the manner pointed out in your letter to Dr. Hooker.

I have the honor to be Mr. Le Baron
Yours most faithfully
B. H. Hodgson.

Bei Übersendung dieser Briefe von Dr. Jos. Hooker und Hodgson hatte Humboldt nichts geäußert über des Letztern Vorschläge zu einer Erweiterung unsers Plans; auch in den vorhergegangenen Unterhaltungen hatte er dieses Punktes nicht Erwähnung gethan. Ich hielt es daher für angemessen, ihn an einem der nächstfolgenden Tage zu besuchen, um mir seine Ansicht über Hodgson's Vorschlag, dessen Berücksichtigung eine vollständige Umarbeitung meines sehr weit vorgeschrittenen Manuscripts, so wie auch eine Beseitigung der bereits fertigen Karten-Zeichnungen voraussetzte, zu erbitten. In der mehrstündigen Conferenz, die wir über den Gegenstand hatten, in der ich auf die früher geäußerten Bedenken zurückkam (S. 61), welche, wie es mir schien, mit Hodgson's Meinung nahe zusammenfielen, wurde beschlossen, — an unserm Plane festzuhalten. Humboldt erkannte zwar die Richtigkeit von Hodgson's Bemerkungen an; „allein, sagte er, eine physikalische Erdbeschreibung kann sich weder mit Kraft und Stoff noch mit der Physiologie der organisirten Körper beschäftigen, das Alles muß sie als bekannt voraussetzen. Wissen die Hindu-Gelehrten nichts davon, so muß Hodgson, der sich der Aufklärung unserer Hindu-Mitmenschen mit so warmer Liebe annimmt, auch für deren Unterricht in der Chemie, Physik, Botanik und Zoologie Sorge tragen. Ich werde diesen Punkt in meiner Antwort berühren."

Ob dies geschehen, geht aus der Correspondenz nicht hervor; auch findet sich nirgends aufgezeichnet, daß Humboldt mir dieserhalb eine mündliche Mittheilung gemacht habe. Mein Manuscript, so weit ich es für die weitere Bearbeitung entbehren konnte, mußte ich ihm zum zweiten Mal vorlegen, um zu sehen, ob es angemessen und möglich sein würde, die Hauptwünsche Horaſon's noch zu berücksichtigen. Humboldt behielt es mehrere Wochen. Als er es mir bei einem Besuche im Potsdamer Stadtschlosse zurückgab, sagte er, indem er es durchblätterte: „An dieser und an jener Stelle", er wies darauf hin, „konnten Sie das und das noch einschalten, was in Hodgson's Sinne sein wird, im Übrigen aber ist Alles nach unserm Plane bearbeitet, bei dem wir stehen bleiben müssen, wenn wir nicht das Ganze auseinander reißen wollen und am Ende ein Zerrbild von der physikalischen Geographie zu Tage fördern!"

Da in der Mitte des Monats September 1849 noch immer weder von Dr. Jos. Hooker noch von Mr. Hodgson selber eine Nachricht über *success* oder *failure* des Antrages bei der Regierung von Indien wegen pecuniärer Unterstützung des Unternehmens eingegangen war, so fragte ich Humboldt um seine Meinung, ob er, mit Rücksicht auf Dr. Joseph Hooker's zwei Schreiben vom 15 und 20 April, es nicht für angemessen erachte, den fertigen Manuscript-Theil nebst den fertig gewordenen Karten an Sir William Hooker abzusenden und mir von demselben die in jenen Briefen erwähnte Honorar-Zahlung zu erbitten. Humboldt war damit vollkommen einverstanden. Er fügte hinzu: „Sie haben nun beinahe ein Jahr dieser Arbeit gewidmet, die für Sie eine colossale gewesen ist wegen der fürchterlich langweiligen Reduction auf englische Längen- und Flächenmaaß und unserer R. oder C. Thermometerscalen auf die englische F. Scale; die Herren in Indien haben davon keinen Begriff! Schicken Sie also Manuscript und Karten, mit denen Ihr Neffe Ehre einlegen wird, denn ich habe so geschmackvoll angeordnete und so schön ausgeführte Zeichnungen, wie diese lange nicht gesehen, getrost nach Kew und verlangen eine Anweisung."

Die Sendung — bestehend aus dem Manuscript von 40 enggeschriebenen Folioseiten, die Hälfte der Abtheilung A) Unorganisch-Tellurisches der physikalischen Erdbeschreibung, enthaltend, und aus drei Karten: Europe and British Islands, Geography of Plants, Geography of Animals (die beiden letzteren mit angemessenen Rand-Illustrationen, bei deren Wahl Humboldt den Ausschlag gegeben hatte) — ging am 15 September 1849 an Sir William Hooker mit einem kurzen Anschreiben, worin ich auf die vorhergehende Correspondenz zwischen seinem Sohne und Mr. Hodgson auf der einen, und Humboldt und mir auf der andern Seite hinwies, und die Bemerkung einfließen ließ: „Le manuscrit a été revu par M. de Humboldt et a eu le bonheur d'acquerir l'approbation de ce savant distingué." Ich bat um eine Anweisung.

Einige Tage darauf trat ich eine Reise nach Westfalen an zum Besuch meiner dort lebenden Geschwister, die ich seit siebenzehn Jahren nicht gesehen hatte. Als ich am 8 Oktober 1849 nach Potsdam zurückkehrte, fand ich folgenden Brief vor.

Royal Gardens, Kew, Sept. 27. 1849.

To Dr. Berghaus, &c. &c. &c.

Dear Sir,

I have your letter accompanied by the Msc. and Maps and almost on the same day I have received a letter from Mr. Hodgson, as you and Baron Humboldt have done: — in which letter to me however he says — „Neither your Son nor myself were quite aware that Dr. Berghaus had actually set to work, since the Baron's suggested plan was a material modification and improvement of the original, as to which no opinion had been given pending the references above dwelt on." — I am therefore in this unknown predicament that although it is quite true that I have remit to you a stipulated sum on your sending to me a certain portion of the Msc. and of the maps: — yet it was equally clearly stated that this was to take place after the *due arrangement had been made as to the exact nature of the work*, which could not be done till after Baron Humboldt's letter had been answered by Mr. Hodgson. Whatever that arrangement is, the copy has to be submitted to Col. Sabine, who has no doubt been written to — and as the money is actually deposited in my hands I shall, on hearing from Col. Sabine that the conditions are clearly fulfilled, remit to you the £ 75. Can I pay this money to any friend of yours in London for you? Or shall I send it to you in Berlin through a Banker?

I have the honor to be, Sir, your faithful and obedt. servt.

W. J. Hooker.

Ich antwortete am 13 October 1849 und meldete, daß weder Humboldt noch ich jüngere Briefe aus Indien erhalten hätte, als die vom 26 und 29 April. Ich führte eine Stelle aus dem Briefe des Dr Jos. Hooker an, die also anfängt: As nothing it appears (s. S. 91), an passage qui m'inspire l'espoir, que Mr. le Colonel Sabine aura la bonté d'approuver le manuscrit aussi bien qu'il a eu l'agrément de Mr. le Baron de Humboldt. Mr. Hodgson a énoncé quelques desirs, relatifs à la „Distribution of Organism" auxquels j'ai eu égard dans la rédaction de la 3me partie de mon ouvrage. Und weil ich keinen ständigen Correspondenten in London hatte, bat ich um Übersendung eines Wechsels auf Berlin. Ich bat Sir William auch um weitere Mittheilungen — si vous avez des nouvelles récentes de Mr. votre fils, relatives à ses dernières voyages et aux résultats les plus importants de ses efforts fatigants pour la connaissance d'une des contrées les plus intéressantes du Globe terrestre (Himalaya).

Erst am 21 October 1849 hatte ich Gelegenheit, Humboldt von dieser Correspondenz mit Sir William Hooker mündlich Bericht zu erstatten. Er war nicht wenig erstaunt, daß Hodgson jene Worte nach Kew geschrieben. — „Sie haben ganz Recht gethan, an Hooker zu schreiben, wir hätten seit den April-Briefen keine Nachrichten aus Indien. Sie konnten das Ihnen, ohne mich erst zu fragen, denn hätte ich einen neueren Brief bekommen, so wäre er auch gleich am Tage des Empfangs in Ihren Händen gewesen." — Darauf hatte ich gerechnet, als ich an Sir William schrieb, auch Humboldt wäre ohne neuere Nachricht. Die Stelle in Hooker's Brief, welche Sabine betrifft, veranlaßte Humboldt zu der Äußerung: „Sabine ist ein grundgelehrter Mann, daran ist kein Zweifel, und in ganz England wol der einzige, der die Totalität der Physik der Erde zu überblicken vermag, aber es verdrießt mich doch, daß der gelehrte Botaniker den gelehrten Physiker zu Ihrem Censor bestellt bat. Stehe ich dabei doch auch mittelbar unter seiner Controle. Ich freue mich, daß Sie dieser Punkt in Ihrer Antwort „so sein" berührt haben."

Acht Tage nach dieser Unterredung empfing ich von Sir William folgendes Brief:

Royal Gardens, Kew, Oct. 26. 1849.

My dear Dr. Berghaus,

As my friends Messrs. Baring Brothers and Co. offer to give me a letter of credit upon Berlin enabling you to draw the £ 75 of Messrs. Anhalt and Wagner there I herewith send it; and you will kindly acknowledge the receipt of it to me.

I should think my Son Dr. Hooker will have already written to Mr. de Humboldt and inform him of his having reached the plain of Thibet just on the north side of the Himalayan range: — if not, I shall be happy to communicate to you some particulars. The Msc. you did me the favor to send and the maps are sent to Mr. Hodgson for his approval before printing.

You will have the goodness in your letter to me to acknowledge the receipt of the £ 75 as from Mr. Hodgson, and on account of the work on Physical Geography.

Pray present my most respectfull and cordial regards to Mr. de Humboldt, and believe me

your faithfull and obd^t. servt.

W. J. Hooker.

Auf diesem Briefe steht folgende Bemerkung von meiner Hand:

Hr. von Humboldt, dem ich heute das vorliegende Schreiben von Sir William Hooker zur Kenntnißnahme vorgelegt habe, ist sehr erfreut über dessen Inhalt, und auch Nichtinhalt, denn er sagte:

Es ist nur gut, daß Hooker den Colonel Sabine nicht weiter erwähnt; ich läugne nicht, daß mir dessen Censuramt nicht angenehm war. Seltsam kommt mir die Bemerkung vor, daß Manuscript und Karten nach Indien geschickt sind zu Hodgson's Approbation — vor dem Druck. Hodgson muß ja den Traktat erst ins Hindustani übersetzen, bevor an den Druck gegangen werden kann. Man wird doch nicht auf den Gedanken kommen, Ihre Arbeit in England in französischer Urschrift oder in englischer Uebersetzung drucken zu lassen! Das wäre wider die Abrede, die nur die Vorlage für die Uebersetzung in eine der indischen Sprachen vor Augen gehabt hat. Erwähnen Sie diesen Punkt in Ihrer Antwort an Sir William nicht, wir wollen es abwarten! Bitten Sie ihn auch nicht um Nachrichten von seines Sohnes Himalaya-Abenteuer, weil diese, wie der Vater schreibt, vom Reisenden unmittelbar zu erwarten sind. Indische Briefe werden wohl in diesen Tagen kommen. Erwidern Sie aber ja meine herzlichsten Grüße.

Potsdam, 2 November 1849.   H–t.

Eine weitere Notiz auf demselben Briefe lautet:

Beantwortet und Quittung eingeschickt, auch Humboldt's Grüße bestellt den 4. Nov. 1849 durch den Preuß. General-Consul Oswald in Hamburg.   H–t.

Durch die mir befreundete Buchhandlung war das Paket vom 15 September 1849 an Sir William Hooker nach London befördert worden. Wahrscheinlich habe ich jenen Weg zur Sendung meines Briefes gewählt, um das höhere Porto zu sparen, welches einiger Maßen in Betracht kam, weil mir das Berliner Bankhaus Anhalt und Wagner auf den Hooker-Baring'schen Wechsel von £ 75 an Unkosten 4 Thlr. 23 Sgr. berechnet hatte. Diesem Hause mußte ich eine doppelte, für einfach geltende, Quittung geben.

Die „Zeitschrift für Erdkunde" (Magdeburg, bei Bänsch) flechte ihrem Ende entgegen (s. S. 75)! Das Unvermeidliche war nicht abzuwenden, sie ging schlafen! Diese Zeitschrift hat nie auf einen grünen

Zweig kommen könnten, warum, weiß ich nicht. Gegründet wurde sie von Hrn. Lüdde, als Concurrentin meiner „Annalen der Erdkunde". Später kam der Name des vielgereisten Kohl als Mitherausgeber auf dem Titelblatt, in Gesellschaft von Theodor von Lichtenstern, des jüngern Sohnes meines langjährigen Freundes Joseph Marx Freiherrn von Lichtenstern aus Wien († als freiwillig Gestorbener in Berlin). Im Jahre 1847, als meine „Annalen" (zuletzt im Verlage von Graß, Barth u. Co. in Breslau) aufgehört hatten, wurde ich von Hrn. Lüdde und dem Verleger seiner Zeitschrift, Hrn. Emil Bänsch, eingeladen, mich bei der Redaction zu betheiligen. Es geschah. Bald darauf übernahm ich die alleinige Redaction, unter Zugeständniß von Bedingungen Seitens des Verlegers, welche, wie ich nicht anders sagen kann, liberal waren und meinen Wünschen entsprachen. Meiner Seits kann ich mit dem Zeugniß geben, daß ich an dem Gedeihen der Zeitschrift redlich gearbeitet habe. Nun aber kam der März 1848: aller literarischer Verkehr war in Stocken gerathen: alle Welt schwindelte in Politicis und arbeitete an der Neugestaltung des Vaterlandes und dem Aufbau eines Deutschen Kaiserreichs. Wer kümmerte sich um das, was in weiter Ferne auf dem großen Felde geographischer Entdeckungen und der Eroberungen auf dem unermeßlichen Gebiete der Erdkunde vorging? Die Zeitschrift, die schon siechte, nahm von Monat zu Monat an Siechthum zu. Magdeburg war auch nicht der Ort zum Verlage einer periodischen Schrift dieser Art. Mit dem deutschen Verlagsbuchhandel ist es ein eigenes Ding. Die Consumenten der geistigen Handelswaaren wollen bei renommirten Handelsfirmen und an altbekannten Verlagsplätzen ihren Bedarf kaufen. Hätte Hr. Emil Bänsch den Namen Leipzig als Ort der Herausgabe auf den Titel der Zeitschrift gesetzt, ich glaube, es wäre mit dem Absatz besser gegangen. Es wäre dies um so leichter gewesen, als er damals ein Filialgeschäft durch einen jüngern Bruder in Leipzig bereits betreiben ließ.

Als nun die „Zeitschrift für Erdkunde" wirklich zu Grabe getragen war — (die vorräthigen Exemplare sind, wie mir einmal erzählt wurde, in der Folge als Maculatur nach dem Gewicht verkauft worden!) — fragte ich meinen Freund Wilhelm (Justus) Perthes, ob es sich vielleicht würde ermöglichen lassen, die Verstorbene zu erwecken und der Blieder geborenen in irgend einem neuen Gewande frisches Leben zu geben. Perthes, sonst stets bereit, auf Vorschläge, die ich ihm machte, einzugehen, unter den damaligen Zeitläuften aber, die alle politischen und außerdem so manche gesellschaftlichen Zustände in Frage stellten, bei neuen Unternehmungen vorsichtiger geworden, wie es vor 1848 der Fall gewesen war, lehnte Anfangs entschieden ab, ging aber doch endlich auf

meine Wünsche und Vorschläge ein. Nachdem ich ihm auseinander gesetzt
hatte, daß man die neu zu begründende periodische Schrift als fortlau-
fende Ergänzung des „Physikalischen Atlas" werde betrachten können,
daher sie bei den Abnehmern dieses Atlas ihre Freunde finden dürfte.
Überdem handle es sich von seiner Seite ja nur um die Druck- und
Papierkosten, die bei einem ersten Versuch wol zu — risikiren sein mögten, während von meiner Seite Zeit-Capital und Redactions-Honorar
und Alles, was daran und darum hangt, gewagt würde.

So ist mein „geographisches Jahrbuch" entstanden, welches die be-
scheidenen Erwartungen, die ich davon hegte, weit übertroffen hat. Der-
ibes war über den Anklang, den es unter den Abonnenten des Physikalischen Atlas fand, überrascht, noch mehr, als das Jahrbuch auch in
anderen Kreisen sich Freunde erwarb.

Das erste Heft war in den letzten Tagen des November-Monats
1849 fertig geworden — (die Vorrede dazu schrieb ich in Gotha); —
Perthes schickte mir alsbald einige Exemplare. Eins davon, sammt dem
2ten Bande des Physikal. Atlas, zweiter Auflage, die auch eben fertig
geworden war, überreichte ich am 7 Decbr. meinem Gönner Humboldt
mit einem kurzen Anschreiben. Noch an demselben Tage antwortete er:

23.
(Erhalten 9. Decbr. 1849.)

Ich weiß Ihnen, theuerster Professor, nicht lebhaft genug zu danken für Ihre so reichhaltige Gaben, durch die
eine Masse gründlichen Wissens verbreitet wird.
Ich erstaune über das Geschick, mit dem Sie, unter so vielen
äußeren buchhändlerischen Hindernissen der jetzigen Zeit, dies
Alles zu Stande bringen. Ich wünsche Ihnen persönlich
danken zu können um Ihnen einige Kleinigkeiten für Ihr
neues Jahrbuch, z. B. officielle Briefe des amerikanischen
Staatssekretairs an mich über Diamanten in den Alleghanies
mitzutheilen.

Ihr

Potsd. Freitags.   Al. Humboldt.

Eine Höhenkarte in der Illustrirten Zeitung.

24.

(Erhalten 18. December 1849.)

Ist es nicht zum Verzweifeln, theuerster Professor, sehen zu müssen, daß all unser Mühen, richtige geographische Zahlen unter die Leute zu bringen vergeblich ist? Wie ein Gegenstand volksthümlicher Neugier verhunzt wird, sehen Sie aus der Nr. der illustrirten Zeitung, die ich Ihnen hier schicke. Ich habe das Blatt diesen Abend aus des Königs Gesellschaft mitgebracht. Es wurde im Kreise herumgereicht. Das Bild auf p. 384 erregte allgemeine Bewunderung, von der sich der König nicht ausschloß. Als es an mich kam und ich es etwas näher angesehen hatte, mußte ich laut auflachen. Der König fragte, warum ich so herzhaft lache? Weil, habe ich geantwortet, das Bild eine alte Chartcke ist, wahrscheinlich ein Pariser cliché, aber 20 Jahre alt, und ich lache, weil die Menge sich gutmüthiger Weise solches Zeug als etwas Funkelnagelneues auftischen läßt. Der König hat mir meine Bemerkung übel genommen. Ich beschwöre Sie nun, verehrtester Professor, dem Leipziger Illustrator den Kopf zu waschen, und dafür zu sorgen, daß eine Berichtigung, der ich von Pikantem etwas wünsche, recht bald in derselben Zeitung erscheine. Schicken Sie mir aber das Blatt zurück.

Freundschaftlichst

Ihr

Dienstags Nacht.   A. Ht.

Ich sah mir die Höhentafel an und — lachte auch! Noch am nämlichen Tage schrieb ich nach Humboldt's Wunsche eine Berichtigung und schickte selbige mit folgendem Anschreiben nach Leipzig: —

Höhern Orts bin ich aufgefordert worden, über die in der „Illustrirten Zeitung" vom 15 l. M. abgedruckte Höhenkarte der Erde einige Worte zur Berichtigung der darin vorkommenden Irrthümer zu sagen. In Folge dessen beehr' ich mich, das angeschlossene Sendschreiben mit dem Ersuchen ergebenst zu übersenden, — dasselbe in das nächste Blatt der Illustrirten Zeitung gefälligst aufnehmen, — und mir vor dem Abdruck die betreffende Spalte zur Correctur unter Kreuzband gleichmäßig zugehen lassen zu wollen, um bei den vielen darin befindlichen Zahlen und fremden Eigennamen Druckfehler möglichst zu vermeiden. Demnächst bitt' ich auch um ein Paar Gratisexemplare der Nummer, in welcher das Sendschreiben Aufnahme findet. — Genehmigen Sie, u. s. w.

Potsdam, den 18 December 1849.

Herrn Buchhändler Weber   A—t.
Leipzig.

Hr. Weber war so freundlich, meinem Antrage wegen Abdrucks der Berichtigung Folge zu geben. Fünf Tage nach Abgang meines Briefes hatte ich die abgesetzten Spalten zur Correctur, mit meinem Manuscript. Die Überschrift meines Aufsatzes war verändert von einer Hand, die mir eine bekannte war; sie gehörte nämlich meinem alten, vielgereisten, sehr liebenswürdigen Freunde Reigebauer, der also damals die Redaction der Illustrirten Zeitung führte. Abgedruckt wurde mein Aufsatz im letzten Blatte des Jahrgangs 1849, vom 29 December.

Als ich Humboldt einige Tage später besuchte, hatte er das betreffende Blatt schon zur Hand gehabt.

Sie haben, sagte er, den Leipziger etwas zugestutzt; ich hätte gewünscht, Sie wären ihm derber gekommen! Traurig ist es, daß Blätter, welche, wie diese Illustrirte Zeitung, auf den großen Haufen berechnet sind, sich in den Händen von Ignoranten befinden. Literarische Fabrikarbeit ist es mehrentheils, die diese Blätter bringen, wobei der Unterricht des

Volks, die echte Aufklärung nicht gedeihen kann. Ich meine nicht unsern Special-Zahlen-Fall allein, ich spreche im Allgemeinen von dieser periodischen Illustrations-Literatur, die sich als Nachbildung der französischen und englischen bei uns eingenistet hat, nicht als Belehrungsmedium der Leser, sondern als Geldspekulation der Unternehmer. Ich bin, wie Sie wissen, und wie Jedermann weiß, ein Verfechter der freien Bewegung des Talents und der Geistesgaben, wo sie sich zeigen; ich bin ein Gegner von all den Vor- und Nachprüfungen, die die Staatsgewalt bei Leuten für nothwendig erachtet, welche ihr oder der Gesellschaft überhaupt dienen sollen, eine Examensucht, die sich wol gar bis auf den Feldhüter und den Nachtwächter erstreckt — mindestens um, lächerlicher Weise, deren politische Gesinnung zu ergründen; ich bin also nichts weniger als ein Freund der Bevormundung, welche die Staatsgewalt sich in so entsetzlicher Ausdehnung über uns Menschenkinder anmaßt; wenn sie aber von ihrem Prüfungssystem nicht ablassen kann oder will, dann sollte sie ihr Augenmerk auf diejenigen Leute richten, welche als Redactoren von dergleichen Spekulations-Blättern, wie die Illustrirte Zeitung eins ist, das Volkslehreramt übernehmen. Was bezweckt diese Zeitung? Augenblickliche Befriedigung der Neugier, nicht der Wißbegier, von tieferm Wissen kann selbstverständlich nicht die Rede sein. Dabei fröhnt sie der persönlichen Eitelkeit der Menschen. Berühmte und unberühmte Personen werden darin abgebildet, oft in den lächerlichsten Fratzen. Wer ein berühmter Mann werden will, schickt sein Portrait mit einer pomphaften Selbstbiographie nach Leipzig: — o, über die Schwachheiten! Als ich Ihren Corrections-Artikel gelesen hatte, lenkte ich darauf die Aufmerksamkeit des Königs; er sah ihn sich flüchtig an, legte aber das Blatt rasch weg, die Sache hatte kein Interesse mehr für ihn, oder er nahm Anstand an der . . . . . Sie erinnern sich weshalb!

Der Artikel, den ich an Hrn. Weber geschickt hatte, ist folgender:

An die Redaction der „Illustrirten Zeitung" in Leipzig.

Potsdam, den 18 Decbr. 1849.

Das neueste Stück Ihres schätzbaren Blattes, vom 15 Decbr. c., enthält auf S. 384 unter der Aufschrift „Die bekanntesten Höhen der Erde" eine Wiederholung der so oft gegebenen bildlichen Darstellungen, vermöge deren man „einen Gegenstand volksthümlicher Neugier" deutlicher zu machen sucht, und dem Auge, beim Auffassen abstracter Zahlen nicht ohne Erfolg zu Hülfe kommt.

So dankenswerth daher Ihre hypsographische Erd-Karte ist, so dürfte, abgesehen davon, daß ihr Maaßstab ziemlich unbestimmt und unklar ist, — was für den Kenner nicht viel auf sich hat, und dem der Dilettant leicht nachhelfen kann, wenn er statt „Einer" und „Zehner" „Tausende" liest, und „Pariser Fuß" hinzudenkt, — für Viele Ihrer zahlreichen Leser es beklagenswerth sein, daß der Verfertiger mit den neuesten Fortschritten der Hypsometrie nicht — „gleichen Schritt" gehalten hat.

Das sieht man gleich auf dem ersten Bildchen von Amerika, wo der Nevado de Sorata als Scheitelpunkt des Erdtheils thront, und er, so wie der Illimani noch immer die kolossalen Höhen haben, womit Hr. Pentland alle unsere geographischen und geognostischen Bücher, Karten und Profile zwanzig Jahre lang — „verpestet" hat! Der Verfertiger Ihrer

Höhenkarte hat es nicht gewußt, daß Hr. Pentland seine, in den Jahren 1827 und 1828 angestellten Messungen von den Gipfeln der östlichen Andeskette von Bolivia sehr wesentlich verändert, und auf einer, von dem hydrographischen Amte der Admiralität zu London im Juni 1848 herausgegebenen großen Karte vom Becken des Titicaca Sees die gedachten Gipfel unter die Höhe des Chimborazo herabgesetzt hat.

Wenn auch dem Leipziger Hypsographen die Pentland'sche Karte, — die in Deutschland noch zu den Seltenheiten gehört, — nicht zugängig war, so darf dies doch nicht von deutschen Schriften vorausgesetzt werden; hätte er z. B. die neueste Auflage von A. von Humboldt's „Ansichten der Natur", — die von der Cotta'schen Buchhandlung im Laufe des Septembers d. J. auf den Büchermarkt gebracht wurde, — zur Hand genommen, so würde er im I Bande, S. 75 und 76, besonders aber in den „hypsometrischen Nachträgen" S. 341—344 die berichtigten Höhen der Bolivianischen Andes-Gipfel gefunden und gesehen haben, daß der Schneeberg von Sorata um eine Höhe, welche die unseres Brocken übersteigt, und der Illimani um eine Höhe zu hoch angenommen worden ist, welche der senkrechten Höhe der Gipfel des Thüringer Waldes nahe gleich steht. Hr. Alexander von Humboldt theilte mir im October 1848 die, ihm eben zugegangene Pentland'sche Karte mit, was mir Veranlassung gab, am 20 desselben Monats, unter der Aufschrift „der Nevado de Sorata ist nicht der höchste Berg von Amerika", eine kurze Notiz zu schreiben, welche in der, während des Jahres 1848 von mir herausgegebenen „Zeitschrift für Erdkunde" IX Bd., 4 Heft, S. 322—326 abgedruckt worden ist, und deren Ergebnisse auch bei der, schon im August l. J. in den Handel gekommenen zweiten Auflage meines „Physikalischen Atlas", Abth. II, No. 2, Berücksichtigung gefunden haben.

Die Gipfel-Erhebungen in der Andeskette von Südamerika bilden hiernach folgende Stufenreihe:

	Südbreite.	Höhe in Pariser Fuß.
Illimani	16° 37'½	19,843 Pentland.
Sorata	15 52	19,972 —
Chimborazo	1 21¼	20,100 Humboldt.
Sahama	18 7	20,970 Pentland.
Aconcagua	32 39½	21,768 Fitz Roy.

Zur Ergänzung dieser kleinen Tafel ist nicht unbemerkt zu lassen, daß Pissis, ein französischer Ingenieur-Geograph, bei Gelegenheit der Aufnahme einer Karte von Bolivia, mit welcher er von der Landes-Regierung beauftragt war, ganz unlängst, im Jahre 1847, die Höhe des Illimani ebenfalls gemessen hat. Von den, auf vier Stationen beobachteten Zenith-Abständen geben zwei Standörter eine Höhe von 20,237 Par. Fuß, die beiden anderen aber 19,867 Par. Fuß, alle vier zusammen genommen im Mittel 20,037 Par. Fuß, was von der Pentland'schen neuen Bestimmung 194 F. abweicht („Comptes rendus de l'Acad. d. sc.", T. XXIX, p. 11).

Der Vulkan Aconcagua gehört zur Andes-Kette von Chili, liegt nordöstlich von Valparaiso und ist allen Seefahrern, die diesen wichtigsten Hafen der Westküste von Südamerika ansegeln, eine wohlbekannte Erscheinung. Er ist für jetzt als höchster Gipfel von Südamerika, und der Neuen Welt überhaupt, anzunehmen; ja man wird seiner obigen Höhe noch 700 Fuß hinzufügen müssen, wenn Pentland's Messung (von 1838) zum Grunde gelegt wird, die nach einer frühern Mittheilung vom Juli 1838 — 22,478 Par. Fuß gegeben hat („Physikalischer Atlas", erste Aufl. Bd. 1, S. 54); womit die neueste Angabe von Mary Somerville („Physical Geography", 1849, Vol. II, S. 425) bis auf eine Kleinigkeit übereinstimmt; in Pariser Maaß verwandelt ist ihre Zahl 22,431 Fuß (A. von Humboldt's „Ansichten der Natur", Bd. 1, S. 344).

Beiläufig sei es bemerkt, daß, sicherm Vernehmen nach, Mary Somerville's physikalische Erdbeschreibung in zweiter Auflage von Hrn. Pentland, dem ausgezeichneten Geognosten, ausgearbeitet worden ist, wodurch dieses Buch einen Charakter von Gediegenheit und Zuverlässigkeit gewonnen hat, welcher ihm bei seinem ersten Erscheinen hin und wieder gemangelt haben mag.

Der Leipziger Hypsograph eröffnet den Reigen der asiatischen Höhen mit dem Dhawala Giri und einem Berge, den er Jalabir-Spitze nennt.

Unbekannt mit diesem Namen „Jalabir" hab' ich lange hin und her gesonnen, was das wol für eine Spitze sein könne, bis mein Neffe, Hermann Berghaus, dem ich das „Werk" des Leipziger Collegen zeigte, auf den Gedanken kam, daß hier eine sonderbare Verwechslung von Buchstaben obwalten, und man „Jawahir" oder Juwahir (Djawahir, Dschawahir) lesen müsse, den Namen des Himalaya-Distrikts, in welchem der Nanda Dewi (eigentlicher Name des Berges) den Scheitelpunkt bildet.

Der Leipziger Hypsograph ist aber auch leider für den Himalaya — der (es sei gestattet hier als Randglosse zu

bemerken) für die geologische Gestaltung des asiatischen Erdtheils bei weitem nicht so wichtig ist, als der Kuen-lün in
Verbindung mit dem Hindu-Koh, — nichts weniger als —
au courant of the latest discoveries! Er weiß nichts vom
„Kinchin-junga", von dem ich nach einem Briefe Dr. Joseph
Dalton Hooker's, aus Dardschiling, in Sikkim, vom 25 Juli
1848 (an Hrn. A. von Humboldt gerichtet, und von diesem
mir wohlwollend mitgetheilt) die erste Nachricht in Deutschland verbreitet zu haben vermeine (unterm 18 November
1848 in der „Zeitschrift für Erdkunde", Bd. IX, S. 230—
242). Gestatte es der — gelehrte Hypsograph ihn auf A.
von Humboldt's „Ansichten der Natur", Bd. I, S. 116 u.
117, und auf meinen „Physikalischen Atlas" XIX Lief.
S. 1—7 verweisen zu dürfen, wo er finden wird, daß der
Kinchin- oder Kanchain-junga (sprich Kantschain Dschunga)
sich 26,436 Par. Fuß über die Meeresfläche erhebt, und daß
diese Bestimmung das Ergebniß ist von vier trigonometrischen
Messungen des Obersten Waugh, die nur um 50 engl. Fuß
auseinander liegen; während der Dhawala Giri, nach Webb's
Messungen von 1817, unter verschiedenen Hypothesen der
irdischen Strahlenbrechung entweder 26,462 oder 28,077 engl.
Fuß hoch sein kann. Aber man neigte sich der zuletzt genannten Zahl als der richtigern zu, hauptsächlich aus dem
Grunde, weil sie durch eine spätere Messung des Obersten
Blake bis auf einen Unterschied von 62 engl. Fuß bestätigt
wurde, und nahm deshalb für den Dhawala Giri eine Höhe
von 26,344 Par. Fuß an („Physik. Atlas", erste Aufl.,
Bd. I, S. 134). Nun aber hören wir von Hooker — in
einem Schreiben an Hrn. von Humboldt, aus Dardschiling
vom 26 April 1849, — daß der Dawalgari (wie er, muth-

maßlich in der Hindustani-Sprache, (schreibt) vom Obersten Waugh unlängst (1848) neu gemessen, und dieser kenntnißreiche Geometer der Ansicht ist: „die Höhe (von 26,344 P. F.) „sei viel zu niedrig angeschlagen, und werde sich eben so hoch, „wenn nicht höher, als die des Kanchain erweisen". Hooker belehrt uns ferner, daß im Himalaya ein dritter Riesenberg entdeckt worden ist, der zwischen dem Dhawala Giri und dem Kantschain-Dschunga liegt und den Namen Deobhangba führt. Sodann sagt er noch: „Oberst Waugh halte dafür, daß „zwischen Dawalgari, Deobhangba und Kinchain nur ein ge„ringer Unterschied obwalten könne, und daß alle drei die „Höhe von 28,000 engl. Fuß (= 26,270 Par. Fuß) über„schreiten" („Physik. Atlas", XIX Lief., S. 1).

Mancher Deutsche wird es bedauern, daß der Leipziger Hypsograph auf dem Bildchen von Europa den höchsten Berg unseres Vaterlandes unrichtig angegeben hat. Der Kulminationspunkt der deutschen Alpen ist nicht der Ortles (den Ihre Höhenkarte, nach Gebhardt's Schätzung, um 2400 Fuß zu hoch angiebt), sondern der Groß-Glockner, auf dessen Gipfel die Brüder Schlagintweit, zwei kenntnißreiche junge Naturforscher aus München, am 28 August 1848 Barometer-Beobachtungen angestellt haben. Nach einer ersten Berechnung dieser Messungen fanden sie die Höhe des Groß-Glockner 12,213 Par. Fuß („Physik. Atlas", XIX Lief., S. 20). Dr. Hermann Schlagintweit benachrichtigt mich aber mittelst Schreibens vom 14 l. M., daß sich in diese Berechnung ein Irrthum eingeschlichen, und eine wiederholte Rechnung 12,158 Par. Fuß ergeben habe. Nichts desto weniger überragt der Groß-Glockner auch mit dieser Zahl die Ortlesspitz mindestens um hundert Fuß.

Diese Bemerkungen über Ihre hypsographische Karte könnt' ich noch weiter ausspinnen, ich könnte z. B. von den angeblichen Höhenmessungen des „famosen" Douville sprechen, — müßt' ich nicht fürchten, Ihre Geduld schon zu sehr in Anspruch genommen zu haben. Doch gestatten Sie mir, mit Bezugnahme auf die, in derselben Nr. Ihres Blattes, S. 372, abgedruckte, Karte von einem „Theile" Ober-Californien's die Anfrage, woher die Leipziger Geographen die Nachricht haben, daß Alles, was auf der Ostseite der Sierra Nevada liegt, ein „Tiefland" sei; sollte Frémont uns mystifizirt und in den amtlichen Berichten über seine Forschungsreisen in diesen bisher fast unbekannten Regionen Nordamerika's von „Hochebenen" und Bergketten gefabelt haben?*) Das ist kaum denkbar! Ein Humboldt würde, unter dieser Voraussetzung, die wissenschaftlichen Untersuchungen des Obersten Frémont nicht „vortrefflich" genannt haben. („Ansichten der Natur", Bd. I, S. 353.)

Vergönnen Sie diesem langen Sendschreiben einen Platz in Ihrer geschätzten Zeitschrift, um bei der weiten Verbreitung derselben der Verbreitung von Irrthümern zu begegnen.

Dr. Heinrich Berghaus.

---

*) Mein Neffe Hermann Berghaus berechnete damals la hauteur moyenne du plateau de la Haute Californie zu 4900 piés anglais = 4600 Pariser Fuß nach 25 Bestimmungen auf Frémont's Karte.

Elevation of the great table-land of Thybet, and height of the Snow-line in the Himalaya.

25.

(Erhalten 14. December 1849.)

Ein neuer sehr interessanter Brief von Hooker, den Sie vielleicht benutzen werden. Es ist eine Abschrift von Ritter, denn das sehr unleserliche Original, das in dem Journal of the geographical Society erscheinen wird, habe ich an den Vater geschickt und diesen auch aufgefordert, seinem Sohne, der im Frühjahr zurückkommt, ans Herz zu legen, etwas gewisses über Ihr indisches Handbuch der Geographie feilzusetzen, da Hodgson, laut des Briefes, sehr krank ist. Er solle Sie aus der Ungewißheit über eine angefangene Arbeit reißen.

Ich muß Sie, theurer Professor, bitten, mir den Brief von Hooker Dienstag früh, wo ich weg muß, wieder zu schicken.

Von dem, was Ritter zugesetzt, machen Sie natürlich keinen Gebrauch.

Potsd. Sonnabend. A. H.

26.

(Erhalten 10. December 1849.)

Ich wünsche allerdings, daß Sie, theuerster Professor, die Bemerkung mit drucken lassen, daß augenblicklicher Schneefall die zuletzt angegebene Schneehöhe verwirrt gemacht zu haben scheint. Wie Sie ganz richtig bemerken, können nur

allgemeine Wahrnehmungen an verschiedenen Punkten und zu verschiedenen Jahreszeiten gemacht über ewige Schneegränze entscheiden und es ist, nach Ihrer fernern Bemerkung, sehr denkbar, daß meteorologische, gleichzeitige Prozesse nördlich und südlich vom Gebirgskamme sehr verschieden wirken. Hodgson's eigenes Resultat, der wohl der erfahrenste ist, giebt: nördlicher Abfall . . 18,764 Par. F.
südlicher   —   . . 14,073   —
Unterschied .   4691 (Ansichten I, p. 126)

Nach dem letzten englischen Aufsatz ist der südliche 14,073 wie bei Hodgson geblieben, aber der nördliche 15,006 statt 18,764 geworden, und war also gewiß von Norden zur letzten Zeit ein zufälliger tief herabgehender Schneefall. Ich wünsche, daß Sie die Noten und Betrachtungen, die ich auf das Msc. geschrieben in meinem Namen drucken lassen. Wollen Sie, daß ich Ihnen den englischen Aufsatz deshalb wiederschicke?   Ihr
Sonntag.   A. HL.

Es findet sich weiter unten die Notiz, daß Letzteres geschehen ist. Weil die Herausgabe meines Jahrbuchs ein Versuch, und das erste Heft eben erst erschienen war (s. III, 101), daher, auf buchhändlerischem Standpunkte, erst abgewartet werden mußte, wie der Absatz sich stellen werde, bevor der Druck einer zweiten Lieferung in Angriff genommen werden konnte, die baldige Bekanntmachung des Hooker'schen Briefes aber in Humboldt's Wünschen lag, so schickte ich die Übersetzung mit einer kurzen Einleitung und einigen Anmerkungen versehen, an Dr. Spiker mit der Bitte, den Aufsatz in seine (die Spener'sche) Zeitung aufzunehmen. Humboldt benachrichtigte ich hiervon mündlich. Bevor der Aufsatz in der Zeitung erschien, fand folgende Zwischen-Correspondenz Statt:

Spiker an Berghaus.
(Erhalten 28. December 1849.)

Verzeihen Sie, mein verehrter Freund, wenn ich Ihnen auf Ihre beiden freundlichen Schreiben vom 16 u. 19 erst heute antworte; die Vorbereitungen zu den Festtagen und manche politische Ereignisse haben es mir indeß unmöglich gemacht, früher an Sie zu schreiben.

Ich habe heute Ihren Aufsatz in den Druck gegeben und da ich mich gerade mit einem Theile von Humboldt's Asien sehr viel beschäftigt, mir erlaubt, im Manuscript die Orthographie nach Redactors-Art zu ändern, wie ich dies überhaupt in der Uebertragung englischer Aufsätze in der Zeitung immer so halte. Auch ist die Gleichförmigkeit in der Schreibung der Namen mir eine Hauptsache*). In der Uebersetzung war ein kleiner Fehler, den ich zu verbessern mir die Freiheit genommen habe. Hooker sagt nämlich, „ihm sei in der That zu Muthe gewesen, als ob er in einem Schraubstock (vico) gesteckt hätte", während es in Ihrem Manuscript heißt: „ihm sei zu Muthe gewesen, als ob er eine böse That gethan hätte", ein Versehen, das durch die Verwechselung mit vice (Laster) entstanden ist, was Sie in der Eile, wie sie unser Humboldt liebt, bei der Revision übersehen haben und wahrscheinlich bei der Correctur selbst geändert hätten*).

Ich werde Ihnen sobald der Aufsatz abgesetzt ist, eine Correctur unter Kreuzband schicken, auch für die besonderen Abdrücke sorgen; unser Papier ist jedoch gegenwärtig so gut, daß der Unterschied zwischen Schreib- und Druckpapier kaum bemerklich ist. Hr. von Humboldt hat nicht mehr Veranlassung von der — löschpapiernen Zeitung zu schetzen!

Immer

                Ihr

Berlin, Dec. 25. 1849.   H. E. Spiker.

1) In der Übersetzung des Hooker'schen Briefes hatte ich die englische Schreibung des Namens Tübet, nämlich Thibet, beibehalten. Spiker änderte sie der Gleichförmigkeit wegen, — octroirte aber dadurch den Engländern die französisch-deutsche (Klaproth'sche) Schreibweise, die sie nicht anerkennen wollen.

2) Für diese Verbesserung mußte ich Spiker'n sehr dankbar sein. Der Übersetzungsfehler war allerdings in der Eile, die mir Humboldt mündlich empfohlen hatte, gemacht und übersehen worden.

Humboldt an Berghaus.
27.
(Erhalten 27. December 1849.)

Ich habe heute morgen über die Schneehöhe am Himalaya aus Calcutta, mit einer Adresse von Hooker, des Vaters, Hand, die größte kritische Arbeit erhalten, die je erschienen ist, ganz so, wie ich sie längst gewünscht: (On the Snowline in the Himalaya. By Lieut. R. Strachey, Engineer's. In Journal of the Asiatic Society of Bengal, for April 1849; No. XXIX.)

Die relativen Höhen bleiben dieselben. Der nördliche Abfall hat eine

fast 3000 par. Fuß

höher liegende Schneelinie, wie ich seit 1816 behaupte; von meinen zwei angegebenen Ursachen: Strahlung großer Bergebenen und Trockenheit der tübetanischen Luft nimmt der sehr genaue Strachey nur die letzte an — mit Unrecht, denn die großen Gebirgsebenen in den Andes haben (wie meine Zahlen und die von Boussingault erweisen), wie die Ebenen durch Strahlung wärmer sind wie am Abfall der Cordilleren die mittleren Temperaturen von a und b höher sind, als sie nach dem Gesetz der mit der Höhe abnehmenden Wärme sein sollten.

Ich schicke Ihnen, theurer Professor, das schöne Memoire von Strachey und lege auch Hooker's Brief aus Tungu noch einmal bei. Sie werden auf den ersten Blick sehen, wie viel wichtiger und das Allgemeine umfassend, Strachey als Hooker ist. Damit Sie nun alle Zeit haben, einen Zusatz zu Ihrer Notiz zu machen, die Sie an Spiker gesandt, habe ich (und ich darf hoffen, ohne daß Sie mir zürnen) Spiker gebeten, Ihren Aufsatz nicht früher zu publiciren, als Sie ihm den Zusatz über Strachey schicken könnten. Er hat mir geantwortet, „er wolle warten".

Ich muß Sie wegen der geographischen Gesellschaft bitten, mir beide Anlagen spätestens bis 30sten Morgens hierher zurückzusenden.

Freundschaftlichst

Ihr

Berlin, d. 25 Dec. Nachts.   Al. Humboldt.

Den Zusatz schickte ich am 28. December an Spiker, nur brachte den Hooker'schen Brief mit dem Memoire von Strachey am 30. December persönlich an Humboldt zurück, bei welcher Gelegenheit er mich beauftragte, seine Bemerkungen zum Hooker und zum Strachey unter meinem Namen geben zu lassen, was ich bei der Correctur ändern kann. Diese schickte mir Spiker am 4 Januar 1850, und der Aufsatz erschien in der „Spener'schen Zeitung", Sonnabend den 12 Januar 1850, No. 10, zweite Beilage. Der Aufsatz ist folgender:

Höhe des großen Tafellandes
von Tübet, und Höhe der Schneegränze im Himálaya.

Als Dr. D. Joseph Hooker sich zu der Reise vorbereitete, die er unternommen hat, um den botanischen und physikalischen Charakter des östlichen Theils der großen Himálaya-Kette zu erforschen, war A. v. Humboldt so freundlich, in einem Schreiben an ihn u. A. zwei Gesichtspunkte hervorzuheben,

von denen es ganz besonders wünschenswerth sei, sie ins
Auge zu fassen. Er schrieb:

„Que je suis heureux, d'apprendre, que vous allez
pénétrer dans les belles vallées de l'Himálaya, et même
au delà, vers Ladak et les plateaux du Tubet, dont la
hauteur moyenne, non confondue avec celle des cimes
qui s'élèvent dans le plateau même, est un objet digne
de recherche."

Und an einer anderen Stelle:

„Eclaircir le problème de la hauteur des neiges
perpétuelles à la pente méridionale et à la pente septentrionale de l'Himálaya, en vous rappelant les données,
que j'ai réunies dans le troisième volume de mon „Asie
centrale.""

Die Hindernisse, welche sich dem Eintritt in Tibet ent-
gegenstellen, — eifersüchtige Bewachung der Gränze Seitens
der chinesischen Behörden, unterstützt von den Sikkim-Stäm-
men, welche an den südlichen Gränzen wohnen, und dem
„Reiche der Mitte" tributpflichtig sind; sowie die Hindernisse,
welche aus der Beschaffenheit der Pässe, aus dem entsetzlichen
Zustande der Wege, und der Schwierigkeit, Mundvorrath
und Führer zu beschaffen, entspringen, — waren über alle
Maßen groß. Erst nach einem vollen Jahre, welches über
die Forschungsstreifereien in der Nähe der Pässe verlief, mit
Hülfe einigen diplomatischen Tacts, freilich von sehr be-
scheidener Art, hauptsächlich aber durch die freundschaftlichen
Anstrengungen und die Auctorität des General-Gouverneurs
Lord Dalhousie, von Dr. Campbell, dem Residenten in Dardschiling, und von Hrn. Hodgson, ist es unserm Reisenden
gelungen, den großen Gegenstand seines achtbaren Ehrgeizes

zu erfüllen: die Bestimmung nämlich der Höhe des großen Tübetischen Tafellandes. Ob das zweite Problem, welches A. v. Humboldt gegeben hatte, bei dieser Gelegenheit gleichfalls gelöset worden, muß dahingestellt bleiben. Die näheren Nachrichten hierüber finden sich in dem nachstehenden Schreiben des Reisenden an seinen Vater, Sir William Hooker, Direktor des botanischen Gartens in Kew, bei London. Frühere Nachrichten von Hooker's Reise findet der deutsche Leser in A. v. Humboldt's Ansichten der Natur, I, p. 102; in Berghaus' Zeitschrift für Erdkunde: IX, p. 230 ff., und in dessen geograph. Jahrbuch 1850: I, p. 1—7 (Physik. Atlas XIX. Lief.). Der Brief lautet folgender Maßen:

Tungu, NO. Sikkim, Höhe 13,500 Fuß,
den 25. Juli 1849.

Ich habe meine Absicht erreicht, ich stand auf dem Tafellande von Tübet, jenseits der Gränze von Sikkim, in einer Höhe von 15,500 Fuß (14,538 Par. Fuß = 2423t.), hinter allen Schneebergen[1]).

Als ich zum letzten Male schrieb, schmeichelte ich mir mit der Hoffnung, daß der Weg offen sein, und der Brief des Tscheba-Lama alle Schwierigkeiten beseitigt haben würde; in der That brachte er mich auch — einen Tagemarsch weiter gegen Norden, dann aber nicht weiter. Der Singtam-Beamte hatte, wiewohl er sehr freundlich gegen mich war, keinen Auftrag, mir thätige Hülfe zu leisten, und erklärte mir daher, daß er von dem Wege gar keine Kenntniß habe; ebenso der Subah von Lachen. Es blieb mir kein anderes Mittel, als mich mit Geduld zu wappnen. . . . . . Mein Lager stand in einer Höhe von 11,500 Fuß (10,790 Par. F. = 1798t.), ich hatte vollauf zu thun, neue Pflanzen zu sammeln, Beobachtungen anzustellen ꝛc., und ich war neun oder zehn Tage lang so eifrig, als möglich, damit beschäftigt. . . . .

Sambong (was „eine Brücke" bedeutet) ist der Name des Platzes, wo ich mich aufzuhalten genöthigt war. Er liegt ungefähr 8 engl. Meilen nördlich von der Gabel des Zemu und Lachen, in einem Walde von verkrüppelten Juniperus und Abies Webbiana, am Flusse Lachen. Die Berge zu beiden Seiten sind niedrig, mit Rasen bedeckt, und der Standort einer großen Menge seltener Pflanzen. Morastige Flächen (marshy flats) fassen den Strom ein und gewähren eine gute Jak-Weide, ich vermehrte auch meine Sammlung in sehr kurzer Zeit mit 50 bis 60 neuen Species. Von da aus nördlich bis zu diesem Platze (Tungu) sind 5 bis 6 engl. Meilen weiter, das Thal wird breiter und offener, die Berge niedriger und noch grasiger, mit einer Fülle neuer Species.

Wir wandten uns nach dem Passe, und betraten gestern Tübet, indem mein Freund, der Subah, das Führeramt übernahm. Seine Entschuldigungen waren ohne Zahl. Die Chinesen, sagte er, hätten gedroht, ihm den Kopf abzuschlagen, wenn er sich unterstände, einem Europäer das Überschreiten der Gränze zu gestatten. Ich erwiderte ihm, daß ein Engländer gewohnt sei, seinen Vorsatz fest im Auge zu behalten; und sollten Tage, Wochen oder gar Monden darüber vergehen, es wäre mir gleichgültig. Und nun gelobte er mir, daß er mir auch nicht so viel (indem er auf die Spitze seines kleinen Fingers zeigte) verbergen, daß er mir Alles zeigen wolle, und daß ich sein Weib in ihrem schwarzen Zelte an der Gränze ebenfalls sehen müsse. So wendete sich das Blatt, und die Bhutias zeigten sich als ebenso freundliche, mittheilsame und dienstfertige Leute, als sie vorher feindlich gesinnt und unbeugsam gewesen waren.

Der Paß ist ungefähr 10 engl. Meilen von dem Orte entfernt, wo ich dieses schreibe. Wir hatten Tübetische Ponies; die Beschreibung der Abenteuer aber, die ich auf einem derselben, nach tatarischer Weise reitend, erlebte, muß ich mir für eine andere Gelegenheit vorbehalten. Ich ging indeß einen guten Theil des Weges zu Fuß, um neue Pflanzen, von tübetanischem Typus, zu sammeln. Oberhalb dieses Ortes (Tungu) ist der Lachen-Fluß, dessen Laufe wir folgten, von zwei erstaunlich hohen Bergen eingefaßt, während unmittelbar an sein Bette Niederungen und niedrige, bald steinige, bald begrasete, Hügel stoßen. Ein kleiner Juniperus und ein Rhododendron begleiteten uns eine kurze Strecke weit, darüber hinaus aber war Alles kurzer Torf, Steine, morastige Flächen und Felstrümme; die Vegetation kärglich, aber mannchfaltig. Die Tübetaner kommen im Sommer über die Gränze, um ihre Jaks zu weiden, und wohnen dann unter Zelten von schwarzem Pferdehaar. Wir sahen zwei dieser Zelte; ich hielt an und trat in eines derselben, welches ich nur von einem Mädchen bewohnt fand — einer hübschen, lachenden Dirne, mit chinesischen Gesichtszügen, die mir eine Scheibe Quark präsentirte. Diese Leute machen während des ganzen Sommers Butter, und essen Quark, Milch und Jagopyrum-Brod. Nur die Reicheren könnten sich Reis kaufen. Sie haben zwei Arten von Butterfässern. Die eine ist ein Beutel von Ziegenfell, wohinein die Sahne gegossen und dann geschlagen, gestampft und gerollt wird. Die andere Art besteht in einer länglichen Büchse, eine Yard (engl.) lang, voll von aufrechten Rhododendron-Zweigen, die mit Butter schön bereift sind, aber alle von Raben wimmeln. Die Zelte sind geräumig und wasserdicht, doch von so loser Textur, daß Wind und Rauch hindurchgehen können.

Einige Meilen weiter erreichten wir die Zelte von Peppln (dem Subah von Lachen) und wurden daselbst von seiner Frau und Familie äußerst freundlich aufgenommen. Die ganze Gesellschaft ließ sich in einem Kreise innerhalb des Zeltes nieder, ich an der Spitze, auf einer schönen chinesischen Matte. Die Frau des Subah bereitete den Thee (Steinthee) mit Salz und Butter, und Jeder von uns holte seine Bhutia-Tasse herbei, die stets voll gehalten wurde. Quark, gerösteter Reis und gestampfter Mais wurden freigebig herumgereicht, und wir lebten prächtig, denn ich bin ganz versessen sowohl auf Steinthee, als auf Quark! Unser Feuer ward mit Wachholderholz unterhalten; die Geräthe waren aus Thon, in Dijarchi geformt, mit Ausnahme des Bambu-Butterfasses, in welchem der Thee mit Salz und Butter geschüttelt wird, bevor man ihn an das Feuer setzt. Mittlerweile begann mein armer Kintschin-Hund, der draußen angebunden war, ein heftiges Gebell gegen einen großen Bhutia-Hund, ein prächtiges Thier, das meinem treuen Argus den Garaus zu machen drohte. In demselben Augenblick schlug ein furchtbares, donnerähnliches Krachen sein Echo in das Thal hinab. Meine Gefährten sprangen auf und schrieen mir zu, ein Gleiches zu thun, denn die Berge seien im Fallen begriffen (tho mountains were falling) und ein heftiger Sturm im Anzuge.

Wir setzten unsern Weg 5 bis 6 engl. Meilen weiter fort, im dicksten Nebel. Das Getöse der fallenden Massen, auf der einen Seite vom Kiutschin-Dschow, auf der andern vom Tschamoimo, war im eigentlichsten Sinne des Worts furchtbar, so daß, außer etwa dem Krachen schwerer Donnerschläge, ich nie etwas Ähnliches gehört zu haben mich erinnere. Glücklicher Weise ist es, wegen der niedrigen Berge, die längs des Flusses streichen, an dessen Bette unser Weg sich hinzog, nicht wohl möglich, daß Trümmer jener Berge das Thal erreichen. Ein heftiger Regen folgte und durchnäßte uns bis auf die Haut. Je höher wir kamen, desto mehr erweiterte sich das Thal, und bei 15,000 Fuß Höhe standen wir plötzlich auf einem breiten, flachen Tafellande [*)], das man aber eher eine Aufeinanderfolge flacher, steiniger Terrassen nennen muß, die zusammenstoßen und mit einer spärlichen Vegetation bedeckt sind, und zwischen denen der Lachen-Fluß seinen schlängelnden Lauf verfolgt. 500 Fuß weiterhin befanden wir uns auf dem Gipfel einer langen, flachen Kette, welche das nordwestliche Ende des Kintschin-Dschow mit Tschamoimo verbindet, und hier stand der Gränzpfahl — ein Cairn!

Glücklicher Weise klärte sich das Wetter auf, so daß ich um mich her sehen konnte. Gegen Norden hin senkte sich das Plateau in aufeinanderfolgenden, sehr niedrigen Bergkämmen, über denen ein Baldachin der Dämpfe schwebte, die, zu Wasser geworden, vorher uns durchnäßt hatten. Auf der Ostseite zeigte sich der Himmel blau, und niedrige Räume des hohen Tafellandes, welches hinter der großen Gebirgskette sich lagert, zogen in jener Richtung. Südöstlich stieg der Kintschin-Dschow, eine flachgipfelige Schneemasse von 20,000 Fuß (18,766 Par. F. — 3127t.) Höhe aus niedrigen Felsenklippen und Trümmerpfeilern jäh empor. Gegen

Südwest lag der, gleichfalls mit Schnee bedeckte, Tschamoimo, während gegen Süden das Plateau zwischen den Bergen in den Ursprung des Lachen-Thals, der einer Essenöffnung zu vergleichen ist, sich hinabsenkte. Hier also endlich stand ich, nach dreimonatlichen Hindernissen, hinter der ganzen Himálaya-Kette und an der nördlichsten Ausdehnung des mittleren Himálaya; denn diese Stelle ist weit nördlich vom Kintschin-Dschunga und Tschumulari oder den Nipál-Pässen, die ich im vergangenen Winter besuchte. Sie öffnet sich unmittelbar auf dem Tübetlschen Plateau ohne Kreuzung einer Schneekette, der eine andere und dann wieder andere Schnee-Ausläufer folgten, wie es bei Kanglatschen und Ballontschung der Fall ist.

Hier löste ich überdies noch ein anderes Problem — die Höhe der Schneegränze. Seltsam klingt es, wenn ich sage, daß auf dem ganzen Wege, weder rechts noch links, noch auf den großen Bergen, in einer Höhe von 15,000 Fuß über meinem Standorte, auch nur eine einzige Schneeflocke zu sehen war. In Sikkim, auf der indischen Seite des Himálaya, liegt die Schneegränze unter 15,000 Fuß (14,073 Par. Fuß =2345t.) über dem Meere; auf dem Tübetlschen, oder nördlichen Abhange dagegen höher als 16,000 Fuß (15,006 Par. F. = 2501t.)![3]). Meine Freude, glücklich bis zu diesem Punkte gelangt zu sein, war groß, und ich entwarf noch in der Eile eine panoramische Skizze der Landschaft um mich her auf vier Blättern in Folio, freilich nur in rohen Umrissen, wie sich leicht denken läßt, denn der schneidende Wind blies sturmartig und wir wurden völlig durchnäßt. Ueberdies bin ich in einer Höhe von mehr denn 15,000 Fuß ein „verlorener Mensch"; mich quält ein stechender Kopfschmerz und es beschleicht mich ein Gefühl, als befände ich mich in einem Schraubstock (feels as if bound in a vice); meine Schläfen klopfen bei jedem Tritt, ich muß mich übergeben, wie bei der Seekrankheit *).

Genau über 15,000 Fuß Höhe sind alle Pflanzen neu; allein in dem Augenblick, wo man das Tafelland erreicht, verschwinden neun Zehntheile derselben, und auf der fast nackten Erde sind eine Potentilla, ein Ranunculus, eine Morista, ein Cyananthus, eine Grasart und ein Carex beinahe die einzigen Pflanzen, die man erblickt. Weder eine Dama (Caragana), noch ein strauchartiger Astragalus findet sich, wie es im Nordwesten der Fall ist, in diesem Theile von Tibet; und der Trichaurus, den man in einer Höhe von 12—13,000 F. an den indischen Gelanden des Gebirges findet, steigt nicht bis zum höchsten Punkte des Passes empor. Wie ich es stets erwartet hatte, ist an dem Wendepunkte, wo die alpinische Himálaya-Vegetation schnell von tibetischer Unfruchtbarkeit ersetzt wird, ein plötzlicher Wechsel in der Flora und der Entwicklung von Species, die weiter südlich bei gleichen Höhen im Himálaya nicht gefunden werden. So sammelte ich z. B. zehn Astragali während der letzten fünf Meilen und acht Ranunculi, sechs Species von Pedicularis, verschiedene Fumariae und Potentillae, die mir alle neu waren, und sämmtlich in einer Höhe von 14,500 und 15,500 F. vorkommen.

Wir machten ein Feuer von getrocknetem Jak-Mist und bliesen es mit einem Blasebalg von Ziegenfellen, der ein Jak-Horn zum Mundstück hatte, an. Meine armen Leptschas zitterten und bebten und waren halb erstarrt vor Kälte; ich gab ihnen daher meinen Mantel, da ich stets dick gekleidet gehe. Anderthalb Stunden blieb ich jenseits der Gränze auf Lübetischem Gebiet und stellte genaue Barometer-, so wie auch andere Beobachtungen zur Bestimmung des Siedepunktes an, welche letztere jedoch unendlich mühsamer sind als jene.

Bei unserer Rückkehr klärte sich das Wetter herrlich auf, und die Aussicht, die ich hierdurch auf die oben genannten, fast senkrecht emporsteigenden Berge gewann, übertraf Alles, was ich bis dahin gesehen. Denn mit einem Male thürmen sie sich 6000 Fuß in die Höhe und lassen ihre maueräbulichen, mit Eis bedeckten, Abhänge, ihre kegelförmigen Gipfel, die mit einem Lager grünen Schnees bekleidet sind, — dessen Mächtigkeit ich nicht verrathen kann, aber doch auf 200—300 F. schätze — aus den Nebelbänken hervortauchen. Südlich in der Schlucht abwärts sinken die Berge zu niedrigen Hügeln hinab, um in der Parallele der großen Kette, 20 Meilen südlicher, wiederum in zackigen Gipfeln in die Region des ewigen Schnees emporzusteigen.

Wir hielten wieder ein Paar Minuten bei Peppin's Zelten, um etwas Thee zu uns zu nehmen, und ich stieg dann beim Eintritt der Dämmerung zu Pferde, denn leider! bin ich in der Dunkelheit ganz blind. Der widerspänstige, unlenksame und unbeschlagene Tatar-Pony machte keinen Fehltritt: scharfe, eckige Felsen, tiefe steinige Bergströme, schlüpfrige Pfade und Pechfinsterniß, das war ihm Alles gleich. Diese Ponies sind, außer wenn sie gehen, traurig aussehende Thiere; allein der Singtam-Subah, eine Maschine von mindestens 16 Stein Gewicht, ritt den seinigen die ganzen 30 Meilen, auf einem Wege voll Steine, Felsen, Bergströme und Berggelände hinab, und weder der seine, noch der meinige gaben, außer daß sie bisweilen anhielten und sich, wie ein Hund, mit einer Heftigkeit schüttelten, daß sie uns fast abgeworfen hätten, das geringste Zeichen der Ermüdung.

Ich hätte große Lust, hier (in Tungu) einige Zeit zu bleiben, allein es ist unmöglich, Lebensmittel hierher zu bekommen. Der Weg von diesem Orte nach Tschungtam ist so schlecht, daß die Kulies kaum etwas mehr, als ihren eigenen täglichen Mundvorrath und Tuch, tragen können.

Da ich von Tschungtam nach dem Latschong-Paß zu gehen gedenke, so ist es möglich, daß ich daselbst die nämlichen Pflanzen, wie hier, finde, da er nicht 12 Meilen östlich von diesem (Lachen-) Passe entfernt ist; allein ich fürchte, der Latschong werde eine Höhe von 17,000 F. (15,942 Par. F. — 2657t.) haben (und wie wird es dann mit meinem armen Kopf und Magen aussehen!), und nicht auf dasselbe Plateau, zehn oder zwölf Meilen östlich von „Kengra Lama" und von Kintschin-Tschow, debouchiren, sondern zu ihm hinab führen. Der Weg von Tschungtam ist gut; allein unterhalb dieses Orts nach Darbschiling zu wüthet das Fieber. Meine Leute halten sich vortrefflich und ich habe niemals irgend eine Klage von ihnen gehört; traurig aber ist es, so einen armen Kerl hier ankommen zu sehen, nachdem er seine Ladung hat zurücklassen müssen, klappernd vom Fieber, das er sich bei dem Schlafen in den Thälern von Darbschiling geholt hat, mit eingesunkenen Augen, schlagenden Schläfen, mit einem Puls von 120 Schlägen, und durchaus nicht im Stande zu dem freundlichen Lächeln, womit mich die fröhlichen Geschöpfe sonst immer zu grüßen pflegen. Im Ganzen genommen, finde ich gar keine Schwierigkeit, meine Kranken in dieser Region mit Chinin und Calomel wieder auf die

Beine zu bringen. Hier und zwei Tagemärsche unterhalb Tschungtam ist natürlicher Weise gar keine Gefahr, und mit einiger Anstrengung und gehöriger Vorsicht können meine Leute das Krankwerden vermeiden; allein obschon ich Jeden beim Abgang nach Dardschiling warne, und Hr. Campbell dasselbe thut, wenn er ihn mir zurückschickt, so sind diese Leute doch zu unbedachtsam, um auf diese Warnungen zu hören, sondern schlafen sorglos in den pestilenzialischen Höhlen von Sikkim, — an Orten, wo ich auch nicht einen Augenblick verweilen würde. Was mich selbst betrifft, so ist meine Aufgabe noch nicht zur Hälfte gelöst — ich meine die Botanik, obschon ich vom frühen Morgen bis zum späten Abend, beim Sammeln und Trocknen thätig bin und fast auf nichts Anderes meine Zeit verwende.

Wir haben hier fast gar keinen Regen, wohl aber viele Nebel; und ich finde große Schwierigkeit, meine Pflanzen in Ordnung zu halten: glücklicher Weise sind sie klein. Ich habe noch keine Aussicht, vor September oder Oktober nach Dardschiling zurückzukommen, und vielleicht selbst dann noch nicht. Dennoch brauchen Sie wegen des Fiebers nicht in Sorgen zu sein, denn ich werde nicht unter 6000 Fuß Höhe hinabsteigen, und in der That bin ich während der letzten zwei Monate nicht unter 10,000 Fuß gewesen. Ich habe zwar hart gelebt, bin aber bisher gesund gewesen, und wüßte nicht eine einzige Stunde, in der ich mich einsam gefühlt hätte, wiewol ich keine Seele habe, mit der ich mich unterhalten könnte. Das Katalogisiren der Pflanzen und das Schreiben meines Tagebuches ist keine geringe Aufgabe und ich bin beständig bei der Arbeit. Lange ist es her, daß ich keinen Brief von Haus bekommen habe. Meine Entfernung von Tardſchiling iſt bedeutend und meine Poſt iſt von da oft zwanzig Tage unterwegs. Ich gedenke noch ein paar Tage hier zu bleiben, und dann mit aller Muße nach Tſchungtam hinabzuſteigen.

J. D. Hooker.

Anmerkungen.

1) (S. 118.) A. v. Humboldt hält die mittlere Höhe der Plateaux von Tibet unter 1500', viel unter 10,800 Pariſer Fuß. Laral hat, nach wirklicher Meſſung, ja nur 1563° = 9378 Par F. Höhe, faſt wie die Stadt Cuito, kaum mehr.

2) (S. 122.) Alſo „a flat tableland" 2345' = 14,070 Par. F. Das iſt genau die Meſſung, die Moorcroft dem See Manaſa giebt. (Man ſehe A. v. Humboldt's Karte: Chaines de montagnes de l'Asie centrale, 1843, und Berghaus' phyſikal. Atlas, Abth. III. Nr. 15.) Das für öſtliche Tibet iſt viel höher, als das nordweſtliche gegen Laral (1563°) hin. Ich ſchätzte die Höhe des Plateaus zwiſchen dem Tſchumalari und Teſchulumbu im Durchſchnitt zu 2000', und unmittelbar am nördlichen Fuße des Tſchumalari, bei Eumbra, zu 2350', was mit Hooker's wirklicher Meſſung, die in der Nachbarſchaft angeſtellt iſt, ſehr nahe zuſammenfällt (Berghaus' Atlas von Aſia, Nr. 9, Karte von Aſſam, 1634). Man muß aber nicht überſehen, daß Tibet eine Ausfüllung angeſchwollener Thalboten zwiſchen zwei Ketten iſt. Der vortreffliche Hooker wird wohl Ueberzeugung haben einziehen können über die Raumerſtreckung ſolcher „table-lands" gegen Norden und Nordweſt. Man kennt ihrer bis jetzt: 1) zwiſchen Gartope, Shipke und Daba; 2) um die hilligen Seen; 3) um Laral (Leh); 4) die Hochebene Teoſub, von Bigne zu 1973° gemeſſen (Humboldt's Asie centrale, T. III, p. 319—326; deſſen Anſichten der Natur, 3. Aufl. I. Bd p. 102—108); und 5) das Plateau von Teſchulumbu.

3) (S. 125.) Nach A. v. Humboldt's Angaben über die mittlere Höhe der Schneelinie im Himálaya (in Asie centrale T. III. p. 326) beträgt der Unterſchied zwiſchen dem nördlichen und ſüdlichen Abfall 3420 Par. Fuß; nach Hooker's früherem Briefe 4691 Par. F. (Anſichten der Natur, Bd. I. p. 126). Die jetzigen Angaben von Hooker, im Briefe aus Lungu, geben den Unterſchied, auffallend gering, nur zu — 933 Par. Fuß an! Muthmaßlich iſt hier zufälliger Schneefall mit der Linie des ewigen Schnees verwechſelt worden, über die nur allgemeine Erfahrungen an verſchiedenen Punkten und zu verſchiedenen Jahreszeiten entſcheiden können. Sehr denkbar iſt es, daß meteorologiſche gleichzeitige

Prozesse nördlich und südlich von Gebirgskämmen sehr verschieden wirken.

4) (S. 124.) Die Vergleichung mit der Seekrankheit ist sehr richtig nach Aller Erfahrungen in den Andes-Ketten. Man leidet gar nicht an der Respiration, aber man — soviel! Wundern muß man sich aber, daß Hooker dieses Übel schon bei 15,000 Feet (14,070 Par. F.) fühlt; A. v. Humboldt empfand es in den Andes von Quito u. erst bei 16,000 Par. F. Höhe.

Potsdam, den 16 Dezbr. 1849.   Berghaus.

Zusatz.

In dem Augenblick, wo die vorstehenden Nachrichten durch die Presse gehen sollen, geht aus Calcutta eine wichtige Arbeit ein, welche die genauere Bestimmung der Schneegränze im Himálaya zum Gegenstande und den Ingenieur-Lieutenant Robert Strachey zum Verfasser hat, der im J. 1848, bei Gelegenheit der Gränz-Regulirung zwischen dem Indo-britischen Reiche und dem „Reich der Mitte", bis zu den heiligen Seen von Tübet vorgedrungen ist.

Wer die Fortschritte der Erdkunde nur einigermaßen aufmerksam verfolgt hat, wird sich erinnern, daß seit dem Jahre 1818, wo die ersten Nachrichten von den, durch englische Offiziere vorgenommenen, Messungen der Riesenhöhe des Himálaya nach Europa gelangten, A. v. Humboldt auf den großen Unterschied aufmerksam gemacht hat, welcher in der Höhe der Linie des ewigen Schnees obwaltet, je nachdem der südliche, oder indische, und der nördliche, oder tibetische, Abfall des Himálaya in Betrachtung kommt. Die obige Note (3) enthält über diese relative Höhe die Bestimmungen, welche A. v. Humboldt neuerdings angenommen hat. Hiernach ist die Schneegränze am nördlichen Abfall um 3420 P. Fuß (d. i. ungefähr die Höhe unseres Brocken) höher, als am südlichen Abfall.

Indem der Lieut. Strachey die Beobachtungen seiner Vorgänger: Webb, Colebrooke, Hodgson, Mooreroft, A. Gerard und Jacquemont, auf deren Arbeiten sich A. v. Humboldt bei Bestimmung jener Zahl stützte, kritisch beschaut und beleuchtet, findet er, nach seinen eigenen Messungen, die, wohl bemerkt, auf demselben Schauplatz des Himálaya angestellt worden sind, welche jene Männer wählten, daß: — „Hr. v. Humboldt vollkommen Recht hatte, als er die relative Höhe der entgegengesetzten Abfälle dieser Ketten (des Himálaya) behauptete"; daß aber, nach eben denselben Messungen, der Unterschied zu 2615 P. Fuß anzunehmen sei, da die Schneegränze, am Südabfall, 14,513 Par. Fuß, und am Nordabfall 17,358 P. Fuß über der Meeresfläche stehe. Doch sägt Strachey hinzu: „Die Schneelinie steigt an den Bergen

auf der Nordseite des Sutletsch sogar bis über 19,000 englische Fuß
empor"; eine Größe, die, auf Pariser Maaß zurückgeführt, 17,830 Fuß
giebt, und hiernach stellt sich die relative Höhe auf 3317 Par. Fuß,
was von A. v. Humboldt's Resultat noch nicht um volle hundert Fuß
abweicht. Als Mittelwerth dürften 3370 Par. Fuß anzunehmen sein.
Von den zwei Ursachen, welche A. v. Humboldt für die Erscheinung
angegeben hat, nämlich: Strahlung großer Bergebenen und Trockenheit
der tübetanischen Luft, nimmt der genaue Strachey nur die letzte an,
aber mit Unrecht, wie sich aus den Messungen ergiebt, welche A. v.
Humboldt, und nach ihm Boussingault, auf den großen Gebirgsebenen
der Andes von Südamerika angestellt haben. Es gebricht hier der Raum,
auf eine ausführliche Analyse der vortrefflichen Arbeit Strachey's einzugehen, sie muß einem anderen Orte vorbehalten bleiben.
    Potsdam, den 27. Decbr. 1849.   Bergbaus.

* * *

Den jetzigen Wiederabdruck des vorstehenden Aufsatzes benutze ich,
um ein Paar Lesefrüchte anzuhängen, welche ebenfalls den Himálaya
betreffen, und die ich im Sommer 1850 aus der Londoner Zeitschrift
Athenaeum gesammelt habe. — [Anmerkung vom April 1862.]

* * *

Auf dem Plateau von Tübet, dessen mittlere Höhe
um die heiligen Seen 15,500 engl. Fuß (2424t = 14544
Par. Fuß) über der Meeresfläche beträgt, hat Lieut. Henry
Strachey (ein Bruder von Robert Strachey) dieselbe Reihe
von Versteinerungen entdeckt, welche Major Courtey und Dr.
Falconer in Sub-Himálaya gefunden haben. Das Tafelland
besteht hauptsächlich aus Geschieben (boulder-drift) in ho-
rizontalen Straten; indeß die hoch aufgerichtete Stellung der
Tertiär-Schichten den Beweis liefert, daß die große Masse
des Himálaya von posttertiärer Erhebung ist. Das Plateau
ist von Baumwuchs entblößt, und hat nur eine spärliche Vegetation auf einem sehr kleinen Theil seiner Oberfläche; und
da es kein Wasser giebt, so ist es fast ganz unbewohnt, mit
Ausnahme einiger Nomadenstämme, deren Dörfschaften in

den tiefen Schluchten stehen. Fische (von einer noch zu bestimmenden Species) giebt es in dem See Rálas Tál und den Bergströmen des Plateaus. Die Schluchten, welche die Ebene durchfurchen, sind außerordentlich tief eingeschnitten; so hat das Sutlej-Thal eine Tiefe von 3000 engl. Fuß (4704 — 2820 Par. Fuß) unter dem allgemeinen Niveau des Plateaubodens, und seine Ränder sind irriger Weise für Berge gehalten worden, von Moorcroft nämlich, der auf seiner ersten Reise nach Tübet von dem Dasein der Ebene nichts gewahr wurde. Merkmale von der Thätigkeit der Flüsse hat Lieut. H. Strachey nur bis zu einer Höhe von 200 Fuß (31t — 187 Par. F.) über dem gegenwärtigen Wasserpaß bemerkt, woraus er mit Recht schließt, daß sie auf die Bildung dieser gewaltigen Spalten gar keinen, oder doch nur einen untergeordneten Einfluß ausgeübt haben. Die Glätscher tragen zwar Spuren früherer Ausdehnung, aber diese Ausdehnung kann auch nur sehr unbedeutend gewesen sein. (Athenaeum, 1850, Aug. 17, No. 1190, p. 880.)

Im Sommer 1850 war eine Nepalesische Gesandtschaft in London. Einer der Abgesandten, Lall Sing mit Namen, wohnte der Schlußsitzung der geographischen Gesellschaft bei und gab einige interessante Aufschlüsse über die nördliche Gränze von Nepal, seines Vaterlandes, denen zufolge diese Gränzlinie auf allen unsern Karten, den gewöhnlichen wie den besten, unrichtig angegeben ist, indem sie beträchtlich gegen Norden geschoben werden muß. Die Linie verläßt die Gränze (wie sie jetzt eingetragen ist) beim Gosangthan, von welchem Punkte gegen Westen hin beide Abhänge der Hauptkette des Himálaya zu Nepal gehören. Dann läuft die

Gränze längs einer Kette, die nördlich vom Himálaya streicht, und Mustang umschließt, einen Ort, welcher ungefähr 30 Miles (7½ deutsche Meilen) vom Fuß des Dhawala Giri entfernt ist und bei den Pilgern in hohen Ehren steht. Von Mustang setzt die Gränze westlich fort und umschließt auf diesem Wege das Thal Humla mit den Quellbächen des Gograflusses. Lall Sing gab auf eine an ihn gerichtete Frage die Antwort, daß „die Entfernung von der Nepal- und Tübet-Gränze nach dem Bramaputra oder Tsanpro (Tsang bo) ungefähr sieben Koß, vierzehn Miles betrage". Der Bramaputra soll an dieser Stelle ungefähr eben so breit als die Themse in London, doch aber hin und wieder durchwatbar sein. — Die Denkschrift war von Skizzen aus Nepal begleitet, die J. E. Winterbottom während seines Aufenthaltes in diesem Lande gezeichnet hat, so wie auch von einer Original-Karte der Tübetischen Gränze von R. Strachey. Dieser bemerkte, daß er die für unsere Karten vorgeschlagene Änderung der nepalischen Gränze in der Hauptsache für richtig erachte. Nach demjenigen Theile des Himálaya zu urtheilen, den er bereist habe, halte er es für sehr wahrscheinlich, daß die Lage von Mustang ähnlich sei der von Milam oder Niti, die beide ziemlich weit nördlich von den Schneegipfeln in ihrer Nachbarschaft liegen. Die Wasserscheide der Kette, welche die wirkliche (actual) Gränze zwischen Tübet und den britischen Himálaya-Provinzen bildet, ist wahrhaft eine Naturschranke, die 20 oder 30 Miles (5 oder 7½ deutsche Meilen) nördlich von der Linie der großen Schneegipfel entfernt ist, ein Verhältniß, welches sehr wahrscheinlich auch bei der Gränze von Nepal Statt finde. Der Redner bemerkte noch, daß sein Bruder, Henry Strachey, welcher während der letzten zwei Jahre in Ladagh gewesen sei, Materialien zur Zeichnung einer neuen Karte vom westlichen Theile Tübet's gesammelt habe, die zur Aufhellung der Geographie dieses Theils ohne Zweifel wesentlich beitragen werde. (Athenaeum, 1850. Juli 6, No. 1184, p. 713.)

28.

(Erhalten 10. Januar 1850.)

Die Königin hat mich heute Abend gefragt, ob der Berghaus bei der hiesigen Armen-Direction mein Freund, der Geograph dieses Namens sei; seit Jahr und Tag seien die Berichte der Armen-Direction auf die Unterstützungsgesuche, die bei ihr eingingen und die sie durch Gasse an die Armen-Direction zur Begutachtung abgeben ließe, von einem Berghaus mit unterzeichnet, und aus der Handschrift der Berichte, die oft auf die Eingaben selbst geschrieben würden, habe sie wahrgenommen, daß eben der Berghaus der Abfasser sein müsse. Ich habe der Königin geantwortet: es sei mir wohl bekannt, daß mein Freund, der Professor Berghaus, seit vielen Jahren Stadtverordneter, auch im Schulwesen der Stadt sehr thätig sei, davon aber, daß er auch der Armenpflege obliege, habe er mir nie etwas gesagt. Die Königin lobte die Gründlichkeit dieser Berichte und das Wohlwollen, das aus ihnen hervorleuchte; bei so viel Mitgefühl an den Geschicken des Nebenmenschen, wäre die bedürftige Classe Potsdam's in den besten Händen. Ich freue mich, der Dolmetscher dieser Aeußerungen der Königin zu sein; sie hat mich beauftragt, es Ihnen zu sagen.

Freundschaftlichst

Potsd. 15 Jan. Nachts.
Ihr
A. Ht.

Zwei Jahre lang, vom Novbr. 1848 bis dahin 1850 habe ich das Decernat der Almosenpflege in der Armen-Direction zu Potsdam bearbeitet, wozu auch die beim Könige und bei der Königin eingereichten Unterstützungsgesuche gehörten. Im Durchschnitt lagen täglich 20 solcher Immediat-Bittgesuche zu meiner Beurtheilung, beziehungsweise zur Beschidung vor, während des ganzen zweijährigen Zeitraums also über 14,000, davon ¾ an die Königin gerichtet waren. Ich erinnere mich nur zweier Fälle, in denen die hohe Frau die Gewährung des von mir, Namens der Armen-Direction befürworteten Gesuchs aus Gründen ablehnte, die in unserm Collegium die Verehrung, welche wir der Königin zollten, noch steigerte. Ich verehre in der Königin Elisabeth von Preußen die Edelste der Frauen! Meine Denkwürdigkeiten d'outre tombe werden ihrer gedenken. Der geheime Legationsrath Sasse war der Königin Cabinetssekretair. († im Juli 1863.)

29.

(Erhalten 9. Februar 1850.)

Es liegt schon längst bei mir für Sie, theurer Professor, ein aus London gekommenes Exemplar von **Augustus Petermann** Esq. Phys. Atlas. Wollen Sie es nicht abholen lassen?

Ich quäle und bange mich bei mir zu suchen die Octav-Ausgabe von Layard's Ruinen von Ninive (Nimrud). Habe ich sie Ihnen nicht geliehen? Ich wünsche es sehr!

Ihr

B. 8 Febr. 1850.
A. Humboldt.

August Petermann, einst mein Pflegesohn und Schüler, war so freundlich, mir seinen in London, in englischer Sprache, herausgegebenen Physikalischen Atlas durch Beischluß bei Humboldt zu schickt. Ich habe das Exemplar auf Perthes Wunsch bald darauf nach Gotha gesandt, woselbst es noch ist. Savard's Ruine hatte ich nicht aus Humboldt's Bibliothek.

Sünger's Relief der Gegend von Potsdam.

Im Winter 1849—1850 hielt sich Dr. Wilhelm Sünger, aus Sachsen, in Potsdam auf. Er hatte, außer mehreren kleinen Reliefs von Specialgegenden, ein sehr großes von den Alpen und den Berggegenden Deutschlands angefertigt, welches er öffentlich zur Schau stellt. Auch der König hatte es in Augenschein genommen, und bei der Gelegenheit geäußert: „So eine Reliefdarstellung möcht' ich wol in großem Maßstabe von der Gegend von Potsdam haben." Dr. Sünger hatte seine Bereitwilligkeit erklärt, die Befehle des Königs in dieser Beziehung auszuführen.

Im Laufe des Monats April 1850 bekam ich Kenntniß von dieser Arbeit durch Dr. Sünger selbst, der mich nach einiger Zeit einlud, sie, die ihrer Beendigung entgegenging, bei ihm anzusehen. Ich fand ihre Ausführung in technischer Beziehung sehr schön. Das Relief umfaßte die ganze Insel Potsdam und schnitt auf der Südwestseite mit einem Theile des Swinlow, des größten der Havelseen in der Gegend von Potsdam, ab. Ich äußerte, daß es wünschenswerth gewesen wäre, den ganzen Wasserspiegel dieses Seebeckens zur Darstellung zu bringen, so wie die Hügelgruppe der sogenannten Schmeerberge, welche den See auf der Südseite begränzt und die ansehnlichste der Erhöhungen der ganzen Gegend ist. Dr. Sünger befreundete sich mit der Zweckmäßigkeit meiner Bemerkung, erklärte aber, daß er durch den Befehl des Königs an ein bestimmtes Maaß von Raum und Zeit gebunden sei. Ich rieth ihm, da er mir mitgetheilt hatte, daß Humboldt Kenntniß von seiner Arbeit habe, sich an diesen zu wenden, damit derselbe die Güte habe, dem Könige von der wünschenswerthen Erweiterung des Reliefs zu sprechen. Sünger wünschte, daß ich mich dafür verwenden möge, indem er hinzufügen die Güte hatte: „Meine Befürwortung bei Hrn. von Humboldt werde mehr Eindruck machen." Ich war dazu gern bereit und bat ihn, sich im Stadtschlosse zu erkundigen, wann Humboldt nach Potsdam kommen werde.

Auf diese Vorgänge bezieht sich der nachstehende Brief, in welchem auch einige Punkte über die Höhenmessungen erörtert werden, welche ich seit dem Jahre 1818 in der Gegend von Potsdam gemacht habe, davon ich dem Dr. Sünger ein Verzeichniß zum Gebrauch bei seiner Arbeit gegeben hatte.

Dr. Wilhelm Dünger an Berghaus.

(Erhalten 6. Mai 1850.)

Ihrer gütigen Weisung zufolge, geehrtester Herr Professor, erfuhr ich gestern Abend auf desbalb geschehene Anfrage, daß Se. Exzellenz der Herr von Humboldt diesmal mit dem Könige nach Potsdam gekommen ist. Wenn Sie daher noch so freundlich sein wollten, im Interesse Sr. Majestät wegen der besprochenen Angelegenheit mit dem Herrn Geheim-Rathe zu sprechen, so würde ich sehr dankbar sein, zumal da ich die Ueberzeugung habe, daß eine derartige Bevorwortung am sichersten zum Ziele führen dürfte. Wenn es nun auch keinesfalls meine Absicht sein kann, Sie zu dem oder jenem Ansprüche stimmen zu wollen, so muß ich mir doch wenigstens erlauben, die Resultate meiner nach Ihrem gütigen Besuche angestellten Berechnungen und Bemessungen mitzutheilen. Allerdings ist die Anziehung des Schmeerberges für die Charakteristik der hiesigen Berggegend bei Anfertigung einer Reliefdarstellung derselben von wesentlicher Bedeutung, und wäre ich in den Stand gesetzt, meine Arbeitsfrist mit gleichen Mitteln verlängern zu können, so würde es ein Leichtes sein, ein Anschiebsel zu diesem Zwecke von 2 Zoll zu bewerkstelligen. Bei einer Darstellung der deutschen Berge im Relief kann natürlich eine Höhe von doppelter Bedeutung, wie der Schmeerberg hat, nicht zur Berücksichtigung kommen, und daher erstreckte sich meine Kunde der deutschen Berge nicht auf die speziellere Kenntniß des höchsten Bergpunktes in hiesiger Umgegend, zumal da ich nicht wissen konnte, wie weit man hier gewöhnt ist, das zu Potsdem gehörige Bergrevier auszudehnen. Ein zweiter Umstand, der auf Ihr Urtheil einen modifizirenden Einfluß üben dürfte, ist, daß nach den vorgenommenen Umsetzungen der mir gütigst überlassenen Höhenmessungen in meinen Maaßstab, bei welchem — was beiläufig gesagt, Sie außer Acht gelassen haben — das Höhenverhältniß um 6fache Vergrößerung gegen das Horizontalmaß abweicht, von den 139 Punkten, die ich umgesetzt und auf meinem Tableau vom Niveau der Havel bei Potsdam mit der größten Präzision gemessen habe, nur 11 sind, die ich einer wesentlichen Umgestaltung durch Masse unterwerfen muß; 34 weichen so wenig ab, daß das falsche Verhältniß durch Chenilleauflage beseitigt wird, und 94 stimmen aufs Haar. Von den gänzlich abweichenden 11 Punkten sind auch nur 4 von wesentlichem Belange, denn 7 derselben differiren nur um höchstens Etwas mehr als ein Achtelzoll. Diese 4 Punkte sind: die kleine unbedeutende Hügelwelt nordöstlich vom Kaputschen See gegen Kaput hin; das falsche Bergabfallsprofil des Schmeerberger Reviers gegen die Havel; die größere Höhe des kleinen Ravensberges und sein trennender Einschnitt mit steilem Abfalle gegen die Kuppen des großen Ravensberges (was sich weder aus der Karte ersehen, noch analog der Bergbenennungen in anderen Gebirgen schließen läßt); aber ganz geirrt habe ich mich selbst in der Höhenbestimmung des 4ten Punktes, das ist der Scheitel der Berliner Chaussee auf dem Glienickeschen Werder, den ich um $9/_{32}$ Zoll zu gering angeschlagen habe, was wohl daher kommen mag, daß dieser Scheitelpunkt, ziemlich in der Mitte des Werders gelegen, ohne bedeutende Wellenformen nach den beiden Auslaufspunkten gegen die Brücken gleichmäßig zum Niveau der Havel hinunterläuft.

So entmuthigend Ihr Urtheil daher für mich war, so tröstete mich doch einerseits die Ueberzeugung, daß die Unansehnlichkeit der Grundirung des bloßen Terrainmodells auch den Sachkenner in dem Mangel an Vervollständigung durch Ausführung des Zeichnungsdetails zur Ungunst des Urtheils verleiten kann; und andererseits ist mein Muth wieder dadurch gehoben worden, daß sowohl die befundene Uebereinstimmung von mehr als 90 Punkten mit Ihren Maaßen und die leichtmögliche in wenigen Stunden bewirkte Abänderung der 11 abweichenden Punkte, als auch die Vervollständigung der 34 nur unbedeutend differirenden, mich hoffen lassen, daß meine Reliefdarstellung ein treues Kontrefei der Wirklichkeit auch in Beziehung der Höhenverhältnisse werden müsse. Dankesworte für Ihre Güte würden mein Gefühl dafür nicht darthun, ich werde vielmehr meinen hiesigen Aufenthalt benutzen, meinen Dank zu bethätigen, und mir erlauben, Ihnen bei meinem Abgange von Potsdam eine Arbeit von mir zu überreichen. Des Resultates gewärtig bitte ich mich gefälligst darüber in Kenntniß setzen zu wollen, um meine Maßnahmen darnach treffen zu können. Sollten Sie es der Mühe werth halten, mich nochmals mit der Ehre eines Besuches zu erfreuen, so hoffe ich die Ueberzeugung gewähren zu können, welchen Nutzen Se. Maj. der König aus Ihren mühevollen und werthreichen Arbeiten in der Freude gewinnen wird, die er in der genauen Uebereinstimmung des Reliefs mit der Wirklichkeit schöpfen muß, zumal wenn die Zuziehung des Schmeerberger Bergrevieres auf Ihre Veranstaltung zu Stande kommt.

Mit der u. s. w.

Potsdam, den 6 Mai 1850.   Dr. Wilh. Bünger.

Die Nachricht, daß Humboldt diesmal mit dem Könige nach Potsdam gekommen sei, beruhte auf einem Irrthume. Ich schrieb deshalb noch am nämlichen Tage an ihn, und bat ihn, unter Mittheilung des vorstehenden Briefes, die Ergänzung des Reliefs bis zum Schneeberge Allerhöchsten Orts zum Vortrag bringen zu wollen. Seine Antwort war folgende:

30.

(Erhalten 8. Mai 1850.)

Ich weiß es ja längst, daß Niemand die Höhenverhältnisse der ebenen Baltischen Länder genauer kennt, als Sie mein theuerster Professor, und habe seit Monathen in Dr. Bünger gedrungen, sich doch mehr um Das zu bekümmern, was bereits geschehen ist, d. i. um Ihre Arbeiten und die neue, im Generalstab liegende, Special-Höhenkarte der Potsdamer Umgegend.

Alle Bestellung des dem Dr. Bünger gegebenen Auftrages ist allein vom Cabinets Rath Illaire ausgegangen, und da ich viele Gründe habe, nicht der responsable Minister der Ausführung sein zu wollen, so sehr achtbar der Mann auch ist, so rathe ich Hrn. Doctor B. wegen dieser sehr nützlichen Erweiterung des primitiven Plans unmittelbar an den G. C. R. Illaire zu schreiben und „des Ausdrucks sich zu bedienen, daß Sie und ich diese Verlängerung für wünschenswerth hielten." Es werden die Kosten dadurch vermehrt werden und es ist deshalb um so nothwendiger, daß die Sache, wie sie ohne mich bei G. C. R. Illaire angefangen, in ihrem Stande bleibe.

Alles, was außer den Vortragsstunden gesagt wird, verhallt spurlos unter dem Drange anderer Interessen.

Freundschaftlichst

Ihr

Berlin den 7 Mai.   A. Humboldt.

Bei genauerem Durchlesen des etwas confusen Briefes des Dr. Bünger wird es mir deutlich, daß wohl von einer Verlängerung des Reliefs in demselben Maaßstabe der Höhe zur Grundfläche nicht die Rede sein kann. Sollte es nicht ausführbar sein das Verhältniß des Wasserstandes nach einem sehr kleinen Maaßstabe in einem flüchtig skizzirten besondern kleinen Relief auszudrücken? Was mir aber wichtiger als der eben erwähnte Punkt zu sein scheint, ist die Frage, die ich Sie bitte, an Dr. Bünger zu richten:

Ob er das Nivellement par tranches von 40 zu 40 Fuß der Umgegend von Potsdam, von dem Generalstab sich hat geben lassen?

Es wäre unverzeihlich, wenn er dieses Fundament der ganzen Arbeit, nach dem dieselbe künftig beurtheilt werden wird, und das der König kennt, vernachlässigte. Ich habe ihn seit Monaten darauf aufmerksam gemacht.

Dr. Bünger wurde am 5 Mai von dem Inhalte dieses Schreibens, so weit er ihn speciell anging, schriftlich in Kenntniß gesetzt. Das Relief wurde auch, erinnere ich mich recht, nach meinem Vorschlage ergänzt.

31.

(Erhalten 31. Mai 1850.)

Ich muß Sie sehr bitten, Theuerster, in den nächsten Tagen gefälligst die Eisenbahnkarte von S. Louis nach Californien in meinem Hause abgeben zu lassen. Sie ist mir nothwendig.

Berlin. Freitags.

Ihr
A. Humboldt.

32.

(Erhalten 5. Juli 1850.)

Ich hoffe, theuerster Professor, daß es Ihnen Freude machen wird, das in Berlin wohl sehr seltene Buch von dem Euphrat-Chesney zu sehen. Schouen Sie Ja die Carten, die so leicht zerreißen und das Beste des Buches sind. Die eigentliche Reise werden die letzten 2 Bände sein.
Von Hooker pator et filius altum silentium!
Freundschaftlichst

Freitags.   Ihr
       A. Ht.

Schicken Sie mir ja das Werk in einigen Wochen zurück.

33.

(Erhalten 10. Juli 1850.)

Innigen Dank! Ich erstaune über Ihre glückliche Thätigkeit[1]. Lassen habe ich nicht[2]); aber hier folgen 3 Hefte, die Ihnen nützlich sein können. Sie haben aus dem neuesten Geogr. Journ. Vol. XX, part 2, gesehen, daß endlich Capt. Fitzroy, p. 186, den 40 Jahre von mir gepredigten Vorschlag des oceanischen Canals von Cupica aus (einem Hafen, den vor meiner Expedition kein Geograph gekannt) für den einzig vernünftigen hält.
In großer Eile

       Ihr

Den 10 Juli 1850.   A. Ht.

Curtius' neues Buch Poloponesus (Gotha, Perthes)[3] ist eines der größten Fortschritte, den die europäische Geographie seit langer Zeit erhalten.

1) Ich hatte Humboldt die VIIte Abtheilung des Physikalischen Atlas geschickt. — An Perthes schrieb ich den 25 Juli: —
2) Lassen, Indische Alterthumskunde, ist von der Königlichen Bibliothek zu Berlin nicht zu haben, weil das Buch beständig auf Reisen ist. Hat die Herzogl. Bibliothek zu Gotha ein Exemplar und wäre dies auf 8 oder 14 Tage zu benutzen?
3) Sehnsuchtsvolle Blicke nach einem freundlich zu gewährenden Exemplare!

Beide Wünsche wurden nach kurzer Zeit erfüllt.

34.

(Erhalten 28. August 1850.)

Ich habe Ihnen sehr, sehr zu danken, theurer Professor, für die frühe Mittheilung des beiliegenden Heftes (Geogr. Soc.) das ich erst gestern von London erhielt. Es ist eins der interessantesten, als lange erschienen ist.

Aber ich frage, ob Sie schon besitzen, was für geographische Ortsbestimmung noch wichtiger ist, die neue Kartenskizze des ganzen Himalaya vom Meridian von Hlassa bis zum Meridian von Caschmir, von Hodgson?

Die Brochure heißt: Hodgson, on the Physical Geogr. of the Himalaya, in Calcutta, 1850, aus Journal of the Asiatic Society, 1849, No. XXXII, besonders abgezogen und mit vielen eigenhändigen Correcturen von Hodgson (doch ohne Brief) an mich gesandt. Ich kann es Ihnen borgen, wenn Sie mir vorher (weil ich sie brauche) die beiden Bände über Euphrat-Expedition schicken können. Ich kann nicht länger anstehen dem Obersten Chesney zu antworten und habe jetzt eine Gelegenheit nach Irland.

Ihr

Donnerstags.   A. Hl.

35.

(Erhalten 23. September 1850.)

Indem ich Ihnen, theuerster Professor, meinen innigen Dank für den schönen Physikalischen Atlas, Abth. III, zweite Auflage, sage, aus dessen Text ich gern gestehe vielerlei mir Unbekanntes und nicht so Combinirtes gelernt zu haben, sende ich Ihnen aus Veranlassung des Dr. Bünger'schen Reliefs die Messungen vom Obersten Baeyer, die Sie mir gütigst bald zurückschicken wollen.

Ihr
Montags.   A. Humboldt.

Baren wol trigonometrische Höhenbestimmungen der Gegend um Potsdam; da der damalige Oberst Baeyer Chef der trigonometrischen Abtheilung des topographischen Büreaus des Generalstabes war, nur jene vom Dr. Bünger zur Erweiterung seines Reliefs (S. 135 ff.) benutzt werden sollten.

36.

(Erhalten 8. October 1850.)

Es ist nicht Schmeichelei, wenn ich als Dankformel immer sage, daß Ihre Mittheilungen, und so auch das mit Ihren Zeilen vom 3 d. empfangene „geographische Jahrbuch" 1850, II, mir sehr lehrreich gewesen sind. Hätten Sie doch mit der Herausgabe Ihres Kärtchens von Afrika einige Monate warten können, um die großen Neuigkeiten, welche so viel Aufsehen in London und auch bei uns in der Orientalischen Gesellschaft machten, darzustellen

1) Den Schneeberg Kilimandjiri im Lande Jagga, Lat. 3° Süd und Long. Grw. 36°1/2; Entdeckung vom Missionair

Rebmann. (Sie haben diesen Berg, wie ich eben durch die Loupe sehe!)

2) Den neuerlichst von Krapf entdeckten Schneeberg von Kenia, Lat. 1° Süd, Long. 35°¼.

3) Vulkan von Kekupu, Lat. 1° Süd, Long. 34°½.

Der Missionair Krapf ist im südlichen Deutschland. Prof. Rödiger von Halle hat ihn gesprochen. Ich sende Ihnen Rebmann's Karte, die dem Könige gehört, und bitte Sie, mir dieselbe gewiß in 8 Tagen zurückzusenden, da der König sie mit Ritter Anfang der künftigen Woche durcharbeiten will.

Ich liebe gar nicht, daß Sie den Bahr-el-Abiad aus dem See Nyassi, den Zambeze aus dem N'gami entspringen lassen. Solche mythische Garten-Ornamente sind jetzt veraltet¹). Was Sie von N—S. Mondberge nennen ist ja die von Peters bereiste niedrige Kette Lupata. Mondberge sind gewiß (aber man muß geographisch den Namen vermeiden) von O—W.²). Der König, der Ihr Kärtchen genau durchforscht, quält mich mit Fragen, wo die Messungen der sind, die Sie anführen, 1957 und 2457 Toisen hoch? Just da, wo der Nevado Kenia liegt.

Zürnen Sie nicht über meinen voreiligen Tadel!

Freundschaftlichst

Ihr

Montags.   Al. Humboldt.

Auf diesem Briefe stehen folgende Bemerkungen von meiner Hand:

1) Diese Darstellung des Bahr-el-Abiad und des Zambeze gründet sich auf Nachrichten, die "sicher" sind, in sofern Angaben der Nilsklaven als "sicher" angenommen werden können.

2) Mondberge und Lupata sind zwei Namen, die sich auf zwei verschiedene Oertlichkeiten eines und desselben Gebirgssystems beziehen, welches von N. nach S. nur nicht von O. nach W. streicht.

3) Die Höhenzahlen sind von Douville!

Das Memoire zum Kärtchen von Afrika (Jahrb. 1850, II) gibt übrigens von fast jedem Strich, der auf der Zeichnung gemacht worden ist, Rede und Auskunft. In diesem Sinne habe Hrn. von Humboldt schriftliche Meldung gemacht. Potsdam, 8. October 1850. B—t.

[Ich habe die Genugthuung, daß die „mythischen Garten-Ornamente" mehr oder minder zu einer ptolemäischen Wahrheit geworden sind, 1563!]

37.

(Ciballen 9. October 1850.)

Ich glaube, theurer Prof., daß die Notiz S. 520 des beifolgenden Heftes wegen der afrikanischen Karte Sie interessiren wird. Schicken Sie gütigst das Heft, sammt der Carte, die ich Ihnen vorgestern sandte, mir für den König bis Dienstag künftiger Woche zurück.

Mittwochs.   A. Ht.

Ich bin noch immer leidend an dem Fuße, oft bettlägrig. Das Schneegebirge von Kilimandjaro wird nun endlich auch einmal in großer Entfernung bei Jagga gesehen.

Das Heft, welches Humboldt schickte, war: „Zeitschrift der deutschen morgenländischen Gesellschaft, 1850, Bd. IV, Heft IV", woselbst p. 521 aus dem Church Missionary Intelligencer, No. 15 vom 1 Juli 1850, Vol. I, p. 345, folgende Stelle entlehnt war:

„Dr. Krapf schreibt an Ch. T. Bele aus Cairo vom 13 Mai 1850· Auf meiner Reise nach Ukambani sah ich das Schneegebirge Kilimandjaro in Jagga deutlich und kann für die Zuverlässigkeit des Berichts Hrn. Rebmann's, welcher unnöthiger Weise von einigen Leuten in England angegriffen worden ist, Zeugniß ablegen. In Ukambani entdeckte ich ein noch höheres und weiter ausgedehntes Schneegebirge. Es liegt etwa 1°½ südlich von der Linie und enthält höchst wahrscheinlich die Quellen des weißen Nil."

<small>Meiner Ansicht nach die Quellen eines Zuflusses des Bahr-el-Abiad.
Potsdam 9. Oct. 1850.   B—i.</small>

38.

<small>(Urballen 20. October 1850.)</small>

Es war in diesen Tagen Dr. Wislizenus (aus Constantinopel kommend, wo er sich verheirathet, und nach Nord Amerika zurückeilend) hier. Er ist der höchenmessende Arzt, der zwei Mal in Neu Mexico und in Californien war. Er brachte mir die Carte von Preuß, 1848, die offizielle, in der der Senat und auch Frémont, der jetzt selbst Senator in Washington ist, alles haben zusammen stellen lassen. Ich glaube, theurer Professor, daß Sie das dazu gehörige Memoire von Frémont, 1849, von mir gehabt haben, aber nicht die Karte selbst.

Es wäre doch wichtig einmal den geologisch so unendlich wichtigen Landstrich des Great Basin bis zur Südsee mit allen Namen und allen Zahlen darzustellen. Die Kiepertsche Carte ist genau aber ein geschmackloses Augenpulver, in dem man nichts erkennt mit hundert willkürlichen Weglassungen. Wenn Sie eine wirkliche Copie geben wollten, so würde ich rathen, bloß das Stück zwischen den Parallelen von

34° und 47°

zwischen Pueblo de los Angeles, Astoria und Fort Laramie

zu nehmen, auch nur höchstens um ½ zu verkleinern. Dieses Thal wird die Weltstraße werden: Alles andere kann in einer Generalkarte von Nord Amerika vorgestellt werden. Wollen Sie diesen Gebrauch von der Carte machen und besitzen Sie sie nicht, so können Sie dieselbe bis Weihnachten behalten sammt dem Memoire. Im entgegengesetzten Fall bitt' ich sie mir gleich zurück.

Freundschaftlichst

Ihr

Potsd. 20 Oct. 1850.   Al. Ht.

Ueber Barth's und Overweg's Expedition ist so eben ein langes Memoire (56 S.) mit Karten voll Interesse von Ritter erschienen.

Preuß' Karte besaß ich schon (siehe S. 65). Zur Erfüllung von Humboldt's Wunsch wegen Reproduction dieser Karte hatte ich Veranstaltung getroffen; die Ausführung aber zerschlug sich an dem unehrenhaften Wankelmuth eines Dritten, der da meinte, nicht 500 Procent verdienen zu können!

39.

(Erhalten 5. November 1850.)

Darf ich Sie bitten, theurer Professor, wenn Ihre häuslichen idyllischen Freuden Sie nicht hindern, mir recht bald eine Belehrung zu geben! Ich habe auf meiner Carte von Inner Asien, 1843, die zur Asie centrale gehört, den Fluß, der nahe bei dem See Manassarovar entspringt, Burampuʒ ter oder Dzanbo tchou genannt. In der neuen französischen Uebersetzung der „Ansichten der Natur", der man sonderbar genug meine Carte von Inner Asien beigebunden, hat man gröblichst ohne mich zu fragen, das Wort Burampunter ausgestrichen und sehr bestimmt in der Vorrede gesagt, es sei jetzt erwiesen par des découvertes récentes daß die

Identität falsch sei. Mir ist die andere Meinung: „der Fluß von Tübet (Tzanbo tchou) sei der Anfang des Irawabby", seit 20 Jahren bekannt. Aber wo stehen denn die neuen Entdeckungen, welche letztere Meinung jetzt als siegreich darstellen? Daß Sie auch jetzt noch meiner Meinung sind und Buramputer als Tzangbo tchou nahe bei Manassarowar entstehen lassen, finde ich auf Ihrer so ungemein interessanten Carte der Bergketten von Asien, 1850, in der 3ten Abtheilung des Physikalischen Atlas. Beruhigen Sie mich durch einige Zeilen.

Dienstags.
        Ihr
        Al. Humboldt.

Ich konnte nur antworten, daß auch mir von dreierlei neuen Entdeckungen nichts bekannt geworden sei. Vielleicht habe sich der französische Herausgeber, Klaproths Memoir zur Hand nehmend, in der Jahreszahl um zwanzig Jahre geirrt!

Dr. Bialloblotzky's
Journey to discover the sources of the Nile.

Es war im Herbste des Jahres 1848, etwa im Monate September, als mir von einem meiner ältesten Berliner Freunde, nämlich von August Zeune, ein Herr zugeführt wurde, welcher, wie er sagte, im Begriff stehe, nach Afrika zu gehen, in der Absicht, die Quellen des Nils aufzusuchen. Der Fremde war über die Mitte des menschlichen Lebens hinaus: ich schätzte sein Alter näher an dem 5ten als am 4ten Jahrzehend. Er war groß, und kräftig gebaut, und wie es mir vorkam, körperlich wohl geeignet, den Mühseligkeiten und Strapazen einer afrikanischen Reise und des tropischen Klima Trotz zu bieten. Zeune stellte ihn mir als den Dr. theol. Bialloblotzky vor. Ein Pole also, dacht' ich bei mir selber, aber ein protestantischer, und noch dazu ein Dr. der Gottesgelahrtheit! Ich wurde in meiner Vermuthung noch mehr bestärkt durch die Mangelhaftigkeit seiner deutschen Sprache, die er sehr gebrochen sprach. Zeune belehrte mich aber bald eines Andern, als ich meine Muthmaßung laut werden ließ. Nein, sagte er: Dr. Bialloblotzky ist zwar von polnischer Abkunft, aber ein Deutscher von Geburt, aus dem Hannoverschen, und hat den größten Theil seines Lebens in England gelebt, daher ihm die Muttersprache etwas schwer wird. Dr. Bialloblotzky war so gütig, mich um seine Meinung über seinen Reiseplan zu befragen. Er sei mit Dr. Charles T. Beke, der der vorrühmste Schutzherr seines Unternehmens sei, darüber einig geworden, von der Ostküste her, etwa von Mombäs aus, ins Innere von Afrika vorzudringen. Ich konnte mich mit diesem Plane nur einverstanden erklären! Von den Kosten der Reise und wer dieselbe bestreite, war, so viel ich mich erinnere, nicht die Rede, desto mehr von den Instrumenten, die Dr. Bialloblotzky mitnehmen, und von dem Gebrauche, den er davon machen würde. Er hatte einen Sohn bei sich, einen Knaben von 12—13 Jahren, von dem ich voraussetzte, daß er nach England zurückkehren werde; allein ich irrte, der Vater nahm ihn mit nach Afrika. Ich kann nicht leugnen, daß ich meine Verwunderung darüber aussprach, einen so jungen Menschen, wie den Sohn sei, den Gefahren und Gefahren einer Reise in Afrika auszusetzen. Allein Dr. Bialloblotzky meinte, sein Sohn sei körperlich abgehärtet und an Entbehrungen gewöhnt, und es würde in so jungen Jahren eine vortreffliche Schule für ihn sein, unter anderm Himmelsstrich und unter Menschen ganz verschiedener Race eine Zeitlang zu leben.

Auf diese Reise zur Entdeckung der Nilquellen beziehen sich die folgenden 8 Schriftstücke, von denen die 6 ersten Umlaufsschreiben sind, die ich der Mittheilung meines sehr liebenswürdigen Freundes Dr. Charles T. Beke zu verdanken habe. Den Beschluß macht ein Brief von Humboldt.

1. Letter from the Rev. Dr. Bialloblotzky to Dr. Beke.

Pattensen, Near Hanover, 5th July, 1845.

Dear Sir,

Before I quitted England with the intention of undertaking an exploratory journey into Eastern Africa, you told me that if I could reach Alexandria with my own resources, you might be able to induce some friends of humanity and science to help me on. I have now the pleasure of informing you, that having made my final arrangements at this my native place, I now commence my journey by the way of Göttingen, Vienna, Constantinople*), and Alexandria. At Constantinople I hope to obtain a firman, which has a favourable influence in all Mohammedan countries, even beyond the boundaries of the Ottoman Empire; and at Alexandria I rely upon receiving, through your kind intervention, the means requisite for the further prosecution of my enterprise.

I have already discussed with you my plans; and I will here merely repeat, that, in addition to the hope of being able to solve, agreeably to your anticipation, that most important problem of geography the position of the sources of the Niles, my object is to act as a pioneer of Christian civilization, by observing and describing the moral, religious, and social state of the inhabitants of regions hitherto unvisited by Europeans, but which (there is reason to believe) afford the best and most natural road into the interior of Africa, as being that by which that vast continent must, in great part, have been originally peopled.

I am not such a novice in travelling as not to be aware that the traveller, like the physician, should not be too definite in promising results; because, by so doing, he sinks to the level of the quack, who does not hesitate to predict what no human foresight can anticipate. But you will readily believe me when I say,

---

*) Dr. Blalloblotzky was subsequently induced to proceed *direct* to Alexandria, by the way of Trieste. On the 4th of January, 1849, he was at Muscat, and on the point of starting for Mombás.

that everything shall be done that may depend on zeal, energy, and perseverance, united with honesty of purpose; and since you have kindly entrusted me with the further development of your views, it would be very gratifying to me to be able to prove that, in this as in other respects, your confidence in me has not been misplaced.

Believe me to be, Dear Sir,
Yours very faithfully,
Friedrich Bialloblotzky.
To Charles T. Beke, Esq., Ph. D.

2. Plan of Dr. Bialloblotzky's Journey, as settled with Dr. Beke.

Proceed from Egypt to Aden, and thence to Mombás on the East Coast of Africa, in about 4 degrees of South latitude. At Mombás, or in its vicinity, make arrangements for travelling into the interior with a native caravan or otherwise.

It is anticipated that a journey of about 300 or 400 miles from the coast, in a direction between W. and NW., will bring the traveller to the edge of the table-land of Eastern Africa*), at the waterparting be-

---

*) Since Dr. Bialloblotzky's departure, it has become known, from information given by the Rev Mr. Rebmann of the Church Missionary Society's East Africa Mission, that the edge of the table-land is within *two hundred* miles of Mombás. Further inland the lofty peak of Mont Killmandjáro is visible, capped with perpetual snow. This mountain is on the road to the country of Mono-Moézi, and is apparently a portion of Ptolemy's „Mountains of the Moon," in which the Nile has its origin.

tween the basin of the Upper Nile and those of the rivers Lufidji, Ozi (Pokomózi or Maro) and Sabáki, flowing eastwards into the Indian Ocean.

On reaching the table-land, determine the Southern limits of the basin of the Nile, or that extensive tract of Africa which drains towards Egypt; and visit, if possible, the sources of the principal streams which unite to form that river. Obtain information respecting the great lake, said to exist in the interior near the parallel in which the traveller will then be.

Having explored the head-streams of the Nile, proceed further westwards across the continent, should facilities present themselves for so doing: if not, trace the course of the river downwards to Sennár and Egypt. Notice any branches joining the main stream, and ascertain, as far as practicable, their length and direction.

Note the bearings and distances of the journey; observe the latitude; make meteorological observations; and determine the elevation of the land by means of both the thermometrical and the aneroid barometer; which instruments, together with a sextant and artificial horizon, azimuth compass, hygrometer, and others, are furnished for use.

Record carefully all observations made. Describe the nature of the countries traversed, with their productions and capabilities for cultivation, commerce, and colonization; also the character, manners, and customs of the inhabitants, and their fitness for instruction or for emigration.

Ascertain the state of slavery and the slave trade, both on the coast and in the interior.

Collect vocabularies of the languages, and other materials for their investigation; and make all other suitable observations and inquiries.

Transmit full reports to Dr. Beke at every opportunity.

3. Journey to discover the Sources of the Nile.

6, St. Mildred's Court,
London, 9th January, 1849.

Letters having been received from Dr. Bialloblotzky, dated Aden, the 11th December, 1848, announcing his approaching departure for Mombás, it is conceived that the time has arrived when an account should be rendered by Dr. Beke of his receipts and expenditure in connexion with Dr. Bialloblotzky's intended exploratory journey into Eastern Africa.

Dr. Beke has therefore the pleasure of submitting to the subscribers to this undertaking the accompanying statement, from which it appears that he has received £ 182 4 s., and expended £ 185 12 s. 1 d., leaving a balance of £ 3 8 s. 1 d. in his favour; in addition to which he has made himself responsible for £ 70, in case Dr. Bialloblotzky should stand in need of that further sum at Aden or Mombás.

In rendering this account, Dr. Beke has to express his thanks to the friends who, at his solicitation, have so kindly contributed to the important enterprise on which Dr. Bialloblotzky is engaged.

Statement of Receipts and Expenditure,
On Account of Dr. Bialloblotzky's Journey.

Receipts.

From Subscribers, as per Subscription List	£182 4 0	

Expenditure.

Subscriptions paid to Dr. Bialloblotzky at Athens	£3 8 0		
Cash remitted to him at Alexandria	30 0 0		
Ditto ditto at Aden	70 0 0		
		£103 8 0	
Cost of Instruments furnished to Dr. Bialloblotzky in England . .	£20 0 0		
Ditto of Instruments, Watch, Clothes, and necessaries sent to him at Alexandria	43 8 10		
Ditto ditto at Aden	3 4 6		
		66 13 4	
Freight		2 15 0	
Postage, and petty disbursements		3 14 9	
Advertisements		3 0 0	
Printing		6 6 0	
Total Expenditure . . .		£185 12 1	
Less Receipts, as above . .		182 4 0	
Excess of Expenditure above Receipts		£3 8 1	
Credit given to Dr. Bialloblotzky at Aden and Mombás . .	70 0 0		

C. T. Beke.

London, 31 Dec., 1848.

4. Failure of Dr. Bialloblotzky's Expedition to discover the Sources of the Nile.

It is my unpleasant duty to announce that Dr. Bialloblotzky has been compelled to relinquish his intended exploratory journey into Eastern Africa.

When that traveller left England in June, 1848, it was arranged that he should proceed to the Church Missionary Station at Rabbai-Empia, near Mombás, on the east coast of Africa, in about 4° S. lat. From this point it was anticipated that, through the kind offices of the missionaries there, he would be able to penetrate into the country of the friendly Wakambas; with whom (as it is stated in the *Church Missionary Intelligencer* of the present month, p. 12) „our missionaries are in continual communication, and who carry on a commercial intercourse between the sea-coast and the main body of their own tribe, which lies from 400 to 600 miles distant in the interior." The repeated exploratory journeys to a considerable distance inland, recently made by the Rev. Mr. Rebmann, have shown (to use that missionary's words in the *Church Missionary Record* of February last, p. 32) that „the character of the people is free from that savageness, which would render it unadvisable for one or two individuals only to reside in their country."

The only danger or difficulty to which it was contemplated that Dr. Bialloblotzky might be exposed, was in passing through the tribes occupying the coast districts, from some of whom M. Maizan, a French traveller, lately met his death; but it was considered that the friendly assistance of his countrymen, the missionaries, would obviate all apprehension on this score.

In February last Dr. Bialloblotzky arrived at Zanzibar on his way to Mombás, taking with him letters of recommendation from Captain Haines, I. N., the Political Agent at Aden, to Captain Hamerton, Her Majesty's Consul at Zanzibar and the East India Company's Resident with the Imaum of Muscat. This officer received the traveller very hospitably and kindly, but raised the strongest objections to his journey, and refused to aid him in its prosecution. The Rev. Dr. Krapf, to whom I gave Dr. Bialloblotzky a recommendation and who came over from Rabbai-Empia to Zanzibar to see him, also declined assisting him, and even objected (as likewise did Captain Hamerton) to his accompanying him as far only as the Missionary Station.

This withholding of assistance on the part of individuals possessing, from their position, such authority and influence, being virtually a prohibition of Dr. Bialloblotzky's further progress, he felt himself under the necessity of abandoning his undertaking and of returning to Aden, from which place he addressed a letter to me on the 1st instant.

Dr. Bialloblotzky states that Captain Hamerton promised to write to me and to send a copy of his letter to the Government at home; so that his motives might be clearly understood. Dr. Krapf also promised to communicate with me in reply to my letter to him. As yet I have not heard from either.

Grieved and disappointed as I feel at this frustration of my endeavours in the cause of African discovery — feelings which I fear will be shared by those who have kindly co-operated in providing the funds for a journey which has proved so unsuccessful — it is some consolation to know that the Church Missionaries are actively engaged in exploring the interior of Eastern Africa; and from their exertions we may expect to see, ere long, the solution of the great geographical problem, which it was hoped that Dr. Bialloblotzky would have had the good fortune to accomplish.

C. T. Beke.

St. Mildred's Court,
20th May, 1849.

5. Dr. Bialloblotzky's Journey to discover the Sources of the Nile.

On the 4th January, 1849, I laid before the subscribers to Dr. Bialloblotzky's projected exploratory journey into Eastern Africa, a statement of receipt and expenditure to the 31st December, 1848. On the 26th May following, it became my duty to announce that the traveller had returned from Zanzibar to Aden on his way to Egypt.

The undertaking on behalf of which I had exerted myself being thus prematurely brought to an end, I felt myself bound to decline receiving any further subscriptions on account of it. A few friends, who had offered to subscribe, have however since been solicited by me to join in defraying the expense of Dr. Bialloblotzky's journey home from Egypt, where he now is; and the sums contributed by them, added to the small balance which I still had on hand for the purposes of his expedition, but which I venture to appropriate to this new object, have enabled me to place £ 25 at his disposal, for the specific purpose of providing him with the means of returning to Europe.

A general and final statement of the sums received and of their appropriation, is now submitted to the subscribers.

The friends who have so generously responded to my appeal in the cause of African discovery, will doubtless be gratified in learning that the labours of the Church Missionaries stationed at Rabbai Empia, near Mombás, seem likely to result in the realization of the views as to the geography of Eastern Africa, which were enunciated by me in the year 1840, and which Dr. Bialloblotzky's expedition was intended to verify.

Already has the Rev. Mr. Rebmann, in his several exploratory journeys, discovered, in about 3° 40' S. lat. and 36° E. long., a lofty mountain, named Kilimandjáro, whose summit is covered with perpetual snow, and obtained information respecting a region further in the interior, called Uniamési, or „*the country of the Moon;*" and he has further ascertained the existence, in Uniamési, of a large lake, which is *not* (as has been supposed) identical with *Nyássi* or „the Sea" — the great lake of Southern Africa, commonly known as Lake

Maravi — but from its name, Usámbiro, is apparently the Lake Zambre of the Portuguese of the 16th and 17th centuries.

On the other hand, the Egyptian expeditions for exploring the Upper Nile have ascended the river as far as the fourth parallel of north latitude, where they have found it to be still a very large stream, about 2,000 feet in breadth during the rains; and as the country of Uniamési (or Mono-Moézi) may be approximatively placed in 2° to 4° S. lat. and 29° to 34° E. long., the head of the Nile would, by its course being extended only 300 or 400 miles beyond the extreme point reached by the Egyptian expeditions, be brought near if not into this country of Uniamési.

Should it really be the case that the Nile rises in the snow-capped Kilimandjáro or other similar mountains, in the vicinity of the lake in „the country of the Moon", the fact would be almost literally in accordance with the assertions made 1700 years ago by the geographer Claudius Ptolemy of Alexandria, that the sources of the Nile are in the Mountains of the Moon, and that the lakes of that river receive the snows of those mountains.

According to the latest intelligence received from the Missionaries, Mr. Rebmann has set out on the 5th April last for Uniamési and the lake there; so that we may confidently anticipate the speedy solution of the great problem of geography — *Nili quærere caput.*

St. Mildred's Court,   Charles T. Beke.
    London, January 11th, 1850.

Subscriptions Received.

	£	s.	d.
His Royal Highness Prince Albert . . £10 0 0			
Sir Thomas Dyke Acland, Bart., M.P. .	20	0	0
W. Francis Ainsworth, Esq.	1	1	0
D. T. Ansted, Esq.	1	1	0
John Arrowsmith, Esq.	1	1	0
Arthur Ashpitel, Esq.	2	2	0
H. J. L. Augarde, Esq.	1	1	0
John Ball, Esq.	1	1	0
Admiral Sir Francis Beaufort	5	0	0
Rev. Dr. Beecham	1	1	0
Dr. Beke	10	0	0
Ditto Instruments	20	0	0
Ditto, to complete £25 remitted to Alexandria, Jan., 1850	0	6	4
William Bennett, Esq.	5	0	0
John Betts, Esq.	1	1	0
Ditto Second Subscription	0	10	6
Samuel Birch, Esq.	1	1	0
W. H. Black, Esq.	1	1	0
Beriah Botfield, Esq.	5	0	0
E. W. Brayley, jun., Esq.	1	1	0
The Chevalier Bunsen	2	0	0
Sir Edward N. Buxton, Bart., M.P.	20	0	0
W. O. Carter, Esq.	2	2	0
Philip J. Chabot, Esq.	1	1	0
William Chambers, Esq.	1	1	0
C. W. Dilke, Esq.	1	1	0
C. W. Dilke, jun., Esq.	1	1	0
The Earl of Ellesmere	5	0	0
Rev. Josiah Forshall	1	1	0
James Glaisher, Esq.	1	1	0
F. H. N. Glossop, Esq.	1	1	0
Nathaniel Gould, Esq.	1	1	0
Philip Griffith, Esq.	1	1	0
Sir John Guest, Bart., M.P.	5	0	0
Miss Gurney	5	0	0
Samuel Gurney, Esq.	10	0	0
Samuel Gurney, jun., Esq.	1	1	0

		£	s.	d.
J. D. Hailes, Esq.		1	1	0
Rev. Dr. Garris		2	0	0
T. B. Hart, Esq.		1	1	0
William Heseltine, Esq.		1	1	0
Dr. Hodgkin		3	0	0
John Hogg, Esq.		1	1	0
Sir Robert H. Inglis, Bart., M. P.		1	1	0
John Winter Jones, Esq.		1	1	0
Charles König, Esq.		1	1	0
Colonel Sir Henry M. Lawrence		5	0	0
The Literary Gazette		1	1	0
Dr. Lee		1	1	0
Ditto Second Subscription		1	1	0
The (late) Bishop of Llandaff		2	2	0
George Lowe, Esq.		1	1	0
Sir Edmund Lyons, Bart.		2	2	0
Joseph Maitland, Esq.		1	1	0
Ditto Second Subscription		1	1	0
R. H. Major, Esq		1	1	0
Admiral Sir Charles Malcolm		1	1	0
Dr. Charles Meyer		1	1	0
J. S. Mill, Esq.		1	1	0
T. J. Miller, Esq.		1	1	0
Sir Roderick I. Murchison		2	0	0
F. G. P. Nelson, Esq.		1	1	0
The Marquis of Northampton		5	0	0
Richard Paterson, Esq.		2	0	0
Louis Hayes Petit, Esq. (deceased)		2	2	0
Samuel P. Pratt, Esq.		3	0	0
Rev. G. C. Renouard		1	1	0
Ditto Second Subscription		5	0	0
Ditto Annual		1	0	0
Colonel Sabine		1	0	0
The Bishop of St. David's		2	2	0
Mr. Alderman Salomons		5	5	0
W. D. Saull, Esq.		1	1	0
Sir Robert H. Schomburgk		1	1	0
Daniel Sharpe, Esq.		1	1	0
Samuel Sharpe, Esq.		1	1	0
E. Osborne Smith, Esq.		1	1	0

	£	s.	d.
George Smith, Esq.	1	1	0
William Spence, Esq.	1	1	0
Colonel Sykes	2	0	0
David Taylor, Esq.	1	1	0
Richard Tailor, Esq.	2	2	0
The Master of the Temple	1	1	0
W. A. Thomas, Esq.	2	2	0
L. Thompson, Esq.	1	1	0
William Tite, Esq.	5	5	0
Rev. J. M. Traherne	2	0	0
Frederick Tuckett, Esq.	1	1	0
J. S. Venn, Esq.	1	1	0
Messrs. J. and C. Walker	1	1	0
Captain Washington, R. N.	5	0	0
Messrs. Webster and Son	2	0	0
The Dean of Westminster	1	1	0
Charles Wilson, Esq.	1	1	0
James Yates, Esq.	2	0	0

The Court of Directors of the East India Company likewise patronised Dr. Bialloblotzky's undertaking, by granting him, at Dr. Beke's request, a free passage from Suez to Aden in one of the Company's steamers.

General Statement of Receipt and Expenditure.

Receipt.

		£	s.	d.
From Subscribers, as per Subscription List—				
1848	£182	4	0	
1849—50	67	13	10	
		249	17	10
		£249	17	10

Expenditure.

	£	s.	d.	£	s.	d.
Subscriptions received by Dr. Bialloblotzky at Athens	3	3	0			
Ditto ditto in Egypt	5	0	0			
Cash remitted to him at Alexandria in 1848	30	0	0			
Ditto ditto at Aden ditto	70	0	0			
Ditto ditto at Alexandria in 1850	25	0	0			
				133	8	0
Cost of Instruments furnished to Dr. Bialloblotzky in England	20	0	0			
Cost of Instruments, Watch, Clothes, and necessaries, sent to him at Alexandria	43	8	10			
Ditto ditto at Aden	3	4	6			
Ditto ditto, omitted to be charged in the Account rendered to December 31st, 1849	1	3	6			
				67	16	10
Freight				2	15	0
Postage and Petty Disbursements in 1848	3	14	9			
Ditto ditto 1849–50	4	12	3			
				8	7	0
Advertisements, 1848	3	0	0			
Ditto 1849	22	10	6			
				25	10	6
Printing, 1848	6	6	0			
Ditto 1849–50	5	19	6			
				12	5	6
				£249	17	10

January 11th, 1850.   Charles T. Beke.

6. Dr. Charles T. Beke to Prof. Berghaus.

Office, 6, St. Mildred's Court,
London, 21st January 1850.

My dear Sir,

I was duly favoured with your letter of the 24 Nov., and should sooner have thanked you for your obliging attention to any inquiry respecting the Himyaritic alphabet, bat I not wished to give you some satisfactory answer on the subject of Dr. Bialloblotzky. As you justly observe, it was through my intervention alone that Dr. B. obtained the means of persecuting his journey; and when it failed it was for any cause rather than *the want of money*. But even had this been the case, the fault would not have been mine. All I engaged to do was to find for him £ 100 on his arrival to Alexandria; and had I contented myself with doing this, my obligation would have been fulfilled. Instead of which, I remitted him £ 30 in Alexandria, sent him £ 50 worth of necessaria and there (besides furnishing him with my own instruments worth £ 20 more) procured him a free passage to Aden, worth £ 30 more, I remitted him £ 70 in cash at Aden! Added to all which, when he wrote to me *from Germany* that he could not get on without money, I obtained £ 20 for him from personal friends of his, *who would not give it to him*, which sum I did not bring into account. Thus he had from me, or through me, in all the value of £ 220! Besides this, though I had not the money in hand, so anxious was I that his expedition should not fail for want of funds, that I actually rendered myself liable for £ 70 more, in case he should stand in need of it. Of course, when his expedition failed this latter sum was not advanced to him; and as my application to my friends was grounded solely on his projected journey inland *from Mombas*, I had no pretence for continuing to receive subscription. Dr. Bialloblotzky returned from Zanzibar to Aden and thence to Egypt, *by the way of Mount Sinai.* For all this journey he possessed the means, and consequently he would have possessed the means of continuing his journey from Zanzibar to Mombas and thence into the interior; so that he has no pretence for imputing the failure of his journey to the want of the necessary funds. That he was disappointed at finding me unwilling to assist him in undertaking *other* journeys, appears to be the real cause of his complaints against me. But the fact is that I had reason to be disappointed at the failure of the original journey projected by me, and felt really no interest in encouraging him to undertake any other. No one can blame me for this. I never directly refused to procure him assistance for his return home from Egypt provided he had not sufficient funds for the purpose. But I expected that at least he would render some account of his expedition, and I expected too that he would write to me *after his arrival in Egypt.* This he did not do. But on the contrary, he wrote numerous letters to various persons in England, couched in much the same terms as that to Professor Ehrenberg — perhaps even in *stronger* terms. Of all this I did not think it became me to take any notice; preferring to leave him to come to his senses. This he at length appears to have done; as within the last week or two I have received a letter from him in reply to the letters which I wrote to him in May *and which he received in July!* And now, as I have not the slightest desire to behave unkindly to him, I have procured him the means of returning to Europe, which I sent out to him by the last mail. The circular which I have addressed to the subscribers to his expedition explanes the whole matter and brings it to a close. Of this circular, I send you a few copies, which I beg you will be so good as to distribute in the proper quarters, giving one to Professor Ehrenberg and communicating to him the contents of this letter if you think it right to do so.

Though Dr. Bialloblotzky's expedition has thus unfortunately failed, you will have seen that Mr. Rebmann, *by pursuing the identical track which I had marked out for the former,* seems likely to realize all that I could have desired. You will doubtless have read my letters in the *Athenaeum* of the 3d Nov. and 1st Dec. last, which place the fact of the existence of *perpetual snow* on Kilimandjaro beyond the possibility of doubt. You are quite right in supposing there must be an elevated mountain chain. But if a proper idea is formed of the physical character of the mountain system of Eastern Africa, it will be seen that such a chain must necessarily exist. On this subject I beg to refer you to the latter portion of my „Essay on the Nile and its tributaries", which you translated. I see that Kiepert in his new general map of Africa has adopted my views. The delineation of the mountain system is no doubt substantially correct. He is however in error with respect to the position of the country of Monomoezi (Unianesi) and the lake in it. These are to be placed *due west* of Mombas and Kilimandjaro; and the lake itself must be *separated* from Nyassi, into which Mr.

Cooley has erroneously thrown it. Indeed this latter geographer appears to be exceedingly in error with respect to the hydrography of this part of the Continent of Africa. His hypothesis, which is one of many years standing, is that *Nyassi* is „the great lake of *Southern* Africa" and that it extends into the country of Monomoezi — that in fact there is but *one* lake. Now Dr. Krapf and Mr. Rebmann distinctly assert that the lake of Monomoczi is *not* identical with Nyassi; and in the *Athenaeum* of last Saturday (Jany 19th) you will see an account of the discovery of the true „great lake of *Southern* Africa" in 19° or 20° S. lat. — which therefore is *not* Nyassi. So that in fact there are *three* lakes, instead of one, as Mr. Cooley contends! And then the *old* maps are nearer the truth than his attempted rectification of them! This only shews the danger of *speculative* geography. Perhaps you will reply that I also have speculated. On the contrary I contend that my hypothesis with respect to the position of the Sources of the Nile in the Mountains of the moon ought securely to be styled a „speculation". It is little more than the expression of my belief in the almost literal accuracy of the statement of C. Ptolemy, whom I ascribe to have possessed means of knowing the truth equal to those possessed by Us at the present day. My maxim is to *believe* implicitly the statements of all *credible* witnesses; and my opinion is that if this rule were more generally adopted we should have much less „speculation". Thus it was with the *snow* on Kilimandjaro. Mr. Rebmann, a person of veracity, asserted that he had seen it. Why should his assertion not be believed? Why should not the „Mountains of the Moon" have their Kilimandjaro, as the Andes have their Chimborazo?

I have seen, with pleasure, my Paper on the Languages of Abessinia etc. in your Physical atlas; but I have not yet received the separate Copies which you were so good as to promise to let me have. I hope soon to receive them.

At present I am too busily occupied with *political affairs* to be able to devote much time to science. And what time I can manage to spare is unfortunately taken up with discussions which have more a *personal* than a scientific character — I mean with respect to M. d'Abbadie, who will not leave me alone till he is thoroughly exposed. I expect soon to be able to send you some copies of a communication I am about making to the Geographical Society of Paris, in answer to a past attack of his on me. He is determined to keep up the *personal* quarrel as long as possible, in the hope of warding off any threatened exposure of his fabricated journey to Kaffa. But *this* will surely come! Meanwhile he is only involving himself in further difficulties and contradictions in his attempt to gloss over his original statements. He had made the latitude of Sakka in Enarea to be 8° 12' 30" N. „the star observed not having been corrected for *aberration and nutation*"!! I now find that he has *moved* it to 8° 11'. So that it results that the „aberration and nutation" in Enarea amount to 2' 30" — or else his pretentions to be a most minute and accurate observer are groundless. It is difficult for him to free himself from this dilemma. But this is only *one* of *numerous* arguments I have against the reality of his journey; and the more he flounders to get out of the *mess* he is in, the deeper he plunges himself into it. I am in no great hurry to bring forward my proofs, since every day he furnishes me with additional ones.

You ask me for my itineraries in the Holy Land. It is not I, but my brother, who was there with Mr. Moore. He gave all his materials to his companion, who intended to publish them, but has not done so. I believe you are aware that they were the *first* who sounded the Dead Sea, and launched a boat on its waters. You will find some brief references to them in the Journal of the Geographical Society, in some letters from me in the *Allgemeine Zeitung* and in *Schuberts* Travels.

Believe me to be,

My dear Sir,

Professor Dr. H. Berghaus.   Yours very faithfully

Charles Beke.

7. Letter from the Rev. Dr. Blalloblotzky to Professor Berghaus at Potsdam, Professor Zeune at Berlin, and Alexander K. Johnston Esq. Edinburgh.

Beyrout July 17, 1850.

Gentlemen

I have attempted to penetrate into Eastern Africa south of the Equator, where it is probable, that the

Montes Lunae and the great lakes exist, which according to ancient reports are to be found in connection with the *Nili capita*; where the natives seem to be less sanguinary and treacherous, than those which have murdered many African traveller, where also the heat is moderated by the high elevation of plateaus near to summits in the line of perpetual snow. The waterparting of Africa is not where our maps have often placed it. It is not near the centre but near the eastern coast. The physical conformation of Africa is similar to that of South America in as much as the waterparting is not in the middle, but runs along one of the shores of these great continents; viz in America near to the western and in Africa near to the eastern shores.

My journey to Eastern Africa, although unexpectedly interrupted, has confirmed my conviction of the general correctness of this theory the verification of which was my object. I have collected some information, but I have been stopped in my journey by those who felt displeased that *ego homuncio* should with insignificant means engage in undertakings in which splendid expeditions had failed; that I with my ignorance and inexperience of Africa should win laurels of geographical renown, to which their friend had better claims after having been 10 or 12 years in and about Africa. Probably I might have overcome ultimately the prejudices and the *force majeure* exerted against me if the gentleman in England who promised to provide me with funds and introductions had kept his word. He did not provide for me any letter from the British Foreign Office which would have commanded attention from consular officers, and the pecuniary remittances which he had promised should be ample did in various sums not exceed in 1848 the aggregate of one hundred pounds, which I received in various instalments during my journey from Europe to Zanzibar in Alexandria and Aden.

Since then I have received nothing to advance my progress into Africa. However having not many artificial wants and meeting in most expensive places like Aden and Zanzibar with Anglo Indian hospitality practised by clergymen and officers I had the intention to begin my preparations for farther progress on the African coast, and from the respectability of the names patronizing my undertaking. I felt certain, that remittances fully sufficient for my wants would arrive. I never deemed the success of an undertaking like my own commensurate with the sums devoted thereto. I never attempted to tribe chieftains by large presents. I felt that under God my safety must more depend upon a personal interest which I might perhaps create among savages, than upon largesses at my disposal. However my willingness to attempt the execution of a gigantic plan with means disproportionately small gave me in the estimation of officers, accustomed to large sums, the appearance of an enthousiast duped by some European sharpers.

In the absence such recommendations which the foreign Office readily grants to enterprising travellers there arose from the smallness of my English remittances the opinion that my correspondent must be „a man of straw". My assertion that men of rank, eminence, and influence had already commenced to patronise my undertaking seemed to be incredible, and I had then not even the printed list of subscribers to show with the name of prince Albert at their head. Gentlemen on the coast of Africa seemed to fear also the alternative of either letting me perish before their eyes or making up the deficiency of my remittances from Europe. This fear, combined with other considerations induced them to concert, that I should be stopped.

I reported these circumstances to that Gentleman, who by his promises had chiefly induced me to start for Africa. I requested him to furnish me documents fit to overcome the unexpected opposition on the African coast, but I found him „*toujours prêt à servir tout ce qui réussira*" and therefore ready to drop at first obstacle in Africa, and thus to court favor with a considerable party at home and abroad who seemed to be jealous of my priority in African discovery, I received neither documents nor money. During the whole year 1849 I received no money from England. But I understand that now in 1850 I shall have a small sum for returning to Europe. In reply to my question, whether the gentlemen who promoted my journey would also interest themselves for me now, that after an absence of years I might reoccupy a *locus standi* in Europe, my correspondent observes that I must write from the interesting materials collected a very interesting volume productive of pay from a publisher. — I think that all this exceeds the treatment of which the Forsters may have had reason to complain ..... —

I have not seen yet the Physical Atlas which now represents the progress of geographical science during the last decennia. I will embrace the first opportunity of studying this great work closely. Will you kindly ask the promoters of geographical science whether they would patronise me in the attempt of verifying and developing further the statements of the Physical Atlas. In this case I will endeavour chiefly to investigate the questions to which my attention may be called.

I find the branches of the Barada are generally represented on maps as reuniting with the principal stream before it reaches the Bar el Merdj. But these branches are consumed in irrigation. I find other rivers which form separate lakes near the Bahr el Merdj misrepresented as joining that large swamp. I find its neighbourhood similar to the most fertile grassy prairies. There are many populous villages even now and many ruins of ecclesiastical buildings and of some pagan temples, where maps usually represent only an empty wilderness or desert. — I find that even the newest plan of Jerusalem, published by Williams, although in the whole excellent, is erroneous in those very points in which it chiefly differs from Catherwood, Schulze and others; in points to which Williams draws particular attention and which he deems, by the authority of the Royal engineers, to be established beyond all doubt.

I find in a book printed in the present year at

Paris, that the writer experienced about Easter 1848 at Jerusalem a heat of 63° centigrade and I think that Dove has registered some heat nearly as standing on the authority of Rochet d'Héricourt experienced on the lowlands between the Red Sea and Abessynia. I find that most recent travellers deny again that the snowline of the Himalaya descends lower on the southern than on the northern side. — With such facts before me I cannot doubt that even the science so nobly represented by the Physical Atlas is capable to be promoted in as much as it is based necessarily upon the accumulative testimony of fallible and sometimes very inaccurate observers. I am convinced that inaccuracies to be corrected must be of more frequent occurrence in the interior of Asia, between the Caspian Sea and India, than in countries so frequently visited as the peninsula of Sinai, Arabia Petraea and Syria or Aden. But even in these countries people, yet respectable travellers, have made mistakes in reporting the nature of Rocks. The depression of the Dead Sea and that of the lake of Tiberias and the elevation of Carmel and of other mountains has been stated up to a late period in the most contradictory manner. The statements of latitude and longitude of most places on the maps of Syria are based on the pace of horses and mules in a country where the whole road consist of combinations of horizontales with perpendicular curves.

I have been told that Humboldt in the aspects of nature has mentioned my African expedition in a favorable manner. I have not been able to procure this volume, but I should like to see the opinion of such a man and to come to the same if he has spoken favorably.... If this is really the case, I might hope from him also for some sympathy with the treatment which I have experienced. I have written to him from Damascus. I have neglected then to mention, that during the uncertainty of my movements I would request that answers to my letters might be recommended to the care of either the Prussian or the English consulate at Beyrout. I think that the Prussian consul general would comply with my wish to forward my letters, in case I should have started for some more distant regions. I would humbly request Professor Zeune and Professor Berghaus to consider the contents of this letter and afterwards to transmit the same to A. K. Johnston Esq. at Edinburgh. As my journey has been before the public I cannot wish that any misstatements should remain in circulation by which some persons now wish to palliate or exculpate their mistakes committed against my expedition. Therefore I have no objection to see some portion or whole of this letter printed, in case it could seem to rectify errors in circulation concerning the termination of my African expedition and my subsequent movements in Asia.

An answer would oblige,

Gentlemen,

your obedient humble servant,

Friedrich Bialloblotzky.

8. Humboldt's Begleitschreiben

bei Rücksendung des vorstehenden Briefes, den ich ihm zur Kenntnißnahme mitgetheilt hatte, lautete so:

40.

(Erhalten 6. November 1850.)

Ich habe einen ebenso unnützen und uninteressanten Brief von Herrn Bialloblotzky aus Damascus gehabt, voller Invectiven gegen Beke und die Royal Geographical Society. Ich habe ihm nicht geantwortet und natürlich sein Geschmiere nicht drucken lassen, was er verlangte. Er ist ein Mensch ohne alle Spur von jenen Vorkenntnissen, die allein zu einer Reise geschickt machen können. Wie alle Unwissende zweifelt er an Allem, was Andere gethan, an der Depression des Todten Meeres!! der Höhe von Jerusalem und des Sinai, dem Schnee des Himalaya, der Benennung der Gebirgsarten, u. s. w., u. s. w.!!

Da es auch ewigen Schnee unter den Tropen an der Westküste von Afrika giebt, so möchte die Aehnlichkeit mit Südamerika wohl nicht so sicher sein.

Freundschaftlichst   Ihr

Dienstag Nacht.   Al. Humboldt.

Während meines langen Verkehrs mit Humboldt, der die Dauer eines ganzen, noch dazu sehr verlängerten Menschenalters, von 1815—1850, umspannt hat, habe ich den Mann, der sonst das Wohlwollen selbst war, weder in der mündlichen Unterhaltung noch im Briefwechsel so entrüstet gefunden, als im vorliegenden Falle, den ich als einen durchaus außerordentlichen bezeichnen muß. Freilich liebte es Humboldt, einen gewissen beißenden Spott über Unwissenheit in reichlichem Maaße auszugießen, wenn sie mit anmaßlichem Vordrängen zur Schau gestellt wurde; allein dieser Spott traf zunächst unmittelbar die Sache, und dann erst mittelbar die Person und war stets durch jene Gutmüthigkeit gemildert, die einen hervorragenden Grundzug seines Wesens bildete. Durch Bitterkeit, oder gar Hohn, war sein Urtheil über den Mitmenschen nie verunstaltet!

41.

(Erhalten 27. November 1850.)

Ich habe Gelegenheit Freitag den Croquis einer Carte von Ober-Californien und dem Utah-Salzsee, der mir zur Correctur geschickt worden ist, nach Paris zurückzusenden, und muß Sie daher, theuerster Professor, bitten, mir morgen nur auf Einen Tag die

Carte von Preuß mit Frémont's Memoir on Upper California,

die ich Ihnen vor vier Wochen geliehen, zur Ansicht zu geben. Sie sollen sie zurück haben, wenn Sie sie anders benutzen wollen (bis zu Neujahr).

Freundschaftlichst

Ihr

Dienstag Nacht.   Al. Humboldt.

42.

(Erhalten 1. April 1851.)

Sie sehen, mein theurer Freund, aus einem Briefe von Sir William Hooker, daß endlich Antwort wegen Ihres geographischen Treatise für die indischen Schulen und der damit zusammenhängenden Geldsache zu erwarten ist, daß er aber dringend um eine Quittung für das Empfangene bittet. Wie haben Sie so poetisch dies versäumt? Behalten Sie ja den Brief!

Mit alter Anhänglichkeit

Ihr

Dienstags.   A. Humboldt.

Letter from Sir William Hooker to Baron Humboldt.

Royal Gardens, Kew, Febr. 20, 1851.

My dear Baron, — Chevalier Bunsen will kindly forward to you ½ a dozen copies of my Son's letter to you, which you have so kindly permitted me to publish.

By letters I have received to day I find that Dr. Hooker has completed his botanical researches in the Khosya hills, which he found eminently rich in plants. „22 species of Oak all from below 5000 feet; some from that of 60°; on the plains an Camellia, Willow, Horse-Chestnut, and sweet Chestnut and Pinus, — all such as I used to consider typus of a temperate climate are here found an Indian blazing seen at from 1000 to 2000 feet. Palms and tree-ferns at elevations of from 6—7000 feet". — The latter, or second portion, of the Sikkim collections in 9 large Cases, arrived safely last week. All the Khosya collections, loading a great Oak, express, were sent from Pundua, and Falconer received them at Calcutta and shipped them for England.

Drs. Hooker and Thomson had reached Chittagong when they found again a new vegetation; Dipterocenaus and Proteaceae, such as Stelicia and Rhopala. By this time I think they will have returned to Calcutta and probably be on their way home.

I did not fail to write to my son about Berghaus and the work on physical Geography. I fear that Hodgson's illness may have occasioned some delay.

But this will soon be explained, for Dr. Hooker will have seen Mr. Bethune at Calcutta, who, I believe had taken charge of the continuation. I wish Prof. Berghaus would kindly send to me 2 lines to say he received the first payment from me: for I have nothing to send to India to shewn that I transmitted the money.

It was very kind of you to write to me about Bonpland and the Victoria. I had scarcely received your letter when I received a communication from Bonpland himself on the subject.

Believe me, my dear Baron Humboldt, with the highest respect and esteem your faithful friend and servant

W. J. Hooker.

Anderthalb Jahre waren verflossen, seitdem wir über die Angelegenheit des „geographischen Traktats für die turkischen Schulen" weder von Sir William Hooker, noch aus Indien von seinem Sohne und von Mr. Hodgson selbst Nachricht empfangen hatten. Humboldt erkundigte sich oft nach dem Stande meiner Arbeit und forderte mich auf, nicht zu ermüden: „Wir haben es ja mit christlichen Leuten zu thun!" pflegte er wiederholt zu äußern. Um die Mitte des Winters 1850—1851 wurde ich mit der ersten Abtheilung des Mfc., die physikalische Erdbeschreibung enthaltend (f. III. 55—60), fertig. Ich übergab das Mfc. an Humboldt zur Durchsicht. Als er es mir bei einem Besuche zurückgab, war er so freundlich zu äußern, daß er mit meiner Arbeit vollkommen einverstanden sei, daß er auch nicht eine einzige Bemerkung über Einschaltung oder Verbesserung zu machen Gelegenheit gehabt habe, und den Ausdruck im französischen Stil scharf und präcis, auch an geeigneten Stellen sogar elegant finde. Auf meine Frage, ob er es für rathsam erachte, nunmehr auch den zweiten oder geographisch-statistischen Theil des Buchs, die Länderbeschreibung (f. III. 61) vorzunehmen, antwortete er:

Nein, lieber Freund, thun Sie das nicht; ich will erst an Sir William Hooker, nach Kew, schreiben, der ist uns der nächste, und ihn fragen, ob aus Indien noch keine weiteren

Bestimmungen eingegangen seien, namentlich was den Punkt des Honorars betrifft, wozu die Mittel zweifelhaft geworden zu sein scheinen! Würden Sie fortarbeiten, so wäre es am Ende möglich, daß Sie umsonst gearbeitet hätten. Ueberdem, haben wir erst bestimmte Nachricht, die Sie ermuthigt, den Schlußtheil des Buches zu schreiben, so ist ja dessen Inhalt so angethan, daß Sie ihn aus dem Aermel schütteln können! Also rathe ich, die Arbeit zu sistiren, auch die Zeichnung der Karten; ich werde bald an Hooker, den Vater, schreiben.

Diese Unterredung fand in der Mitte des Monats Januar 1851 statt. Was die Karten betrifft, so war der Zeichner der drei ersten Blätter, mein Reise-Hermann Bergbaus, im October 1850 einem ehrenvollen Rufe von Perthes nach Gotha gefolgt. Er hatte seit einem Jahre nicht an der Fortsetzung dieser Karten gearbeitet, weil er dringendere Geschäfte zu erledigen hatte. Nach seinem Abgange wurden aber die Karten zum indischen Buche wieder vorgenommen, indem ich den letzten der mir — treu gebliebenen Zöglinge der geographischen Kunstschule, meinen lieben Theodor Schilling (jetzt, 1863, Registrator im Kriegs-Ministerio zu Berlin), mit der Fortsetzung beauftragte. Daß nun auch diese Arbeit, nach Humboldt's Rath, eingestellt wurde, versteht sich von selbst.

Humboldt hatte an Sir William Hooker geschrieben, und dieser unterm 20 Februar 1851 geantwortet. Seltsamer Weise schickte mir Humboldt den Brief erst acht Wochen nach dessen Empfang. Als ich ihn bekam, war ich eben mit Vorbereitungen zu einer Reise nach Westfalen beschäftigt, die ich am folgenden Tage, den 20 April 1851 antreten mußte. Ich hatte daher nicht Zeit, Humboldt's Billet in Bezug auf das „poetische Versäumniß" zu beantworten, und ihn zu erinnern, daß meine Anzeige von dem Empfange der £ 75 am 4 Novbr. 1849 an Sir William Hooker abgesandt worden sei (s. III, 99). Die Reise nach Westfalen zu meinen Geschwistern unternahm ich aus Gesundheitsrücksichten. Ich litt seit dem Sommer 1850 an einem hartnäckigen Wechselfieber, das vor keinem Mittel der Pharmacopoea weichen wollte. Luftveränderung! Befreiung von allen gewohnten Geschäften! Das ist, sagte mein Arzt, noch Mittel, die wir anwenden können, den Feind zu bannen. Bleiben Sie so lange fort, bis er nicht mehr bei Ihnen anklopft.

Ich rei"te! Ich befolgte den Rath meines Arztes: ich blieb lange fort. Die Fieberanfälle wurden immer seltener und schwächer, und Anfangs Juni hatte ich seit vierzehn Tagen keinen Anfall gehabt. Ich kehrte also nach Potsdam zurück. Kaum aber war ich in den Kreis meiner Pflichten wieder eingetreten, als die Krankheit unter heftigeren Symptomen, als je zuvor, wieder auftrat. Das Fieber nahm einen gefährlicheren Charakter an; aus einem intermittirenden war ein ständiges geworden; Wechsel von Hitze und Kälte machte mich zu Allem unfähig. In diesem Zustande körperlichen Leidens, der auf Geist und Gemüth drückend wirkte, empfing ich folgenden Brief von Humboldt:

43.

(Erhalten 12. Juni 1851.)

Ich sehe mit Verwunderung und vielem Schrecken, theurer Professor, daß Sie die Quittung für das von Sir William Hooker bereits empfangene Geld nicht nach Kew gesandt haben. Haben Sie geschrieben, so ist Ihr Brief verloren gegangen. Ich bitte Sie daher, — mir selbst das Duplicat der Quittung (Duplicat, wenn Sie schon einmal eine Quittung geschrieben haben) mit einem erläuternden Briefe an Sir William zu schicken, und baldigst. Ich werde diese Quittung und diesen Brief dann durch den Minister Bunsen an Sir William Hooker selbst besorgen. Da mein Name in dieser kleinen Unterhandlung genannt worden ist, so ist es meine Pflicht, Hrn. William Hooker zu seinem Gelde nach so langer Zeit zu verhelfen. Es scheint mir natürlich, daß man über die Fortsetzung Ihrer sehr wünschenswerthen Arbeit nicht eher bestimmt antworten wird, bis eine so nothwendige Förmlichkeit von Ihnen erfüllt ist.

Ich muß bitten, daß Sie die Quittung nicht in Ihren versiegelten Brief an Sir William Hooker legen, sondern mir offen und besonders schicken, damit der Minister Bunsen die gehörige Sorgfalt mit der Uebersendung nehme. Er wird begreifen, wie ehrenvoll für unser Vaterland ein solcher Auftrag aus Indien ist.

Mit der freundschaftlichsten Anhänglichkeit
Ihr

Donnerstag 12 Juni   Al. Humboldt.
1851.

Aergter durch meinen Krankheitszustand fühle ich mich, ich kann es nicht leugnen, versetzt durch den Inhalt dieses Briefes und erst nach sechs Tagen war mir der Kopf freier, um geordnet denken zu können. Mein Unmuth hatte sich unterdeß auch verloren. Ich schrieb am 18 Juni an Humboldt, wie ich beim Einkassiren des Wechsels, den mir Sir William Hooker vor zwei Jahren geschickt, dem Berliner Bankhause eine doppelte Quittung hätte geben müssen, und ich überdem eine dritte an Sir William geschickt hätte (f. III, 99, 180); daß diese nicht in seine Hände gekommen, wäre nicht meine Schuld. Ich wäre mir bewußt, kein „poetisches Versäumniß" begangen, sondern den regelrechten Weg in dieser „sehr prosaischen" Angelegenheit ganz geschäftsmäßig beschritten zu haben. Seinem Verlangen gemäß überschickte ich noch einen vierten Empfangsschein für Sir William, bäte ihn aber, mich von einem Schreiben an denselben zu dispensiren — meines Gesundheitszustandes halber!

44.

(Erhalten 19. Juni 1851.)

Mitten in dieser bewegten Zeit (eine Bewegung, welche die Anwesenheit des Fürsten von Warschau noch vermehrt) danke ich Ihnen, theurer Professor, für die zum 4ten Male gegebene Quittung und Ihre freundlichen Zeilen. Auch beklage ich innigst Ihr langes Fieberleiden!

Da Sie selbst nicht einen eigenen Brief an Sir William Hooker schreiben wollen und ich aus Ihrem Briefe übersetzen muß, so muß ich Sie bitten, mir morgen noch einige Zusätze zu schicken. Was mich Ihren Freund befriedigt, kann einen, der Ihnen ganz fremd steht, nicht befriedigen, in einem Lande, wo alle Gelehrte zugleich auch — Geschäftsleute sind! Wie soll Sir William glauben, daß bei der Berühmtheit seines Namens und Amtes im Königl. Garten zu Kew, Briefe unter seiner Adresse von Ihnen auf die Post gegeben nicht in seine Hände kommen, da er eben so die meinigen 3—4 Mal im Jahre erhält.

Es liegt mir zu sehr an der Vollendung Ihrer Indischen Geographie und an dem Vertrauen zu geschäftlicher Ordnung, als daß ich Sie nicht bitten sollte mir bis Morgen (ich halte den Brief an Minister Bunsen noch auf) einige Worte mehr zu schreiben. Nennen Sie doch, da Sie eine Anweisung auf 75 Pfd. St. erhielten, den Bankier, der Ihnen zahlte und dem Sie die erste Quittung in duplo im Jahr 1849 gaben; lassen Sie mich doch schreiben, daß Sie den Brief nach Kew einem vielleicht sorglosen Freunde anvertraut, u. s. w.

Sie sehen, daß ich für die Eindrücke in einem Lande, wo Sie sich verdienter Weise einen schönen Namen erworben haben, für Sie mehr und ernster besorgt bin, als Sie selbst.

Freundschaftlichst

Ihr

Potsdam d. 19 Juni 1851.   Al. Humboldt.

Ich gebe so eben wegen einer Wahl in der Akademie nach Berlin, komme aber die Nacht wieder.

Ich soll doch schreiben, daß Sie zur Fortsetzung bereit sind, wenn sie unter denselben Bedingungen gefordert wird?

Trotz des heftigen Fiebers, das mich an diesem Tage (19 Juni) heftiger schüttelte, als je, beantwortete ich diesen liebevollen Brief doch

sogleich, indem ich alle Specialitäten anführte, die auf den ärgerlichen
Fall des Verlorengegangenseins meines Briefes nach Kew vom 4 Nov.
1849 Bezug hatten. Cäsar in Hamburg hatte ich um die Beförderung
desselben gebeten (III, 99).

45.
(Gibaleen 8. September 1851.)

Ich freue mich, theurer Professor, Ihnen sagen zu können,
daß Dr. Joseph Hooker (der sich eben mit der Tochter eines
Professors in Cambridge verheirathet hat und im Begriff
steht von Edinburgh, wohin er die Hochzeitsreise unternommen
zu haben scheint, nach Kew zurückzukehren) sehr — sehr die
Fortsetzung Ihrer Geographie für Indostan wünscht. Er
schreibt mir, 25 August, aus Edinburgh auf das freundlichste
und ehrenvollste über Sie:

> The receipt of Prof. Berghaus is most accep-
> table. I am quite sure that those formerly sent
> must be safe somewhere perhaps in the hands of
> my Father's Bankers or elsewhere; but he has never
> received them and regrets equally with myself the
> trouble you and Prof. Berghaus have been put to.
> I write to that gentleman by this opportunity. The
> letter authorises him to proceed with the work so
> admirably begun and to forward the remainder to
> Sir William Hooker who will pay the rest (£ 75)
> on their receipt, to any House Mr. Berghaus may
> direct. Mr. Hodgson remains in Dorgiling in very
> bad health.

Ich bitte Sie nun recht bald an Sir William Hooker
(Royal Gardens at Kew) zu schreiben, daß auf Antrag seines Sohnes (25 August 1851), den Sie eben durch mich

erhalten, Sie die Arbeit fortsetzen werden. Die letzten 75 £ St. würden Sie fordern, wenn Sie das Ende des Msc. einsenden könnten, oder auch vorher eine Theilzahlung. Sagen Sie etwas Lob für den Sohn, über das, was er geleistet hat.

Die mittlere Höhe von dem östlichen Theile von Thibet, den Joseph Hooker gesehen, hält er etwas höher als 1600 Toisen. (Ich habe, wie auf meiner Carte de l'Asie centrale steht, ja 1800 Toisen = 11,500 feet angegeben.)

Level of Yarou, sagt Hooker, is 13,500 feet (gewiß ein Schreibfehler für 15,500 feet, Mittel von 15,000 and 16,000 feet); level of the Indus near Ladak 10,500 feet = 1641 t. I suspect the whole on average 15000—16000 feet oder zwischen 2345 und 2500 t.

Wenn die Gegend um Ladak im westlichen Thibet nur 1650 t und der östliche, wo die heiligen Seen liegen, 15,500 feet = 2420 t, so werden beide Thibet, das östliche + westliche, von dem ich rede, auch nicht viel mehr mittlere Höhe als 1800 t haben.

Das eigentliche Mittel der Zahlen von Hooker ist
Oestlicher Theil, Yarox 15,500 feet
Westlicher Theil, Ladak 10,500 —
Mittel 13,000 = 2035 t.

also nur 200 t über 1800 t, $1/_{10}$ mehr. Wer würde aber wagen, bis auf $1/_{10}$ die mittlere Höhe der Schweiz auszusprechen?

Corrigiren Sie meine Reductionen!

Freundschaftlichst Ihr
Berlin 6 Sept. Al. Humboldt.

Schreiben Sie bald nach Kew, damit das Geschäft, das Ihnen Ehre bringt, fortgeht.

Sie können dies benutzen, aber ich besitze einen sehr interessanten Brief, sehr neu aus Chili über Erdbeben und Meteorologie (Regen) von Lieut. Gillies, dem Astronomen, den ich soll bald drucken lassen. Ich kann ihn Ihnen nur geben, wenn Sie im Stande sind zu versprechen, wann ohngefehr er heraus kommen kann?

Letter from Dr. Joseph D. Hooker to Prof. Berghaus.

(Erhalten 6. September 1851.)

Care of Baron Humboldt:

My dear Sir, — I am surprized and vexed to find, from a letter of Baron Humboldt, that the receipts for the £ 75 St. sent by you through the bankers have never been received by Sir William Hooker, and much regret your having been put to the trouble of sending another, which (dated 18 June 1851) has been duly received by me.

Mr. Hodgson desires that the remaining Maps be proceeded with as soon as you conveniently can and that they be forwarded as before to Sir W. J. Hooker (Kew) who will, on the receipt of them, at once pay the remaining £ 75 as you may direct.

Believe me &c. &c.

Aug. 25/51. Jos. D. Hooker.

Hindernisse, die nicht aus dem Wege zu räumen waren, verzögerten mein Schreiben an Sir William Hooker bis zum 21 September. Vor dem Abgange legte ich es im Concept Humboldt, der eben in Potsdam war, zur Genehmigung vor. Nicht allein, daß er mit dem Inhalte desselben vollkommen einverstanden war, er hatte auch die Güte, einige Verbesserungen im Ausdruck anzugeben.

Ich lasse dieses Schreiben so wie die ganze daraus entsprungene Correspondenz im Zusammenhange folgen, um den Ausgang eines Unternehmens darzulegen, welches auf dem Standpunkte seiner Bestimmung einen so edlen und hohen Zweck im Auge hatte und andrer Seits von allen dabei betheiligten Personen, insonderheit von Humboldt und von mir, auch von meinem Neffen Hermann Berghaus, als Verfasser der Karten, mit Hingebung und Liebe für die Sache in Angriff genommen wurde.

To Sir William J. Hooker, Royal Gardens, Kew, London.

Potsdam, ce 21 Sept. 1851.

Monsieur, — Par la lettre obligeante, dont Mr. votre fils, le célèbre voyageur de l'Océan Antarctique et de l'Himâlaya, a bien voulu m'honorer sous date du 25 Août dernier, j'ai eu le plaisir, de recevoir l'approbation du „Traité de géographie, destiné à l'instruction des écoles de l'Indoustan". L'éloge flatteur, exprimé par ce savant distingué et par Mr. Hodgson dans la lettre de Mr. Jos. D. Hooker à Mr. le Baron Alex. de Humboldt, prouve, que je n'ai pas manqué de trouver la voie directe pour la propagation des élémens des sciences géographiques parmi la jeunesse d'un peuple, dont l'imagination, en vertu des idées réligieuses, est toute une autre, que celle des peuples chrétiens. J'ai travaillé dans le même sens à la seconde partie du „Traité de la géographie physique", et je confectionnerai la partie purement géographique et statistique sans delai, pour remettre le manuscrit complet à votre disposition le plûtôt possible. En attendant j'ose vous prier, de vouloir bien me faire un payement de £ 25 par lettre de change de Mr. Baring, étant dans la situation de solder encore avant le 1er Octobre une collection de livres etc., dont j'avais besoin pour la composition de l'ouvrage. C'est pourquoi que je me flatte de l'accomplissement bienveillant de ma prière, dont Mr. le Baron de Humboldt a pris connaissance. Ce patron aussi célèbre qu'aimable m'a chargé ce matin de vous faire ses compliments respectueux et de vous prier, de vouloir bien avertir Mr. Joseph Dalton Hooker, qu'il répondra sous peu à sa dernière lettre.

Veuillez agréer l'assurance de la haute considération, avec laquelle j'ai l'honneur d'être,

Monsieur,
   vôtre très-humble serviteur
       H. Berghaus.

Letter from Sir William J. Hooker to Prof. Berghaus.

Royal Gardens, Kew, Sept. 24, 1851.

Dear Sir, — I have referred your letter which I had the honor to receive yesterday to my son Dr. Hooker, who is in possession of Mr. Hodgson's Views respecting the Geographical Treatise and is charged with the execution of all that gentleman's wishes.

I have the honor to be, dear Sir, your faithful and
    obedt. servant
     W. J. Hooker.

Letter from Dr. Joseph D. Hooker to Prof. Berghaus.

Kew near London, Sept 27, 1851.

My dear Sir, — In reference to your letter directed to my father, Sir William Hooker, and requesting an advance of £ 25 for the purpose of proceeding with the maps for the Hindoo School, I regret to say that I have no power to make any advance of this kind, being only an agent myself for the expenditure of money not my own. Very etc. etc.

Jos. D. Hooker.

To Dr. Joseph Dalton Hooker, Royal Gardens, Kew.

Potsdam, 12 Octobre 1851.

Monsieur, — En vertu de vôtre lettre du 27 Septembre, que j'ai reçue le 6 du mois courant, j'ai l'honneur de vous présenter — les feuilles 21 à 39 (pages 42—79) du Manuscrit pour le Traité de géographie à l'usage des écoles Hindous, avec la prière renouvellée, de m'accorder le payement sollicité de £ 25 Sterl., qui n'a pas le caractère d'une avance, mais celui d'une solution d'à compte. Le reste du texte et les autres cartes vous seront remises vers le 1er décembre prochain.

Agréez l'assurance etc. etc.

Berghaus.

An Oswald (Königl. Preuß. General-Consul) in Hamburg zur gefälligen Beförderung auf die englische Post geschickt den 13 October 1851.

B—s.

Letter from Dr. Joseph D. Hooker to Prof. Berghaus.

Royal Gardens, Kew. Oct. 28, 1851.

Dear sir — I have received the fragment of the Msc. you forwarded and have again to assure you that I have no power to remit you any portion of the £ 75, untill I am in possession of the complete Msc. and maps. At the same time I must remind you, that your system of sending me these letters and Mscs. by Post, putting me to an unusual and heavy charge for Postage, is quite unusual in such correspondence and perfectly needless. I have now paid 12 s. for postage *from you* alone, besides paying my answers to you.

I am, Sir, your obedient Servant

Jos. D. Hooker.

Humboldt, den ich durch persönliche Mittheilung mit dieser Correspondenz im Laufenden erhielt, gab sein Mißfallen zu erkennen, daß mein vollständig motivirter und von ihm genehmigter Antrag wegen Gewährung einer Theilzahlung des stipulirten Honorars keine Berücksichtigung finde, und nannte den in dem letzten Schreiben enthaltenen Vorwurf wegen des Postgeldes voll Entrüstung eine verwerfliche Kleinigkeitskrämerei, die er dem Dr. Joseph Dalton Hooler nicht zugetraut habe.

Überall ist es Sitte, sagte er u. a., daß, wenn das Gegentheil nicht ausdrücklich verabredet ist, das Porto, welches der schriftliche Verkehr zwischen Autor und Verleger verursacht, von dem letztern getragen wird. Und in unserm Falle vertritt Dr. Hooker, als Agent von Hodgson, die Stelle des Verlegers; ich würde es daher in der Ordnung gefunden haben, wenn Sie das Mscr. ganz unfrankirt nach Kew geschickt hätten, so aber haben Sie das Porto bis Hamburg getragen, und damit, wenn ich eben so genau rechnen will, wie Hr. Hooker, ein Geldopfer gebracht, welches bei der Geringfügigkeit des Honorars für Ihre schöne, so mühevolle Arbeit in Betracht zu ziehen ist. Ich erinnere mich nicht, daß in unserer ursprünglichen Correspondenz mit beiden Hookers, Vater und Sohn, und mit Hodgson, von einem Frankiren der Briefe und Sendungen, als einer Last, die Sie als Autor übernommen, die Rede gewesen ist. Ich schicke alle meine Mfc. unfrankirt nach Paris, und nur zufällig ist es wenn ich jetzt noch dann und wann die Gesandtschafts-Sendungen benuße, wie es, wie Sie wissen, in früheren Jahren regelmäßig der Fall war. Zu diesen kleinlichen Nergeleien, giebt sich auch in dem sonst so liebenswürdigen Dr. Hooker das englische Naturell wegen — money zu erkennen, von dessen Herrschaft sich selbst die Gelehrten nicht frei halten können. Überdem scheint es mir, als sei den Leßten das ganze Unternehmen leid geworden, eben wegen Mangel an — monoy, da die indische Regierung ihre Unterstüßung versagt haben mag. Man sucht, wie mich dünkt, einen Vorwand, um Ihnen die Sache zu verleiden, und darum rathe ich, die Vollendung des Mfc., an dem ja nur noch die „Länderbeschreibung" (s. III, 61) fehlt, einstweilen ruhen zu lassen und an den Karten nicht fortzuarbeiten. Sie können die Zeit besser benußen.

Am 7 December 1851 ging ein Brief bei mir ein, der auf der Vorderseite zwei Poststempel trug, der eine unvollständig ausgedruckt, davon nur „Indes or." zu erkennen war, der andere besagte: „India Paid": darüber stand geschrieben: „Steamer via Marseille": auf der Rückseite stand der Poststempel: „Darjeling, 1851 — Oct — 15, Paid: 1—8" Mit Rückblick auf den vorhergehenden Brief von Dr. Jos. D. Hooker und die Äußerungen Humboldt's will ich hier einschalten, daß ich für diesen Brief, dessen Concert ich aufbewahrt habe, 13½ Sgr. Postporto bezahlen mußte! Es war der folgende:

Letter from
Mr. B. H. Hodgson à Monsieur Berghaus, Podsdam, Berlin.

Dorjiling, Sikim, 10 October 1851.

My dear Sir, — I have been much concerned to find by a recent letter of Dr. Hooker's to me that You have not been permitted to get the work on physical geography out of hand nor to receive what remains unpaid of the stipulated payment for it.

Had the matter remained in my hands, such should not have been the case and in fact definitive instructions and funds much more than enough were placed by me long ago in Sir W. Hooker's hands.

Meanwhile the opportunity of bringing out the work in India under the highest official auspices occurred and was accepted by me, and when I had once made over the affaire to the Honble Mr. Bethune, I had scruples in meddling further and concluded that he would do the needful.

But first Mr. Bethune's weighty avocations and then his illness and death prevented the realisation of my expectations and even now I am unable to say what precise instructions have been sent to Europe by Mr. B's. successors.

Your Ms. was lately sent to me but I returned it forthwith first, for the reason above assigned and next, because I considered that any thing tending to further delay was then inadmissible. It would have been a delicate matter for me to offer suggestions on so ample a topic which might not have squared with the opinions of the Educational (?); and, if I had done so, I must have kept the Ms. and waited for books of reference not in my Library. So I sent the Ms. back at once, with a strong expression of my wish that You should at all events be allowed forthwith to get the work out of hand and be paid for it. I wrote at the same time to Dr. Hooker and even desired him to authorise

You to complete the Ms. without for the reference, in case he did not receive definitive instructions from elsewhere. I trust therefore that You have ere this been requested to complete the work and when You shall have placed the whole Ms. and drawings in Sir W. Hooker's hands, that gentleman will forthwith pay to You the remaining 85 £, under the instructions that I sent him and in every event.

In the hurried glance I threw over Your Ms. I saw that several points were express referred to me and I would gladly have attended to them, but for the reasons I have assigned. It is too late now to express any generaly opinion, else I might say that the physical branch should have been ampler, the others less so and that in request to the continent of India especially I could have wished to see its mountains, rivers, plateaux and plains more fully treated and their causal connexion plainly exhibited.

The Himálaya, the Sulimán, the Yûma, the Vindhia, the Sathpúra, the Gavilgarh, the Aravali, the Ghâts east and west, and the Nilgiris, with them several dependant water systems and slopes of plateau and plain, all called for such notice as must fix the students attention on the anatomy, physiology and physiognomy of his native land, or, in other words, on the causal connexion of all there features of Indian geography; and on other hands topics like several creeds of the world should have had their statistics only and curtly

given without any attempt to estimate the relative
characters and merits of these creeds.
Excuse this crude critique and believe me to be
Yours very faithfully
B. H. Hodgson.

Ich verstehe den guten Dr. Hooker nicht, sagte Humboldt, als ich ihm den vorstehenden Brief vorlegte. Wie kommt er dazu, so was nach Indien zu schreiben, wie im Eingange dieses Briefes steht? Hodgson unterdrückt sein Mißvergnügen nicht, und ich begreife vollkommen Ihre Verstimmung über Hooker's Verhalten in einer Sache, die nun drei Jahre schwebt, die wir, Sie und ich, mit so großem Eifer angriffen, und der Sie so viele gründliche Studien während einer langen Zeit gewidmet haben, welche Sie, auf dem prosaischen Standpunkte ihrer Verwerthung, besser hätten anwenden können! Werden Sie Herr Ihres gerechten Unmuths und antworten Sie Hodgson. Die ganze Angelegenheit scheint mir sehr verfahren zu sein! Warum schickt Hodgson das Msc. nach England zurück? Zur Vervollständigung? Die wäre vom Übel, da Sie Alles Wichtige, was in unserm ursprünglichen Plane festgestellt war, und der Hodgson's Billigung gefunden hat, überall berücksichtigt haben. Daß Sie in Ihrem Manuscript die Orographie von Indien nicht vollständig geschildert, sondern es Hodgson, dem genauen Kenner der Gebirgsgestaltung der Halbinsel, überlassen haben, Ergänzungen einzuschalten, habe ich, als ich das Msc. Wort für Wort durchgelesen, ganz in der Ordnung gefunden, daraus kann Ihnen durchaus kein Vorwurf gemacht werden.

Im Lauf der folgenden Wochen hatte ich Gelegenheit, Humboldt mehrmals zu sprechen. Er kam oft auf die Hooker-Hodgson'sche Angelegenheit zurück, mich in seiner wohlwollenden, liebenswürdigen Weise auffordernd, meinem Unwillen, dessen Berechtigung er einräumte, nicht länger Folge zu geben, sondern Hodgson's Brief endlich zu beantworten. Am 2 Februar 1852 war, bei einem Besuche, den ich Humboldt in Berlin abstattete, wiederum davon die Rede gewesen. Den zweiten Tag darauf empfing ich ein Briefchen von ihm, dessen Nachschrift also lautete:

46.

(Erhalten 4 Februar 1852.)

Vergessen Sie nicht Ihren ostindischen Brief bald zu beantworten durch Sir William Hooker in Kew aber in einem frankirten Briefe. Es gilt ein zu sicherndes Geschäft, das Sie in Gefahr setzen.

B. d. 3 Febr. 1852.　　　　　Ihr
　　　　　　　　　　　　　　　A. Ht.

Als ich am 2 Februar von Berlin nach Hause kam, entschloß ich mich, der Erinnerung meines Gönners eingedenk, noch an demselben Tage an Hodgson zu schreiben. Von diesem Briefe ist leider! wie gewöhnlich kein Concept vorhanden!

Letter from Dr. Joseph D. Hooker to Prof. Berghaus.
(Care of the Dr. Klotzsch, Berlin.)

(Empfangen 11. Februar 1852.)

My dear Sir, — I should be glad to know when the conclusion of the work on Physical Geography will be concluded. The Balance £ 75 is in my hands, but I am not authorized to pay any portion of it till the whole work is concluded, when it shall be paid over without delay.

Will you be so good as to inform me whether the maps of the first part were returned to you. I never saw them, though they went out to India to his Honourable Mr. Bethune. Mr. Bethune died suddenly last month and the impression is that the maps were sent to England or to you.

Should you not have them, will you tell me, whether you can supply copies of them? and what the expense would be; as, if they are not found their place must be somewhere supplied.

Believe me etc. etc.

Jos. D. Hooker.

Royal gardens, Kew, Febr. 6th 1852.

Das ist eine sonbere Geschichte, daß die schönen Zeichnungen abhanden gekommen sind, sagte Humboldt, als ich ihm Hooker's Brief zur Kenntnißnahme bei einem persönlichen Besuche in Berlin vorlegte. Und eine närrische Idee ist es von Hooker, vorauszusehen, daß die Karten an Sie zurückgesandt sein sollten. Ich wüßte gar nicht, zu welchem Zweck. Und Hodgson sprach in seinem neulichen Briefe an Sie von Zurücksendung Ihres Manuscripts nach England! Was hat das Alles zu bedeuten? Die Sache scheint mir sehr verfahren zu sein, wie bestimmt man auch den Wunsch ausspricht, das Ganze vollendet zu sehen. Wer ist denn dieser ehrenwerthe Hr. Bethune? Eine dritte Person, die uns beiden unbekannt ist. War dieser Hr. Bethune etwa derjenige, welcher die Geldmittel für die Abfassung der indischen Schulbücher hergab? Ich weiß von Nichts! Und nun ist er todt, und die Quelle ist versiegt! Es wird nichts anders übrig bleiben, als die verloren gegangenen Karten neu zu zeichnen. Ich rathe dazu.

Auf meine Bemerkung, es werde sich erinnern, daß die nach Indien geschickten Karten von meinem Neffen gezeichnet worden seien, und der= selbe . . . . . . unterbrach mich Humboldt rasch, wie es seine Gewohn= heit war, mit den Worten:

Ja, es waren wunderschöne Zeichnungen, und Jammer= schade ist es, daß sie spurlos verschwunden sind. Sollten sie etwa von Sir William Hooker — vertrödelt worden sein? Hooker, der Sohn, sagt ja ausdrücklich, daß sie ihm niemals zu Gesicht gekommen seien und Hodgson gedenkt ihrer in seinen Briefen auch nicht. Wird aber Ihr Neffe geneigt sein, die mühselige Arbeit noch ein Mal zu machen? Wird er, da er nicht mehr in Ihrem Hause, sondern in Gotha bei Perthes ist, es mit seiner dortigen Stellung und mit seinen laufenden Arbeiten vereinigen können?

Das etwa ist es, was ich nicht weiß, und weshalb ich ihn erst be= fragen muß.

Thun Sie das und sobald wie möglich. Dringen Sie in Ihren Neffen, daß er die Zeichnungen noch ein Mal mache. Wir müssen den Engländern zeigen, daß wir in Deutschland ein anderes, ein besseres Verständniß von dem haben, wie man physikalische Karten einrichten müsse. Zwar hat schon Ihr älterer Schüler, den Sie vor etwa 7—8 Jahren nach England geschickt, den Weg dazu gebahnt, aber so durchdachte und so geschmackvoll ausgeführte Zeichnungen, als die — verlornen Söhne Ihres Neffen waren, habe ich von Mr. Augustus Petermann, Esq., noch nicht gesehen. Wie kommt dieser junge Mann auf die Marotte, seinen Vornamen zu engliſiren und sich den Esq. anzuhängen, auf den er als Nichtengländer keinen Anspruch hat, in so fern er nicht naturalisirt ist.

Cb Septtres ber Poll fel, wiffe ich nicht, jab ich zur Antwort, auch
motivirtr Petermann's Art, (einen Bornamen englifch zu fchreiben, mit
bem Bunfche, fich ben Sitten bes Landes anzufchliepen, in bem er
jefst lebt.

Meine Antwort an Dr. Joseph D. Hooker war diese.

Potsdam, ce 4 Mars 1852.

Mon cher Monsieur! — C'est une chose très-désagreable que la perte des Cartes pour la première partie de la géographie générale et physique à l'usage des écoles-Hindous. Il m'a fallu demander mon neveu, Hermann Berghaus, l'auteur des Cartes, — et qui ne demeure plus chez moi à Potsdam, — s'il veut et s'il peut redresser la perte par un second dessin. Sa reponse ne m'est parvenue que ces jours-ci. Elle est affirmative. L'indemnité pour chaque carte est fixée à £ 12 Sterl. Décidez, si nous pouvons aller à l'oeuvre.

Tout l'ouvrage aurait été achevé, si vous aviez eu la bonté d'accorder le payement de l'honoraire, que j'ai sollicité en Octobre dernier. D'après les notions regnants chez nous autres Allemands c'est une chose aussi simple qu'usuelle d'accorder à un auteur non pas une avance mais une solution d'à compte pour la partie livrée d'un manuscrit. Ayez la complaisance de payer la somme de £ 25 Sterl. par billet de change, et j'aurai les moyens, d'accélérer la confection de l'ouvrage vers le mois de juillet prochain.

J'espère que vous avez reçu la lettre, que j'ai adressée à Mr. Hodgson sous date du 2 février dernier.

Monsieur le Baron de Humboldt, auquel j'ai parlé de la perte des Cartes, vous fait ses complimens.

Agréez l'assurance de la haute considération, etc., etc.

Berghaus.

Humboldt, dem ich auch diesen Brief vorlegte, sagte, nachdem er ihn gelesen hatte:

Kurz und bündig! Sie haben in diesen Zeilen Alles gesagt, was nothwendig war; ich würde nicht anders ge= schrieben haben. Ich freue mich unendlich, daß Ihr Neffe bereit ist, die Karten noch ein Mal zu zeichnen. Schickt er sie, so unterlassen Sie es ja nicht, sie mir zu zeigen, ich bitte Sie darum.

Als ich bemerkte, so weit wären wir noch nicht; ich müßte doch erst die Antwort von Dr. Hooker, der möglicher Weise erst mit Sorgfon conferire, abwarten, bevor mein Neffe die Arbeit anfangen könne, erwi=
derte Humboldt:

Sie haben Recht, daran dachte ich nicht gleich, ich dachte nur an das Schöne, was ich einst sehen werde, und in dem Punkte bin ich, wie Sie wissen, etwas ungeduldig! Kein Zweifel, daß Dr. Hooker Ihnen gleich antworten werde, und zwar zustimmend, hat er doch, wie es mir scheint, plein pouvoir von Hodgson, was er auch immer von no-authori= zation fabeln möge! Er wird sich beeilen, Ihnen zu ant= worten, da er ja selbst auf Vollendung dringt. Arbeiten Sie unterdeß fleißig an der Beendigung der in unserm Plan festgestellten übrigen Karten, damit Sie den Juli= Termin zur Ablieferung inne halten können. Ich hoffe auch, daß Hooker endlich zur Einsicht von der Billigkeit Ihres Verlangens wegen der Theilzahlung von £ 25 kom= men werde. Unterrichten Sie mich ja gleich von Hooker's Antwort; ich bin überzeugt, daß Sie es nach 8 Tagen thun werden. Eine längere Frist braucht Hooker nicht.

Die Frist war verflossen, und ich konnte Humboldt keine Nachricht geben von dem Eintreffen eines Hooker'schen Briefes. Er fragte deshalb schriftlich an in folgendem Briefchen:

47.

(Erhalten 25. März 1852.)

Haben Sie es denn, theuerster Professor, ganz vergessen, um was ich Sie bei Ihrem letzten Besuch gebeten habe? Ich wünschte gleich Nachricht von Hooker's Antwort! Sie muß doch längst in Ihren Händen sein. Schreiben Sie mir 2 Zeilen.

Freundschaftlichst

Ihr

Sonntags.   A. Ht.

Ich schrieb ihm zwei Zeilen. Einige Tage darauf sprach ich Humboldt in anderen Angelegenheiten. Nach deren Erledigung äußerte er seine Verwunderung, daß Dr. Joseph D. Hooker noch nicht geantwortet habe.

Ihre Vermuthung, äußerte er, daß Hooker erst nach Indien an Hodgson werde berichtet haben, dürfte wol die richtige sein, dann aber wird die Entscheidung ziemlich weit aussehend, und darum modificire ich heute den Rath, den ich Ihnen vor 14 Tagen wegen fleißiger Arbeit an den noch übrigen Karten gegeben habe: beeilen Sie sich nicht damit! Wie aber wird es, wenn die so gerecht als billig geforderte Theilzahlung ausbleibt?

Ich erwiderte darauf, daß er ja das Motiv zu dem, vor einem halben Jahre in dieser Beziehung gegen Sir William Hooker ausgesprochenen Wunsche kenne (s. III, 187, 188) und ich die Saldierung nicht länger aufschieben könne, da die Leipziger Ostermesse vor der Thüre sei, zu der alle Buchhändler-Rechnungen regulirt sein müßten, in meinem Falle um so mehr, als ich schon die vorjährige Ostermesse übersprungen hätte.

Am 3. April war ich in Berlin, um Humboldt sechs Abdrücke der Bolotowschen Karte von Inner-Asien persönlich zu überreichen. Ich fand ihn nicht zu Hause; er war in Charlottenburg. Ich ließ aber die Abdrücke in seinem Hause zurück.

48.

(Erhalten 5. April 1852.)

Vielen Dank für die Abdrücke der kleinen Bolotowschen Karte. Ich schreibe aber diese Zeilen nur um die Freude ausdrücken zu können, darüber, daß die Königin mir gestern in Charlottenburg auf das Wohlwollendste gesagt hat, wie angenehm es Ihr gewesen sei, Ihnen in der bewußten Angelegenheit haben nützen zu können. Geben Sie Sich keine Mühe zu antworten.

Freundschaftlichst

Ihr

Sonntags.   Al. Humboldt.

(Aus Berlin 4. 4.)

Die „bewußte Angelegenheit" gehört in meine „Denkwürdigkeiten von jenseits des Grabes." Hier sei nur erinnert an das, was über J. Maj. die Königin Elisabeth Luise, Gemalin Königs Friedrich Wilhelm IV, Wittwe seit dem 2. Januar 1861, nach zweijährigen Erfahrungen in der schwierigen Zeit von 1848 bis 1850 an einer frühern Stelle (III, 134) geäußert worden ist.

— — ———

Im Laufe des Sommers, so oft wir uns sahen, fragte Humboldt nach Briefen aus Kew oder Indien. Er war sehr verdrießlich, wenn ich ihm sagen mußte: Noch nichts angelangt! Endlich am 22 October 1852 kam, schwarz gerändert, der folgende —

Letter from Dr. Jos. D. Hooker to Prof. Berghaus.

Kew October 20th 52.

My dear Sir — I have communicated fully with Mr. Hodgson and the other gentlemen concerned in the continuation of the work upon Physical Geography which was undertaken by you, and have to inform you, that it has been unanimously decided, to accept your refusal to proceed with that work except you are prepaid; and in consequence you are requested to consider the agreement with you as cancelled.

I have also to inform you that the price you put upon the reproduction of the maps belonging to the first part is considered as quite unreasonable.

The fragment of Manuscript of the second part, which you sent me, shall be returned to you forthwith.

I have the honor to be, etc. etc.

Jos. D. Hooker.

Als Humboldt diesen Brief, den ich ihm persönlich überbrachte, gelesen hatte, sah er mich mit sehr ernster Miene an, und fragte:

Haben Sie, außer den Briefen, die ich gelesen habe, sonst noch an Hooker geschrieben, von dem ich in Unkenntniß geblieben bin?

Als ich ihn versicherte: Er habe Alles gelesen, und ich würde es nie gewagt haben, in der Sache weiter etwas zu thun, ohne seinen Rath einzuholen, weil sein Name mit der Angelegenheit innigst verflochten sei, erwiderte er:

Ich habe es von Ihnen erwartet! Ja, mein Name hängt mit der Sache innig zusammen; aber ich bin nicht zu eigenliebig, um einen großen Werth darauf zu legen. Was mich verletzt, das ist, daß Hooker Ihnen etwas in die Schuhe schiebt, woran Sie nicht gedacht haben: eine Theilzahlung für gelieferte Arbeit ist keine Vorausbezahlung, und selbst diese wäre nichts weniger als unbillig gewesen! Und die Forderung von 12 £ für Erneuerung der Karten — unvernünftig zu nennen, ist mehr als sich ertragen läßt; hätten Sie mich gefragt, was Sie fordern sollten, ich würde

Ihnen das Doppelte genannt haben. Als ich damals im Frühjahr Ihren Brief an Hooker las, fielen mir die 12 Pfd. wol auf als ein — Lumpengeld für so gründliche, musterhafte und geschmackvolle Zeichnungen, aber ich sagte nichts, weil ich dachte: Sie hätten den Preis absichtlich so niedrig gestellt, um die Leute nicht abzuschrecken. Hookers Brief betrübt mich auch, weil die Entscheidung, die in Indien getroffen worden ist, auf einer unwahren Berichterstattung beruht; es sei denn, daß er der französischen Sprache nicht so mächtig, um Ihre Briefe richtig verstanden zu haben. Hooker's wegen will ich diese letztere Vermuthung annehmen, also ein Mißverständniß aus Unkenntniß der Sprache.

Ich fragte, ob es angemessen sein werde, den Hooker'schen Brief zu beantworten?

Nein! sagte Humboldt, lassen Sie es. Wir sind es unserm Namen schuldig, nichts weiter in der Sache zu thun. Schließen wir mit diesem Briefe die Akten, von denen ich voraussetze, daß Sie alle Stücke zur Sammlung genommen haben, wie die Geschäftssprache der Beamten klingt. Ich habe das Bewußtsein, den Willen gehabt zu haben, für die Aufklärung eines großen Theils der östlichen Welt etwas Gutes gestiftet zu haben; und Ihnen kann ich mit Freuden das Zeugniß geben, daß Sie mich bei Ausführung meines redlich gemeinten Willens eben so redlich unterstützt haben. Es sind nun gerade vier Jahre her, daß wir dieses Unternehmen begannen und in diesem Zeitraum haben Sie manchen Verdruß gehabt, der Ihnen daraus entstanden ist; ich bin die mittelbare Ursache gewesen; zürnen Sie deshalb nicht; ich habe es gut gemeint, indem ich Ihnen damals den Antrag machte, auf den Sie bereitwillig eingingen, ohne daß weder Sie noch ich ahnen konnten, daß die Sache ein solches Ende nehmen würde. Heben Sie das fertige Manuscript und die schon vorhandenen Kartenzeichnungen gut auf; vielleicht findet sich in der Folge Gelegenheit, Beide zu verwerthen. Haben Sie die Akten mit der heutigen Unterredung geschlossen, so thun Sie mir wohl den Gefallen, nie wieder von dieser Angelegenheit zu sprechen. Man läßt sich nicht gern an Unangenehmes erinnern!

So wurden denn die Akten geschlossen am 23 October 1652 Ich habe noch hinzuzufügen, daß das Manuscript, welches ich am 12 Oct. 1851 an Dr. Jos. D. Hooker gesandt hatte (s. III, 169) und welches er in seinem Schreiben vom 20 October 1852 zurückzuschicken versprach, nicht bei mir eingetroffen ist.

1852.

Barth's afrikanische Reise betreffend.

49.

(Erhalten den 3. Januar, Vorm. 9 Uhr.)

Ich habe einen Schatz für Sie, ein Briefchen von Dr. Barth aus Kouka, das mir gestern, ich weiß nicht auf welchem Wege, in das Haus gekommen ist. Der Brief enthält in sehr langen, verwickelten Perioden viel Allgemeines. Ich soll ihn auf Befehl des Königs heute Nachmittag durch Ritter an Bunsen schicken, damit der neue Minister Lord Granville schnell über Tunis wirke. Ich muß Sie also bitten, mir sehr bestimmt den Originalbrief um zwei Uhr heute Mittag wieder zu bringen, nachdem Sie sich ihn abgeschrieben, um ihn zu benutzen, versteht sich ohne die scheußlichen Excellenzen. Sie bringen mir wohl eine Karte mit, damit Sie mir zeigen, wo ohngefähr Adamova, Baja, Yola, Diggar, Bagbrimmi liegen mögen.

Freundschaftlichst

Ihr

Al. Humboldt.

Freitags.

Sie kommen also mit dem Original um 2 Uhr, nicht früher nicht später.

Dr. Barth an Alexander von Humboldt.

Koufa den 13. August 1851.

Es ist jetzt schon eine geraume Weile, vier und ein halber Monat, seitdem ich mich in diesem Centrum von Central Afrika aufhalte und die ganze Sphäre dahier ist mir allmählig vertraut und heimisch geworden. Indem ich von diesem Mittelpunkt aus meine Forschungen nach allen Seiten ausdehnte, deren Resultate ich nur zum Theil nach Europa sandte, gewann ich einen weiten lebendigen Blick über diese weitoffenen Kreise des Völkerlebens und überzeugte mich, wie in Wahrheit dies der beste Platz zu Entdeckungen sei. Aber bevor an ein entschiedenes südliches Vordringen in jene noch bis vor Kurzem in so unburchdringliches Dunkel gehüllten Equatorialgegenden gedacht werden konnte, die jetzt anfangen sich in ganz anderem diesem Erdtheile ein ungleich höheres Interesse verleihendem Lichte darzustellen, mußte die bestimmt ausgesprochene Aufgabe der Expedition gelöst werden, das Centralbecken dieses Erdtheils vollständig zu erforschen. Leider erlaubte die Jahreszeit, zu der die beiden überlebenden Deutschen Reisenden sich hier zusammenfanden, nicht, in einer planmäßig angelegten Unternehmung die vorliegende Aufgabe mit Einem Male zu lösen; man mußte versuchen stückweise vorläufig zu thun, was möglich sei. So benutzte ich die endlich mir gebotene Gelegenheit, in leidlicher Sicherheit nach Adamaua vorzubringen, wohin schon seit langer Zeit meine Aufmerksamkeit gerichtet gewesen war, mit unendlicher Freude. Es war mir nicht vergönnt, von dem Hauptorte jenes Landes südlicher vorzubringen, und so auf jener westlichen Seite schon dies Mal ein helleres Licht über das Equatorialland zu verbreiten, was, wenn ich auch nur Baia erreicht hätte 12 Tagemärsche SO. von Yola, d. h. etwa 4° N. Br. auf dem Meridian von Kuka gelegen, mir vollkommen gelungen sein würde, aber was die Abgränzung der Centralbeckens von dem großen östlichen Zufluß des Kwara betrifft und die Erkenntniß der wahren Natur der im Süden des Tsad ganz vereinzelten und abgesonderten Berggruppe, deren Knoten keineswegs in der isolirten Bergspitze des Mendif zu suchen ist, wurde meine Absicht vollkommen erreicht und eine große Lücke unbekannten Landes ausgefüllt.

Es war jetzt meine Absicht, hier einige Zeit ruhig zu sitzen, um meine Forschungen und eigenen Anschauungen der südlichen Länder mir vollkommen bewußt zu werden, aber der Wezir ist zu besorgt um unsere Gesundheit hier in der Hauptstadt, die sich gegenwärtig aus einem ausgebrannten, glühenden Furnace in eine große Wasserpfütze verwandelt hat und mit Freude folge ich seiner Aufforderung, mich einem nach Borgu aufbrechenden Trupp Araber anzuschließen, um einerseits in den dortigen palmenreichen Wadien mit reiner gesunder Wüstenluft und frischem Quellwasser und ungemessener Kameelsmilch meine etwas angegriffene Gesundheit zu stärken, andrerseits wo möglich mit Hülfe der dort campirenden Auelad Riman jener wohlbekannten kriegerischen den Engländern befreundeten Syrten-Tribus den Bahhr il g'azal zu erforschen.

Gelingt uns dies und ist es uns möglich, in jenen nur durch Fresnell's Erkundigungen in jüngster Zeit etwas beleuchteten begünstigten Thälern der sogenannten östlichen Wüstenhalbe unsere Forschungen über die Nordgegenden Waday's auszubreiten, so betrachte ich, nach Overweg's glücklicher Beschiffung des Sees die direkte Aufgabe der Expedition als abgemacht und denke nur daran, wie am Schari oder am Digger entlang oder von Baghrimmi aus ich südlich vordringe. Ueber diese Landschaften zwischen Loggené und dem obern Nil südlich von Baghrimmi und Wadai habe ich reiche überans interessante Routennetze, deren Mittheilung ich nur noch zurückhalte, weil ich noch nicht Alles mir selbst klar gemacht und in Uebereinstimmung gebracht habe; hier greift leider meine mich in ganz andere Gegenden versetzende gegenwärtige Reise etwas störend ein. Jene ganze weite Ländermasse fängt so an sich zu füllen nicht mit erlogenen oder eingebildeten, sondern mit wahren Naturverhältnissen und Namen und die Möglichkeit, durch jene Länder einen Weg sich zu bahnen wird an der Hand eines wohlgeknoteten Fadens unendlich einleuchtender und zuversichtlicher. In der That, ich bin durchdrungen von dieser Möglichkeit, ja ich halte das Unternehmen, wenn wir einmal glücklich über die von Sklavenjagden heimgesuchte Zone der Heidenstämme hinaus sind, für keineswegs schwierig, und durch jene Zone muß uns der uns vorangehende gute Name, der uns von den Sklavenhetzen der Muslemin vollkommen absondert und der, wie wir ohne Uebertreibung sagen können, schon weit durch Afrika gedrungen ist, einen Weg bahnen. Meine Erfahrungen mit den Heldenstämmen flößen mir in dieser Hinsicht das beste Vertrauen ein und lassen mich eine wohlwollende argwohnlose Aufnahme hoffen. Die einzige Schwierigkeit ist mit unseren hohen Wirthen dahier und es kommt darauf an, daß die Englische Regierung durch ihre Konsuln dem Schech und Wezir ihren entschiedenen Wunsch kund thut, daß wir von hier aus an die Ostküste durchbringen. Wiederholt habe ich mit dem Wezir, der sich auf das Lebhafteste für all unser Thun und Unterfangen interessirt, hierüber gesprochen; er begreift vollkommen, wie lebhaft die Europäer bei ihrer schrankenlosen Wißbegierde wünschen können jene Masse unbekannten Landes aus dem Dunkel zu ziehen, aber er hält zwei Menschen nicht für hinreichend zu solchem Werke; seine Meinung ist, wir sollten erst heimkehren nach so manchen Ausbeuten und zehn Genossen zu jenem großen Unternehmen mitbringen.

In jedem Fall werden wir so Gott will im Stande sein, ein hübsches Stück auch auf der östlichen Seite ins Innere vorzudringen und noch ungleich weiter hinaus möglichst genau durch die Anschauung des bisher Gesehenen berichtigte Forschungen hinauszuschieben. Das Unternehmen ist so groß, daß ein ein- oder selbst mehrmaliges Mißlingen nicht abschrecken darf. Wir werden die materielle Möglichkeit dieses Unternehmens ganz besonders der Gnade Seiner Majestät des Königs zuschreiben, der ich durch Sie meinen ergebenen Dank abzustatten mich unterfange. Mögen Sie die Enthüllung jenes, wie sich nun ergibt, an Naturerscheinungen keineswegs armen Innern dieses Welttheils erleben und möge es mir verliehen sein, bei glücklicher werkvollbrachter Heimkehr Sie in voller Empfänglichkeit für die errungenen Fortschritte und in voller Mittthätigkeit wieder zu finden.

In hochachtungsvollster Ergebenheit
aufrichtigst der Ihrige
Dr. Barth.

Am 3 Januar, Abends. — Hr. von H. war überaus liebenswürdig, wie er es immer ist. Wir verfolgten auf der Karte Barth's Ausflüge von Kuka nach Adamaua, u. s. w. und freuten uns über den Unternehmungsgeist des Reisenden, seine eiserne Ausdauer, ein bestimmtes Ziel nicht aus den Augen zu lassen, und über die Menschenkenntniß, die er sich unter den afrikanischen Völkern erworben, kraft deren es ihm möglich geworden, das Vertrauen von Machthabern zu gewinnen, die in Folge ihrer religiösen Vorstellungen einer, von der unsrigen total verschiedenen Sphäre der Anschauung und Bildung angehören. Wir wünschen ihm und seinem Reisegefährten Overweg dauernde Gesundheit in Mitten des tropischen Klima und der Gefahren, denen der europäische Mensch unter der Sonne der Aequinoctiallinie und ihrer senkrecht fallenden Strahlen stets ausgesetzt bleibt.

Was es sagen will, bemerkte Humboldt, Monate lang unter einer Temperatur zu leben, die bei Tag und bei Nacht die nämliche ist, hab' ich am Orinoco zur Genüge kennen gelernt. Und im Innern von Afrika ist es mit der Hitze noch viel ärger. Schade, ewig Schade, — fuhr er nach einer kurzen Pause fort, — daß Barth von der ersten Grundlage aller Erdbeschreibung, von der Ortsbestimmung, nichts versteht. Durch diesen Mangel erleidet die Geographie von Central-Afrika große Einbuße an positiven Thatsachen. Als ich mich zu meiner großen Reise entschlossen hatte, war, mit Ausnahme der allgemeinen astronomischen Wahrheiten, meine

Kenntniß von dem, was man Sonnenhöhen im oder außer dem Mittag, oder was man Circummeridianhöhen u. s. w. nennt, so gut wie Null, und von der Behandlung eines Sextanten mit dem künstlichen Horizonte verstand ich gar nichts. Ich habe Ihnen das oft genug erzählt. Erst in Paris, als es sich entschieden hatte, daß ich mich nicht der ägyptischen Expedition, auch schwerlich der Baudin'schen See-Expedition anschließen konnte, habe ich mich auf der Sternwarte mit den ersten Erfordernissen eines Reisenden in unbekannten oder wenig bekannten Ländern beschäftigt und sie mir zu eigen zu machen gesucht. Die Pariser Astronomen sind mir dabei auf die liebenswürdigste Weise — wie das französischer Brauch ist — entgegengekommen. Barth hätte meinem Beispiele folgen sollen. An Encke und dessen astronomischem Generalstabe hätte er die bereitwilligsten Lehrmeister gefunden. Wie hat es Rüppel gemacht? Er ging nach Genua zu Zach in die Schule, und der Unterricht, den er genossen, hat der positiven Geographie von Ostafrika reiche Früchte getragen. Bei dem Mangel aller Ortsbestimmung schweben Barth's Reiserouten, sobald Overweg sich von ihm trennt, schweben und schwanken rein in der Luft. Wenn er nur auf den Einfall käme um die Mittagszeit einen Stock senkrecht in die Erde zu stecken und den Schatten desselben zu messen, wie es der wenig unterrichtete Caillié ganz schlauer Weise in Timbuctu gemacht, so hätte man doch einen Halt, wenn auch noch so rohen, für die Polhöhe wenigstens.

Nach einer kurzen, freiwilligen Unterbrechung — die freiwillige Unterbrechung ist in Humboldts Gesprächen eine Seltenheit, — fuhr er fort:

Meine Maxime ist es immer gewesen: — Zuerst eine Karte,

gegründet auf sichere Beobachtungen, damit man sich orientiren könne. Was hilft alle Erzählung von Merkwürdigkeiten aus den Naturreichen und dem Menschenreiche, wenn nicht der Fleck der Erde, an den diese oder jene Merkwürdigkeit gebunden ist, nachgewiesen werden kann nach seiner Lage unter dem oder dem Himmelsstriche! Ich bin weit entfernt, Barth's Verdienste zu verkennen, ich habe mich schon vorher darüber ausgesprochen; dennoch muß ich seinem Gefährten, Overweg darum den Preis einraümen, weil er es versteht, den Ort, wo er sich eben befindet, nach der Entfernung vom Äquator und von irgend einem als fest angenommenen Mittagskreise zu bestimmen. Bei Barth fällt dies leider aus! Wenn er nur wenigstens genaue Compaß-Messungen zur möglichst richtigen Orientirung seiner Reiserouten macht und den mittlern Schritt der Reitthiere in einem gegebenen Zeitintervall zu ergründen sucht, um nach diesen Daten eine leidlich-genaue Karte zu construiren! Overweg wird doch sicherlich in Koufa oder sonstwo die Declination zu bestimmen suchen.

Als ich einschaltete, daß in Rücksicht auf Ausführlichkeit und Genauigkeit von Compaß-Messungen und auf Entfernungs-Bestimmungen unter allen Reisenden in Afrika und im Morgenlande Ludwig Burckhardt den ersten Rang behaupte; nur als ich hinzufügte, daß Barth die wichtigen Nachrichten über den östlichen Sudan, welche dieser Reisende, und vor ihm Browne und Sehen, und nach ihm Lyon, so wie die eigentlichen Eröffner des lang verschlossenen Innern von Afrika, Dubois, Denham und Clapperton, gesammelt hätten, scheinbar nicht kenne, da er in seinem Briefe nur von Fresnel spricht, erwiderte Humboldt:

Daß er die von Ihnen genannten Namen nicht erwähnt, müssen Sie ihm nicht anrechnen; er hat sie nur zu schreiben vergessen; so viel ich weiß, hat sich Barth vor seiner Abreise mit den Arbeiten aller seiner Vorgänger sehr eifrig beschäf-

14*

tigt, er hat Alles gelesen, er hat sich Auszüge gemacht oder machen lassen, und sich in Historie und Lingulſtik auf einen Standpunkt geſtellt, von dem er nicht ſo leicht von einem Andern verdrängt werden kann. Wenn er nur ein fließenderes Deutſch ſchreiben könnte, ſein Periodenbau iſt doch gar zu verwickelt, in dieſer Beziehung iſt Barth faſt ein anderer Herr Ludwig von Baiern. Sie haben Recht, die drei Engländer ſind die erſten geweſen, welche die Pforten Nigritiens aufgeſchloſſen haben. Barth's ſchwarzer Freund, der Weſir von Bornu, hat eine ganz geſunde Anſicht, die ich vollkommen theile: zehn Mann doch müßte eine wiſſenſchaftliche Expedition ins Innere vorrücken. Wo aber werden ſich zehn wiſſenſchaftlich gebildete Männer finden, die bereit ſind, ihr Leben für einen Zweck in die Schanze zu ſchlagen, den der große Haufe der Zeitgenoſſen, der nur auf materiellen Genuß des Lebens ſieht und nicht über die Gränzmarken ſeines Weichbildes hinausblickt, für einen eingebildeten hält! Das Leben ſetzt aber Jeder ein, der ſich unter die afrikaniſche Tropenſonne begiebt. Und fände ſich auch eine ſo große Zahl von Männern, wie der Weſir vorgeſchlagen hat, wer ſoll die Koſten einer ſo ungeheuern Ausrüſtung tragen? Unſrer Seits iſt das unmöglich; das Geld wird zu anderen, wie man ſagt, wichtigeren Dingen gebraucht; man mag Recht haben, beſonders ſeitdem vor vier Jahren der beſchränkte Unterthanen-Verſtand, wie der lebensluſtige Rochow, oder unter ſeiner Firma einer der Herren wirklichen geheimen Ober-Regierungsräthe, ſich ausgedrückt, die Kühnheit gehabt zu dem Verlangen, ein Wort wieder mitreden zu wollen über Einnahme und Ausgabe des — demokratiſchen Geldbeutels! Angenommen, es wäre möglich, den König

für die Idee einer so großartigen Expedition ins Innere
von Afrika zu gewinnen, was ich aber für ......
.... glauben Sie, daß die superklugen Kam-
mern, wenn ihnen vom Finanzminister so ein Vorschlag von
$\frac{1}{2}$ Million gemacht würde, in ihrer hochnothpeinlichen Hals-
gerichts-Sitzung zunicken werden für Reisen zu den Schwarzen?

Ich lachte und meinte, eine derartige Expedition könne nur von
England ausgehen, wo man gewohnt sei, mit dem allgemeinen Ziele
menschlicher Gesittung nahe liegende praktische Gesichtspunkte von Han-
del und Wandel ins Auge zu fassen, zu deren Erreichung jenseits des
Kanals kein Kostenaufwand gescheut würde. Wäre doch die gegenwärtige
Expedition von Richardson, Barth und Overweg ebenfalls von diesem
Gesichtspunkte ins Leben gerufen worden.

Die Engländer, fuhr Humboldt fort, diese, mit wenigen
Ausnahmen, rein kaufmännischen Naturen, verstehen erst recht
zu rechnen; ich habe davon die traurige Erfahrung gemacht
mit einem Londoner Buchhändler vor etwa dreißig Jahren,
und machen Sie nicht selber diese Erfahrung in diesem
Augenblick auch mit einem Engländer, der noch dazu ein
Gelehrter ist! Aber das Rechnen, ja Feilschen, ist jedem
Engländer zur andern Natur geworden, mag er ein Herzog
sein oder ein Lastträger; er saugt den Sinn für — Geld-
gewinn mit der Muttermilch ein, dieser Sinn ist beim englischen Volke zu einer Manie geworden. Dazu kommt seine
geringe Neigung die Verdienste andrer Nationen anzuerken-
nen, worin die Engländer eben so große Meister sind, als
die Franzosen. So ist die Regel, die auch ihre Ausnahmen
hat. Blickt man in England doch schon jetzt scheel auf die
deutschen Reisenden in Afrika! Ich soll, wie ich Ihnen diesen Morgen schrieb, nach des Königs Befehl an Bunsen
schreiben, daß dieser sich beim Foreign Department für

Barth's weitere Reisepläne verwende, damit die allmächtige englische Regierung dem Schech und Wezir von Bornu einen Wink geben lasse, was sie in Bezug auf unsere Reisende wünsche, d. h. was sie — verlange.

Ist es nicht ein drückendes Gefühl für uns — Deutsche, unterbrach ich, daß wir, in fremden Landen, in anderen Erdtheilen reisend, Schutz vor Vorschub einer auswärtigen Regierung nachsuchen müssen; daß sich zur Befürwortung dieses Gesuchs ein König herbeilassen muß, der die selbsteigene Macht zur Schutzgewährung haben könnte, wenn . . . . . . Humboldt ließ mich nicht ausreden; mit dem seinen Lächeln, was ihm so eigen ist, fiel er mir ins Wort.

Ich weiß was Sie sagen wollen! Aber erinnern Sie sich, was ich vor drei Jahren hier an der nämlichen Stelle zu Ihnen sprach, als Sie von den Schlußverhandlungen in der Paulskirche begeistert waren und die Kaiser-Deputation auf dem Wege nach Berlin war! Lassen wir Das! Ich habe außer den afrikanischen auch von asiatischen Dingen mit Ihnen zu reden.

Ich habe die vorstehenden Äußerungen Humboldt's in der heutigen Unterhaltung (deren Schluß weiter unten folgt) so wortgetreu als nur immer möglich in diesen Aufzeichnungen wiederholt.   B.

50.

(Eingegangen den 4 Januar 1852.)

Vielen Dank für das Kärtchen, das mich sehr interessirt hat; auch erfolgt das Journal of the Roy. Geogr. Soc.[1]). Den Brief von Barth an mich können Sie ganz abdrucken lassen, ohne die lächerlichen Excellenzen. Vergessen Sie nicht, daß der Brief wie auf der Adresse stand von

Koula abgegangen war den 20 August 51. Er scheint viel neuer als alles andere²). Der geographischen Gesellschaft³) (wie Rittern und Bunsen) gehört das ganze Verdienst der Reise⁴). Die erforderlichen Geldmittel hat der König bei der Abreise gar nicht gegeben. Der König hat erst ein Jahr nach der Abreise, durch Bunsen aufgefordert, einen Zuschuß bewilligt. Die geographische Gesellschaft sendet jetzt ein zweites tausend Thaler⁵). Von den drei Reisenden⁶) ist der Arzt allein auf der Reise gestorben und räthselhaft genug an Erkältung, was zu abentheuerlichen Ideen damals über die Höhe des „Plateau"? Anlaß gab. Denham und Clapperton kamen ganz wohlbehalten zurück; den erstern habe ich sehr heiter in Paris gekannt. Die Höhen 1500— 1800 Fuß welche damals die englischen Reisenden in die Welt brachten für die Wüste zwischen Morzuk und Tschad-See kommen mir sehr apocryphisch vor, da westlicher die Franzosen artesische Brunnen anlegen (Ansichten der Natur); sehr genaue Barometer-Messungen bezeugen, daß Sahara in vielen Theilen wahrscheinlich unter dem Meeresspiegel liegt. Ich schicke Ihnen morgen die Annales d. Voy. mit dem Briefe von Bele vom 12 April 1851, und der sehr wichtigen Beschreibung von den Lavaströmen und Crateren bei Sodom und Gomorra, die Mr. de Saulcy (der Entdecker der Iberischen Schriftzüge) im vergangenen Sommer besucht. In dieser Angabe des Vorkommens großer Salzlager neben vulkanischen Durchbrüchen am Todten Meere (Loths Salzsäule) müssen Sie erinnern, daß ich im nördlichen Peru⁷) ebenfalls große Steinsalzlager nicht im Flöz- und Tertiär-Gebirge, sondern im trachytischen Porphyr gefunden habe. Am Krater des Vesuv sind auch bisweilen so viel Steinsalzmassen nach

Ausbrüchen gefunden worden, daß die Landleute Contrebande-Handel mit Steinsalz getrieben haben ⁸).

Sonntags. Ihr
A. Hl.
[Der Schluß dieses Briefes folgt unten.]

1) Das Kärtchen, von dem H. spricht, war ein ganz flüchtiger, roher Entwurf von der Lage der Länder im Innern von Afrika, welchen ich nach der Heimkehr von seiner Wohnung im Stadtschlosse mit einigen Federstrichen hingeworfen und ihm noch am selben Abend geschickt hatte, mit demjenigen Bande des Journal of the Royal geographical Society, in welchem ausführliche Berichte von Barth abgedruckt sind.

2) Reicher nämlich, als die so eben erwähnten Berichte.

3) Humboldt meint nicht die geographische Gesellschaft zu London, sondern die Berliner Gesellschaft für Erdkunde.

4) Nämlich der Barth-Overweg'schen Reise, zu der August Peter-mann die erste Anregung gegeben hat.

5) Und der Prinz Adalbert von Preußen, Mitglied der Berliner Gesellschaft für Erdkunde, fügte einen namhaften Beitrag hinzu.

6) Hier ist von den drei englischen Reisenden Dr. Oudney, Major Denham und See-Lieutenant Klapperton die Rede.

7) Nämlich bei Huanta zwischen Lima und Santa (A. de Humboldt, Essai géognostique sur le gisement des roches. Paris 1823, p. 251).

8) Des Akademikers de Saulcy „Ausflug an die Ufer des Todten Meeres im Jan. 1851" steht in meinem Jahrb., IV, 1852, S. 30—37, und die Note, welche H. in Erinnerung bringt, ebenda S. 35.

Zur neuen Auflage
der Karte von Inner-Asien; auch Verwandtes.
1852—1858.

Nachdem in der Unterhaltung vom 3 Januar 1852 das afrikanische Kapitel erledigt war, fing H. nach einer kurzen Pause so an zu erzählen:

Ich habe unlängst aus St. Petersburg vom General Bolotoff eine höchst interessante Mittheilung über die Länder östlich vom Aral empfangen, die ich für die zweite Auflage meiner Asie centrale benutzen werde. Es werden aber wol noch Monate verfließen, ehe diese neue Auflage erscheint. Ich wünsche indeß meinen liebenswürdigen russischen Freunden, die mich so großmüthig mit neuen Nachrichten unterstützen, einen Beweis meiner Erkenntlichkeit zu geben, dadurch, daß ich diese Mittheilung des kenntnißreichen Generals Bototoff schon jetzt im civilisirten Europa publizire. Dazu müssen Sie mir Ihr „Jahrbuch" zur Verfügung stellen, von dem Sie doch sehr wahrscheinlich bald ein neues Heft ausgeben werden.

Als ich ihm meine Bereitwilligkeit zu erkennen gegeben und die Bemerkung eingeschaltet hatte, — er wisse ja, daß mein „Jahrbuch" unbedingt zu seiner Verfügung stehe, — zeigte er mir die Karte, indem er hinzufügte: —

Nehmen Sie sie gleich mit und senden Sie sie nach Gotha. Sorgen Sie aber ja für hübsche Ausführung durch Kupferstich oder Lithographie. Ich wünsche, daß die Lithographen des Hrn. Perthes sich einer geschmackvollern Schrift befleißigen: Bele's abyssinische Sprachenkarte im ersten Hefte des „Jahrbuchs" macht keinen angenehmen Eindruck! Ihr Neffe vereinigt mit Sach- und Fachkenntniß Geschmack in der Kartenzeichnung; der junge Mann sollte die Herren Lithographen mehr in die Lehre nehmen!

[H. meinte meinen Neffen Hermann Berghaus, der, seit 1850 in Gotha, nächst meinem verehrungswürdigen Freunde F. von Stülpnagel (noch einer der wenigen Kolberg-Vertheidiger von 1806—1807), der älteste Geograph in der Perthes'schen Anstalt ist.]

Wir müssen den Leuten in St. Petersburg zeigen, daß wir auch in technischer Beziehung nicht gewillt sind, uns von ihnen überflügeln zu lassen. Dringen und drängen Sie also Perthes, daß dieses Kärtchen sauber und elegant ausgeführt werde. Ist er es doch dem Renommé seiner geachteten Firma schuldig, immer nur schöne Produktionen in die Welt zu senden. Und an geschmackvoller Ausführung haben sie gewonnen, seitdem Ihr Neffe in Gotha ist!

Auf meine Bemerkung, daß die Karte nicht wol ohne erläuternden Text ins Jahrbuch kommen könne, nur er demnach die Güte haben möge, mir einige Winke über die dem Text zu gebende Form zu geben, erwiderte H. nach seiner gewohnten Weise rasch:

Nein, nein, ich will Ihnen diese Mühe abnehmen. Ich selbst werde ein Paar Begleitworte schreiben; ich denke, sie in zwei Abtheilungen zu zerlegen, davon ich die erste in deutscher, die andere in französischer Sprache abfassen werde. Die französische soll dann für die Einleitung meines Buchs über Central-Asien bestimmt sein; bei der deutschen werde ich mich stellen, als wäre ich der Herausgeber des „Jahrbuchs"; ich will sie in Ihrem Namen schreiben; ich meine, Ihre Ausdrucksweise schon treffen zu können.

Am Morgen darauf, den 4 Januar, bekam ich einen Brief, welcher in seinem zweiten Theil folgendes auf den Gegenstand Bezügliches enthielt:

Ich komme nun zu etwas Wichtigem, zum Aral-See und General Bolotoff. Ich habe weder den Brief des Generals noch andere Materialien hier [in Potsdam], zu dem, was ich Ihnen schreiben will. Wir [der König und dessen Hofstaat] bleiben noch bis 9 Januar hier. Schreiben Sie mir gütigst, ob Sie bis 13—14 Januar warten können? Ich kann nicht nach Berlin, um Papiere zu holen, und die Note muß vorsichtig redigirt werden.

Sonntags.
Ihr
Al. H.

Am 16. Januar war ich in Berlin. Gegen Mittag besuchte ich H., um mich nach seinem Befinden zu erkundigen, war er doch während seiner Anwesenheit in Potsdam nicht ganz wohl gewesen, zugleich um wegen des Textes zur Solotossschen Karte Anfrage zu halten. Seifert, Humboldt's Kammerdiener und Factotum, empfing mich mit den Worten:

"Gut, daß Sie kommen; Excellenz hat heute früh von Ihnen gesprochen und geäußert, daß er an Sie schreiben müsse."

Vortrefflich, daß Sie mich besuchen! waren Humboldt's erste Worte. Wie geht es bei Ihnen zu Hause? seine zweite; was macht Ihre kleine Sängerin?

Mit der letztern meinte er meine jüngste Tochter Elvira, von der er wußte, daß sie, mit einer klangvollen Stimme begabt, Musik treibe.

Sie kommen, fuhr er fort, auch wol auf — Execution wegen der Note zum Aral! Ich habe sie fertig und könnte sie Ihnen gleich geben; allein ich bitte, mir bis Morgen Zeit zu lassen; ich will sie in der kommenden Nacht noch einmal durchsehen, vielleicht daß ich das Eine oder Andere zu ändern finde. Haben Sie auch meine Wünsche wegen sauberer Ausführung der Karte in Gotha laut werden lassen?

Auf meine Versicherung, daß dies geschehen sei und ich Perthes dringend gebeten hätte, seinen besten Kupferstecher oder Lithographen damit zu beauftragen, drückte H. seine Zufriedenheit aus und entschuldigte sich, mich nicht länger sprechen zu können, da er um zwei Uhr zum König müsse, und vorher noch einige dringende Briefe nach Paris zu schreiben habe.

Folgendes Tages, den 17 Januar 1852, Abends 7 Uhr, hatte ich die Begleitworte in Händen. Humboldt schrieb dazu:

61.

Hier, mein theurer Professor, haben Sie den Text, ohne den das Croquis vom Aral nicht erscheinen darf. Sie werden ihn, da man in Ihren Druckereien an meine schwierige Hand nicht gewohnt ist, wohl abschreiben müssen, damit die

Namen recht correct bleiben. Es wäre sehr zu wünschen, daß ich eine Correctur erhielte, aber (versteht sich) mit dem beigelegten Originale von meiner Hand. Es wäre unangenehm, wenn das Französische verunstaltet würde. Ich brauche Sie nicht noch besonders zu bitten, nichts hinzuzufügen, besonders nicht zu meinem Namen die — Pest von Excellenz, Geheimen Rath, Baron und solche deutsche — Unthaten!

Ihr

Berlin, 17 Januar 1852.   Al. Ht.

Sie schreiben mir über den Empfang!

Die kleine Abhandlung hatte folgende Überschrift:

Skizze einer Karte des Theils von Asien zwischen der Ostküste des Caspischen Meeres und dem Alpensee Issikul am nördlichen Abhange des chinesischen Himmelsgebirgs.
Entworfen von dem General A. von Bolotoff (1851).
Hierzu Tafel XI.

Der deutsche Theil der Begleitworte, in welchem H. mich, als Herausgeber des Jahrbuchs, sprechen läßt, lautet also:

I.

Den freundschaftlichen Mittheilungen von Alexander von Humboldt, von denen ich seit so vielen Jahren Gebrauch machen darf, verdanke ich die noch völlig unbekannte geographische Skizze des Theils von Asien, [welcher] zwischen der Ostküste des Caspischen Meeres und den Seen Balkasch und Issikul [gelegen ist], letzterer am Fuß des schneebedeckten Himmels-Gebirges (Thian-schan).

Diese Skizze läßt erkennen, wie so unerwartet groß die Fortschritte gewesen sind, welche seit dem letzten Jahrzehend die wissenschaftliche Erweiterung der asiatischen Geographie auf genaue astronomische Breiten- und Längen-Beobachtungen, wie auf hypsometrische Messungen gegründet, in einer Erstreckung von 30 Längengraden (zwischen den Parallelen von 37° und 47°) bezeichnen.

Die Expeditionen sind in zwei Richtungen gegen Süden vorgedrungen, einmal von Orenburg und Orsk aus im südlichen Ural gegen den Aral-See, dessen Configuration vollkommen unbekannt war, wie gegen die Mündungen des Syr-Deria (Jaxartes) und Amu-Deria (Oxus); dann von Ustkamenogorsk und Buchtarminsk aus gegen den Alpensee Issikul und den Temurtninagd, welcher zum westlichen Theil der Kette des Himmelsgebirgs gehört.

Eine Reihe von kleinen Fortins (Krepost) führt jetzt ununterbrochen, in der Richtung von Nordwest gegen Südost, von Orenburg durch die Steppe der Kleinen Kirghisen-Horde nach der Nordnordost-Spitze des Aral-Sees nach dem Fort Aral, anfangs Raym genannt. Von da an wird in der Richtung gegen Ostsüdost, den Syr-Deria aufwärts gegen die Ufer des Steppen-Sees Dobysyn und die Gränze von Taschkend und Kokan hin, eine andere Reihe militairischer Stationen gegründet werden. Von dem südlichen Rande des Altai bei Buchtarminsk durch die Steppe der Großen Horde der Kirghisen, den Ili überschreitend, westlich von Guldja, wird durch ähnliche Stationen die altaisch-russische Gränze mit dem See Issikul in Verbindung gesetzt.

So ist man tief in diesen Theil des nordwestlichen Asiens gegen die Parallele von Khodjend und Assu vorgedrungen und die Station am See Issikul wird hoffentlich bald Kunde verschaffen von den alten vulkanischen Ausbrüchen des Thian-schan, die wir aus chinesischen Ge-

schichtsquellen kennen. Unternehmungen der Art, über die
uns die Kaiserl. Gesellschaft für Erdkunde [zu St. Peters-
burg] baldigst nähere Auskunft verspricht und welche den
wissenschaftlichen Sinn der Regierung ehren, werden gewiß
gleich folgereich für die politischen Verhältnisse der Nachbar-
staaten [zum Heile der mohammedanischen Völkerwelt in
Central-Asien, oder zum Schrecken der Engländer in Indien
durch Öffnung der Eingangspforten Buchara, Cabul und
der hermetisch verschlossenen Pforte von Kaschghar] und die
physische Geographie eines im Innern noch so unbekannten
Erdstrichs.

Das geographische Fragment (von der neuen Aufnahme
der Ostküste des Caspischen Meeres bis östlich über den
Meridian von Aksu hinaus) habe ich der neuen Karte von
Inner-Asien entnehmen dürfen, welche die bald erscheinende
zweite Ausgabe der Asie centrale von Alexander von Humboldt (Paris, bei Gide, Rue des Petits Augustins No. 5)
begleiten wird und viele Verbesserungen der frühern von
1843 enthält. Freunden der Geographie ist es nicht unbekannt, daß der Zweck dieser auf astronomische und hypsometrische Messungen gegründeten Karte der war, in allgemeinen Zügen die bisher so mangelhaft dargestellten Berg-
systeme von Inner-Asien graphisch zu entwerfen.

Herr von Humboldt hat mir noch erlaubt, zur Erläuterung dieses Theils seiner neuen Carte de l'Asie centrale
aus der Introduction der zweiten Auflage des Werkes selbst
einige Stellen auszuziehen, und hier nach dem Originaltexte
folgen zu lassen:

* Die in eckigen Klammern [ ] enthaltenen Einschaltungen sind
Zusätze von meiner Hand.

II.

Depuis l'époque à laquelle j'ai publié et les résultats des observations astronomiques faites pendant le cours de mon Expédition Sibérienne et la Carte de l'Asie centrale (1843), la géographie d'une vaste partie du continent entre la Mer Caspienne, le Lac Aral et la pente septentrionale du Thian-chan a obtenu, grâce à la noble impulsion du Gouvernement, de la Société géographique Impériale et d'un grand nombre d'observateurs aussi zélés qu'instruits, des fondements plus solides.

J'avais déjà pu profiter de quelques communications précieuses que je devais à Mr. *Jacques de Khanikoff*, conseiller d'état au ministère de l'Intérieur, dont le long séjour à Orenbourg a été si utile pour la connaissance plus intime de l'extrémité méridionale de l'Oural et des steppes qui s'étendent à l'est et au sud-est vers le Lac Aral. Deux cartes (celle de l'Oural et des steppes Kirghizes d'Orenbourg) publiées en 1845 par John Arrowsmith à Londres offrent une partie de ces renseignements. La carte des steppes est accompagnée d'une note explicative de *Mr. Nicolas de Khanikoff*, frère de l'auteur. C'est à ce dernier qu'appartient aussi l'observation importante pour la géologie sur la *non-existence* d'une chaîne de montagnes intermédiaire, qui réunisse l'extrémité méridionale des Monts Moughodjares de l'Oural à l'extrémité nord-est de l'Oustiourte. Les crêtes de montagnes se terminent au nord des sources de la rivière de Tchebane et les escarpements du Tchinke ne commencent que beaucoup plus au sud.

Par la bienveillance dont m'honore le général *de Bolotoff*, attaché à l'état-major et à l'Académie militaire de St. Pétersbourg, j'ai pu changer sur la nouvelle épreuve de ma *Carte de l'Asie centrale* le tracé des environs de l'Aral, du Balkhach et de l'Issikoul au pié de la chaîne volcanique et neigeuse du Thian-chan. Le croquis qui présente ces changements importans est la réduction d'une carte à très grande échelle construite et rédigée par Mr. de Bolotoff. Auteur d'un excellent *Traité de géodésie* en langue russe, il a appliqué avec sagacité la projection de Gauss à la Pinacographie asiatique.

La carte de la côte orientale de la Mer Caspienne depuis le Mertvoi Koultouk, à l'entrée duquel était encore placée, il y a peu d'années, le fortin de Novo-Alexandrowsk, jusqu'au Golfe Balkhache (ancienne embouchure de l'Amou-déria ou Oxus) et jusqu'à Astrabad, extrémité sud-est du bassin, a aussi été entièrement tracée par le général de Bolotoff, qui a profité des données les plus nouvelles et les plus précises. Le nouveau tracé de la côte offre des différences essentielles avec la Carte de *Kolodkine* de 1826, que j'ai du suivre pendant l'expédition que j'ai faite sous les auspices de S. M. l'Empereur de Russie.

Les relévements de *M. M. Bassarguine*, *Boutoffsky* et du colonel *Blaramberg* qui avait accompagné le savant *Kareline* dans son voyage de 1836 ont amélioré la géographie de ces contrées. Celle de la Mer d'Aral dans son état actuel de perfectionnement inattendue est due aux belles et nombreuses observations astronomiques de mon respectable ami, le lieutenant-colonel *Lemm* (1846) comme aux grands et pénibles travaux de M. M. *Boutakoff* et *Pospéloff* (de 1848 à 1850), officiers de la marine Impériale. On a fait la levée trigonométrique de toutes les côtes et des îles de l'Aral habitées par les troupeaux d'Antilopes Saïga.

Ces matériaux et bien d'autres encore ont été les fondements de la *Carte de la Mer d'Aral*, du *Khanat* de *Khiva* et d'*une partie* du *Khorasan*, rédigée sur une échelle de 50 verstes (kilomètres) par pouce anglais par *M. Jacques de Khanikoff*. Dans la partie la plus orientale du croquis du général de Bolotoff, refondu dans ma nouvelle carte de l'Asie centrale, le tracé des lacs Thengiz et Issikoul (Issyck-koul) repose sur les observations astronomiques de *M. Fédoroff* dont il a déjà été souvent question dans la première édition de mon ouvrage, et sur les explorations du Topographe Mr. *Nisantieff*, noblement encouragées par le Prince Gortchakoff, gouverneur général de la Sibérie occidentale.

La ville de Khiva dont la latitude ne repose pas sur des observations faites sur les lieux, est placée par M. de Balatoff par 41° 13'; le même géographe donne à Kokand une longitude plus occidentale d'un degré qu'on lui a assigné jusqu'ici. „Je me suis convaincu, dit-il, d'après les différents matériaux que je possède, que les pères Jésuites *d'Arrocha* et *Hallerstein* se sont trompés en déterminant la longitude de cette ville et que la distance entre Kokand et Khodjend, ainsi qu'entre

Khodjend et Samarkand est bien moindre qu'on ne l'a supposé.

Pour terminer cet aperçu des mémorables travaux, qui ont caractérisé depuis une quinzaine d'années les progrès de la géographie asiatique occidentale je devrais encore faire mention:

1º Du voyage astronomique de M. *Lemm* (1838) en Perse par Astrakhan, la Caspienne et le Khorassan à Taurie (Tebris) et Tehran, voyage publié par M. Otto Struve en 1851;

2º Des deux gros volumes de matériaux astronomiques dans les précieux *Mémoires* du *Dépôt topographique de l'État-major Impérial* par le général de *Vrontchenko;* et

3º De la grande Carte de l'Asie Mineure par *M. de Bolotoff* (1851) qui accompagnera l'important Voyage physique et géologique de M. Pierre de Tchikatcheff.

Noch in derselben Nacht vom 17 auf den 18 Januar fertigte ich eine Abschrift von den vorstehenden Mittheilungen an, deren Original selbst dem gewandtesten Setzer in der Stollbergschen Buchdruckerei zu Gotha unleserlich gewesen sein würde. Am Tage darauf schickte ich die Abschrift an Perthes mit der doppelten Bitte, für einen correcten Satz Sorge zu tragen und einen Correcturbogen unmittelbar an Humboldt nach Berlin zu senden.

Weil ich in den nachfolgenden Tagen sehr beschäftigt war mit Anordnung des übrigen Manuscriptes für das betreffende Heft des Jahrbuchs, damit der Satz desselben nicht unterbrochen werde, fand ich nicht gleich Zeit, H.'s Nachschrift zu dem Schreiben vom 17 Folge zu geben. Dies gab Veranlassung, daß ich am 22 Januar ein Briefchen folgenden Inhaltes empfing.

52.

(Empfangen 22. Januar 1852.)

Ich wiederhole meine Bitte, daß Sie mir schreiben mögen, ob mein französischer Aufsatz in Ihren Händen ist. Schriftliche Mittheilung ist die einzig bequeme und sichere im Verkehr mit vollberechtigten Personen.

Ihr
Al. Humboldt.
Mittwoch Abend.

Ich antwortete sofort, entschuldigte die anfgeschobene Anzeige mit den oben angegebenen Beschäftigungen, zu denen auch Briefe des nord-amerikanischen Marine-Lieutenants Gilliß an Gerling in Marburg, aus Santiago de Chile, gehörten, die mir H., mit Gerling'schen Briefen an ihn, zum Abdruck im Jahrbuch gegeben hatte, welches die Anfertigung einer Abschrift des Manuscripts für den Setzer nut zeigte zugleich an, daß ein Correctur-Abdruck unmittelbar an ihn gelangen werde, den er die Güte haben wolle, auch direct nach Gotha zurückzusenden. Darauf empfing ich am 3 Februar folgende Zeilen:

53.

(Empfangen 3. Febr 1852.)

Nicht direct schicke ich die Correctur zurück. Sie müssen den Unsinn sehen! Haben Sie denn so unleserlich abgeschrieben? Kaum glaublich! Es ist toll, mehr als toll! Was würde der Staatsrath Chaniloff sagen, daß ich seine communications statt précieuses — pernicieuses nenne!! Lesen Sie die Correctur auch, und machen Sie meine Verbesserungen deutlicher, wenn Sie glauben, daß der Setzer sie nicht begreifen könne.

Ihr
A. Ht.

Tages darauf, den 4 Februar, kam ein zweites Briefchen nachstehenden Inhalts:

54.

(Erhalten 4. Februar 1852.)

Empfehlen Sie ja genaue Correctur, damit membra perniciosa herauskommen! Ich wünsche wegen Rußland drei Abzüge von meiner Prosa p. 1—3.

Ihr
A. Ht.

B. d. 3 Febr. 1852.

Auf S. 1—3 des vierten Heftes meines Jahrbuchs ist Humboldt's Abhandlung gedruckt. Ende März war das Heft fertig und Perthes schickte mir statt drei — sechs besondere Abzüge, um sie Humboldt zu übergeben. Meine Anwesenheit in Berlin am 3 April benutzte ich, diesen Auftrag auszuführen. H. war nicht zu Hause. Seifert's Frau nahm mir das Päckchen mit den Worten ab, es gleich auf des Herrn Tisch legen zu wollen. Am 5 April bekam ich folgende Zeilen:

55.

(Erhalten 5. April 1852.)

Vielen Dank für die Abdrücke der kleinen Bolotoffschen Karte. Mit der lithographischen Ausführung bin ich wenig zufrieden; dagegen ist die Note sehr correct gesetzt, Dank Ihrer Correctur. Ich schreibe aber diese Zeilen nur . . . . [die Fortsetzung derselben gehört an eine andere Stelle dieses Briefwechsels]

Ihr
Sonntags. Al. Humboldt.

Zu Ende des folgenden Monats Mai schickte mir H. wiederum asiatische Sachen. Es lag einer der Abdrücke seiner Note zur Bolotoff'schen Karte dabei. In diesem Abdrucke hatte er einige Einschaltungen mit Bleistift auf den Rand geschrieben. Diese Einschaltungen sind in dem vorliegenden Wiederabdruck mit runden Parenthesen — ( ) — bezeichnet.

Unterdessen hatten wir uns im Laufe des Monats April in Potsdam einige Mal gesprochen. Bei einer dieser Gelegenheiten kam H. auch auf die lithographische Ausführung der kleinen Karte von Bolotoff zu sprechen.

Ich bin gar nicht zufrieden, sagte er; Sie können es
auch nicht sein. Die Zeichnung war so hübsch, und hat nun
im Stich ein so rohes Ansehen bekommen! Warum haben
Sie Ihren Neffen nicht instruirt, daß er ein wachsames Auge
darüber haben möge.

Auf meine Gegenbemerkung, daß mein Neffe Hermann Berghaus
auf die litographischen Arbeiten bei Perthes einen unmittelbaren Einfluß nicht auszuüben vermöge, daß die Beurtheilung der Arbeiten lediglich
zum Ressort des Chefs der Anstalt gehöre, erwiederte Humboldt:

Mag sein! Doch hätte Ihr Neffe ein Wörtchen hinein-
reden können. Sie haben mir immer Perthes als verständi-
gen Geschäftsmann geschildert, der für Gutes und Schönes
zugänglich sei. Ich glaube, daraus schließen zu dürfen, daß
er den Vorstellungen Ihres Neffen Gehör gegeben, wenn
dieser auch den Instructionen seines Oheims gehandelt.
Aber der Hr. Oheim wird meinen damals [im Januar] ausgesprochenen Wunsch nicht berücksichtigt haben, fügte er
lächelnd hinzu.

Als ich einwendete, daß er die Güte haben werde, mir eine richtige
Beurtheilung über die Stellung meines Neffen Hermann zu Perthes zu-
zutrauen, fiel H. mit den Worten rasch ein:

Ich verstehe, — ich verstehe! Es gibt Verhältnisse im
menschlichen Leben, die Rücksichtsnahme gebieten; so auch bei
Ihrem Neffen. Aber — [er konnte sich von dem Tadel gar
nicht abwenden] — betrachten Sie einmal den Titel des
Kärtchens! Wie schwerfällig ist der geschrieben. Der Titel
ist fast so groß wie die Karte selber, und es hat den An-
schein, als gehöre die Karte zum Titel, obwol es umgekehrt
sein sollte. Den Titel hätte Ihr Neffe vorschreiben sollen,
dagegen konnte Perthes nichts haben. Ich habe mich immer
über die schönen Titelschriften gefreut, die Ihr Neffe aus-

geführt hat. Ein schöner Titel ist eine große Zierde einer Karte. Ich bin durch die Pariser Kalligraphen und Kupferstecher sehr verwöhnt. In dem Punkte haben die deutschen Kupferstecher und Lithographen keinen Geschmack, wenigstens fehlt er der großen Mehrheit.

Zum Beweise seiner sehr richtigen Bemerkung holte H. eine Menge deutscher Landkarten herbei, die durchgemustert wurden. Bei jedem Titel gebrauchte er, je nachdem die kalligraphische Anordnung war, ein besonderes Epitheton, als: Leidlich, ziemlich hübsch; sehr schön (eine Karte von meinem Neffen Hermann); die Mehrzahl aber bekam Beiwörter wie: Abscheulich, scheußlich! u. s. w.

Potsdam, 3 Juni 1852.

Die Asiatica, welche mir Humboldt am 30 des vergangenen Monats (Mai) bei einer Anwesenheit in Potsdam zugeschickt hat, bestehen im Folgenden:

1) *Carte de la partie Nord-West [Ouest] de l'Asie centrale*, contenant toutes les positions géographiques déterminées astronomiquement et l'indication des espaces explorés par les Européens. Dressée par *Jacques de Khanikoff*, Chambellan de S. M. l'Empereur de toutes les Russies, Gouverneur civil d'Orenbourg, membre effectif de la société géographique Impériale de Russie. 1852. [Handschriftliche Zeichnung.]

2) *Carte des lacs Issyk-koul et Balkhach*, dressée par *Jacques de Khanikoff*, Gouverneur civil d'Orenbourg, membre effectif de la société géographique Impériale de Russie. 1851. [Handschriftliche Zeichnung.]

3) Karte vom Aralschen Meere und dem Chiwinschen Chanat nebst den umliegenden Gegenden. Entworfen von Jakob von Chanikoff, wirklichem Mitgliede

der Kaiserlich Russischen geographischen Gesellschaft. 1851. [In russischer Sprache. — Lithographischer Abdruck.]

4) Sammlung von Örtern im nordwestlichen Theile Central-Asiens, deren Lage astronomisch bestimmt. Zusammengestellt von Jacob von Chanikoff, wirklichem Mitgliede u. f. w. und Jürgen (Jurje) Tolstoi. 1850. [In russischer Sprache. — Druckschrift.]

5) *Mémoire explicatif de la carte de la Mer d'Aral*, dressée par *Alexis Boutakoff*, Capitaine de corvette de la marine Impériale Russe, en 1849, et imprimée par le Département hydrographique du Ministère de la marine en 1851 (en langue russe). Rapport, adressé à S. Exc., Mr. le Baron de Humboldt. [Handschrift.]

Der Sendung lag ein Zettelchen bei, auf dem H. Folgendes geschrieben hat:

Zu untersuchen

1) die Verschiedenheiten der Long. in den verschiedenen Redactionen von Butakoff und Chanikoff;

2) ob Jerro richtig 20° W. von Paris und nicht wie im Memoire von Butakoff.

3) Besondere Wichtigkeit des westlichsten Punktes des Aral wegen Entfernung von östlicher nächsten Küste des Caspischen Meeres. Breite des Ustjurt; zu vergleichen mit dem, was Lemm gegeben in meiner Carte de l'Asie centrale (wo Chanikoff's Karte [oben No. 1.] bezeichnet: Expedition des Generals Berg 1826, Lat. 45°).

4) Variantes lectiones der Lat. von Chiwa von Boloffoff, Chanikoff, und was ich in Asie centrale T. III aus Manuscripten gegeben, und große Carte de Khanikoff, partie NO. de l'Asie centrale.

5) Haben Sie Acht in Aralsee, am Syr, Lat. 46° auf die Temperatur im Winter bis — 18° R.

6) Sehr wichtige Carte de Khanikoff vom Lac Dalkasch, wo schon Fedoroff war, und vom Bergsee Issikul, mit Schneelinie des Thian-schan; Fluß Ili, Kuldjá, Alsou....

A. Ht.

Auf der handschriftlichen Denkschrift des Correnten-Gardains Butakoff steht von Humboldt geschrieben:

Zu publiziren, unter der Bedingung, daß weggelassen werde alle [ ] von p. 1 bis 6. Wir sprechen noch über das Ganze.

Und auf dem Titelschilde der Karte Nr. 1, welche zerschnitten und auf Leinwand geklebt ist, stehen von seiner Hand die Worte:

Base de la grande Carte, que prépare M. de Khanikoff avec le général Bolotoff.

In Erwägung nehmend die große Menge und eben so große Mannichfaltigkeit von ganz neuen geographischen Arbeiten, welche in letzter Zeit über Inner-Asien bekannt geworden, und von der Überzeugung ausgehend, daß man nur in Rußland im Stande sein werde, aus allen diesen verschiedenen Materialien eine vollständige Karte zusammen zu stellen, halte die Kaiserl. Russische geographische Gesellschaft es schon längst als eine ihrer Pflichten anerkannt, sich diesem eben so wissenschaftlich wichtigen als vom nationalen Standpunkte patriotischen Unternehmen zu unterziehen. Demgemäß wurde beschlossen, eine Karte anzufertigen, welche den Erdraum zwischen 34° und 55° N. Breite und zwischen 64° und 102° O. Länge von Ferro enthalten solle. Der südliche Rand dieser Karte fällt ungefähr zusammen mit dem Parallel von Hamadan, Herat, Kabul, Kaschmir; der nördliche Rand schließt mit dem Parallel von Miaß im Ural und von Omsk in Sibirien; der westliche Rand ist identisch mit dem Meridian des westlichsten Punktes vom Caspischen Meere und dem von Tebris in Aserbeidschan; der östliche Rand fällt auf den Meridian, der die Mitte des Dsaisan-Sees schneidet, aus dem der Irtysch hervortritt.

Um dem Zwecke näher zu treten, war es vor allen Dingen nothwendig, ein geographisches Netz von diesem Erdraume zu entwerfen, und demnächst alle geographischen Ortsbestimmungen zu sammeln, welche innerhalb desselben durch astronomische Beobachtungen festgelegt sind.

Der zuerst genannten Arbeit hat sich der General Bolowff unterzogen, indem er, wie schon Humboldt in seinem französischen Aufsatz gesagt hat, die Gaußische Projection dem Ribonnischen Entwurfe zum Grunde legte. Es ist, so viel ich weiß, das erste Mal, daß diese Projection in der Kartographie Anwendung gefunden hat. Als Maßstab der Karte ist 1 russischer oder englischer Zoll = 50 Werst angenommen worden.

Die zweite der vorbereitenden Arbeiten, die Sammlung der astronomischen Ortsbestimmungen, hat der Staatsrath Jacob von Chanikoff übernommen. Das Resultat derselben ist in der unter No. 4 gezeichneten Schrift enthalten, welche auf Kosten der Kaiserl. Russischen geographischen Gesellschaft, wie es scheint, als Manuscript, gedruckt und unter die Mitglieder der Gesellschaft und an andere Freunde der Erkunde vertheilt worden ist. Das Exemplar, welches ich von Humboldt empfangen habe, trägt die Aufschrift: A Son Excellence Mr. le Baron A. de Humboldt, hommage respectueux de la part de Jacques de Khanikoff. Wie sehr H. auch im schriftlichen Verkehr gegen die — Ungeneigung eiferte, doch konnte er es nicht vermeiden, daß sie ihm beigelegt wurde!

Die Sammlung enthält 117 Örter, von denen bloß die Breite, und 352 Örter, von denen Breite und Länge beobachtet ist, überhaupt alle 469 Ortsbestimmungen, die von 33 Beobachtern geliefert worden sind. Der Chronologie nach folgen sie so auf einander:

1759	Covina, Hallerstein und d'Arrocha.	1829	Humboldt.
		1829—30	Hansteen.
1600—15	Wischnewsky.	1830	Fuß.
1607	Treß´l.	1831—32	Karelin.
1607	Trusbirev.	1831—33	Barnes.
1608	Macarinev.	1632—37	Fedoroff.
1609—17	Kotelkin.	1836	Blaramberg.
1815	Tafajeff.	1836—37	Audolische Expedition.
1817	Kopebue.	1636—38	Wood.
1819	Murawjeff.	1839	Wassiljeff.
1619—25	Trebel.	1839	Lemm.
1820	Wirgendorf.	1640	Hägel.
1820	Tafajeff.	1641	Chanikoff und Slottari.
1821—22	Graser.	1645	Lemm.
1625—26	Lemm.	1647	Eberhardt.
1625—26	Anjou.	1648	Alexandroff.
1625—26	Bassargin.	1648—49	Butaleff.

Von diesen Beobachtern ist Lemm unstreitig der fleißigste gewesen, denn er hat auf seinen drei Expeditionen 161 Orte nach Breite und Länge und 19 blos nach ihrer Breite bestimmt. Von jenen sind 29, und von diesen 1 auch von anderen Reisenden beobachtet worden. Lemm's astronomisch-geographische Thätigkeit erstreckt sich aber auch noch über den südlichen Rand der Karte, d. h. über den Parallel von 33° N. Breite hinaus ins Innere des Hochlandes von Iran. In der vorstehenden Liste ist unter der Benennung Kaspische Expedition diejenige geodätisch-astronomische Operation zu verstehen, welche die Ermittelung der Größe der Kaspischen Senkung, oder des Höhenunterschiedes zwischen dem Schwarzen und dem Kaspischen Meere zur Aufgabe hat. An ihr nahmen Fuß, Sawitsch und Sabler Theil.

Die Karte No. 1 von Chanikoff dient zur Erläuterung seiner Sammlung von Ortsbestimmungen. Sie enthält alle diese innerhalb des Erdraums, welcher auf der großen ausführlichen Karte dargestellt werden soll. Sie zeigt die Flächen, welche von dem Kaiserl. Corps der Topographen geometrisch aufgenommen worden sind. Diese Flächen umfassen das gesammte Steppenland der Kirghisen und darüber hinaus, von der Wolga bis zum Irtysch und bis zum Dsaisan-See, so wie in südlicher Richtung bis zum Nordrande des Kaspischen Meeres, des Aral- und des Ballasch-Sees. Auch auf der Ost- und Westseite des Kaspi sind beträchtliche Räume geometrisch vermessen. An den Ufern des Kaspischen sowol als des Uralischen Sees erkennt man auf der Karte die Strecken, welche hydrographisch theils wirklich, theils einstweilen flüchtig aufgenommen worden sind. Und endlich weiset die Karte alle Wege nach, welche in diesen Gegenden von Inner-Asien seit dem 17 Jahrhundert bis auf unsere Tage von europäischen Reisenden betreten worden sind. Die Zeichnung ist sehr sauber, doch läßt die Kleinste Gattung der Schrift, weil sie nach russischer Weise kursiv gehalten ist, an Deutlichkeit Manches zu wünschen übrig.

Potsdam, 4 Juin 1852.

En vérité, la carte de M. de Khanikoff est la plus exacte des contrées de la partie N.O. de l'Asie centrale!

Mais il me faut me rappeler, plus amplement que l'a fait *M. de Humboldt* dans sa *note explicative*, les matériaux géographiques et itinéraires, sur lesquels le savant auteur a fondé sa délinéation. C'est dans le „*Compte rendu de la société géographique Imp. de la Russie* pour l'année 1850, rédigé par *M. Jacques Khanikoff*," et dont la lecture a été faite dans la séance annuelle de la société le 22 Mars de l'année dernière, que je trouve les données nécessaires.

1°. Quant à la *géographie de la mer Caspienne* M. de Khanikoff dit :

A l'est du Caucase se trouve situé le bassin énorme de la mer Caspienne, placé sur le continent asiatique, mais exploité de préférence par les Russes, et exploré uniquement par eux.

Une série de recherches, commencées sous le règne de Pierre-le-Grand, a progressivement éclairci et acquis à la science cette importante individualité géographique; mais la gloire de l'achèvement de ces travaux, qui réalise la pensée de Pierre-le-Grand appartient au règne actuel.

La carte de *Kolodkine*, publiée en 1826, résume les connaissances, qu'on avait à cette époque sur la mer Caspienne, et fournit en même temps une épreuve irrécusable de l'enfance des matériaux topographiques du temps sous ce rapport. Depuis, les descriptions et les relèvements, exécutés par *Bassarguine*, ont donné une appréciation plus juste de la partie occidentale de la Caspienne. La levée du plan, faite par *Boutoffsky*, procura le tracé du rivage septentrional; les explorations de *Berg*, d'*Eichwald*, de *Karéline*, d'*Ivanine* et de *Jérebtsoff* répandirent un nouveau jour sur la partie orientale du lac.

De cette manière furent acquis à la science des renseignemens très-importants pour la géographie de ce bassin; mais beaucoup de ces informations ne furent point livrées à la publicité; au surplus, il manquait une carte générale, résumant ces récentes acquisitions, et la dernière carte générale de la Caspienne datait de 1826.

[C'était la Carte de *Kolodkine*, qui accompagne son grand Atlas hydrographique de la mer Caspienne. Elle m'a servi de base pour les contours du lac sur une *grande Carte de toute l'Asie* en quatre feuilles grand-aigle, rédigée en 1828 et 1829, mais non publiée, et sur la *petite carte de l'Iran et du Touran*, dressée en 1829, faisant partie de l'Atlas de Stieler. Cette petite carte est une grande rareté littéraire, presque le maître n'existe plus. Voir: Fragmente aus einem handschriftlichen Memoire über die Geographie von Asia, als Analyse einer neuen Karte von diesem Erdteile, in 4 Blättern. Kritische Wegweiser im Gebiete der Landkartenkunde; T. I, p. 321—342, p. 360—373. 1839. — H. Berghaus.]

Notre société fixa son attention sur ce sujet, et imprima en 1850 dans ses *Mémoires*, pour servir de matériaux à l'étude de la Caspienne, le journal détaillé de *M. de Biaramberg*, qui avait accompagné *Karéline* dans son voyage en 1836. Ce journal, réuni aux recherches de notre confrère *Ivanine*, publiées en 1847 par la société, et au journal manuscrit de *Karéline*, écrit en 1832, et conservé dans notre bibliothèque, donnent une connaissance trèssatisfaisante de la mer Caspienne, et principalement de son rivage oriental, concernant lequel il y a encore le moins de données exactes et positives.

En même temps, le Conseil de la société chargea *M. Jacques Khanikoff*, de confectionner une carte générale de la mer Caspienne et des pays riverains, d'après les recherches publiées séparément et partiellement.

[Cet œuvre cartographique a été reproduit dans la carte manuscrite de la partie NO. de l'Asie centrale, offerte à M. de Humboldt par l'auteur, M. de Khanikoff. — H. Berghaus.]

2°. *Exploration des pays situés au midi de la mer Caspienne.* En avançant plus loin dans le continent asiatique, notre attention est fixée par une contrée avoisinante de la Russie, et nommément la partie NO. de la Perse, attenante à la mer Caspienne. Là, ainsi que dans le Khorasan limitrophe, le 19me siècle a acquis bien des connaissances géographiques dues à des voyageurs européens, parmi lesquels il y a eu des Russes. Néanmoins la Cartographie de ces contrées manque de base solide. Elle s'est principalement servie jusqu'à présent des déterminations astronomiques faites en 1817 par *Kotzebue*, et en 1822 par *Fraser*.

[Et de celles, faites par *Trezel* et *Truilhères*, officiers de l'État-major français, attachés à la mission politique du général Gardanne à la cour de Téhéran, sous le règne de l'Empereur Napoléon, en 1807. — H. Berghaus.]

Mais les premières, celles de *Kotzebue*, sont peu nombreuses et ne vont plus loin vers l'orient que Téhéran; les secondes, de l'aveu même de l'auteur, ne sont que d'une exactitude approximative.

[Néanmoins les observations de *Fraser* ont un grand mérite, parce que ce sont elles, qui ont déterminé pour la première fois la longitude de quelques lieux, situés sur le — tableland de l'Iran, savoir d'une exactitude satisfaisante pour la confection d'une carte générale. — Berghaus.]

En attendant, dès l'année 1816, le général de *Berg* nous a communiqué les comptes-rendus des observations astronomiques, faites par le colonel de *Lemm*, en 1838 et 1839, dans la Perse septentrionale, entre Tauris [Tebriz] et Méched. Ces observations, très-nombreuses et d'une grande importance, présentent des matériaux d'un haut intérêt pour la cartographie locale. Le journal de Lemm fut aussitôt soumis à l'examen de *M. Strouve*; les résultats des observations, et nommément la fixation des longitudes et latitudes des points de la Perse septentrionale furent imprimés par la société, en 1850. En même temps, on procéda, en 1850, à la publication d'un ouvrage très-étendu sur la Perse septentrionale, composé par le colonel de *Blaramberg*, qui ajouta au Recueil des observations précédemment exécutées dans ce pays, les résultats de ses observations personnelles, faites pendant ses excursions, qu'il avait poussées jusqu'à Hérat.

De plus, le conseil chargea *M. J. Khanikoff* de confectionner une carte de la partie de l'Asie, située entre les 35° et 40° de lat. sept. et les 61° et 81° de long. or. de l'île de Fer, d'après les données les plus récentes, sur une échelle de 50 verstes par pouce.

8°. *Matériaux pour la géographie de la Vallée de Zarevchan* [nommée aussi vallée du Kohik]. On se souvient de la perte sensible que la géographie a faite par la mort du naturaliste *Lehmann*, en 1842. Appelé, en 1839, par le général *Péroffsky*, à l'effet d'explorer l'Oural méridional sous le rapport physicogéographique, Lehmann remplit cette tâche, et acquit à la science des connaissances géographiques locales fort importantes; dans le courant de la même année il rejoignit l'Expédition envoyée contre le Khiva et arrivait avec le détachement au pied de l'Oust-Yourt, tout en récoltant une masse d'informations d'un haut intérêt.

[Lehmann les recolta malgré l'affreuse issue de cette Expédition aussi malheureuse que déplorable. — Berghaus.]

L'année 1840 fut consacrée par ce naturaliste instruit à l'étude des bouches de l'Oural, du rivage sud-est de la mer Caspienne et du mont Oust-Yourt, dans les environs duquel se trouvait alors le Fort Novo-Alexandroffsk.

A la fin de juin de 1841, l'infatigable Lehmann partit avec la mission pour la Boukharie, en traversant le Syr-Daria. Arrivé en Boukharie, au mois d'août, il profita de l'occasion pour visiter, au mois de septembre, la vallée de Zarevchan, inaccessible jusque-là aux observations et aux recherches des Savans.

Malheureusement, la mort frappa notre naturaliste, en 1842, pendant son voyage, avant qu'il se fut rendu à St.-Petersbourg. Sa passion pour la science, son érudition et une bonne foi consciencieuse, servaient de garanties à l'exactitude de ses travaux; la connaissance approfondie qu'il avait pu acquérir de l'Oural méridional, des steppes Khirgizes et des extrémités du Thian-chan et du Bélor promettait une ample provision de résultats géologiques, qu'aucun autre savant ne saurait obtenir; ces résultats, réunis aux travaux entrepris dans le temps par *M. Schrenck* sur les steppes Khirgizes et la partie centrale du Thian-chan aurait versé une lumière nouvelle sur cette partie de l'Asie. Une mort précoce empêcha le voyageur de donner suite à ses recherches.

C'est avec d'autant plus de reconnaissance que nous devons apprécier les soins de l'Académie Impériale des sciences, qui a voué tous ses efforts à la conservation du travail de Lehmann. Les Académiciens M. M. *de Baer*, *de Brandt* et *de Helmersen*, nos confrères, examinèrent le journal du défunt et l'ayant trouvé intéressant au plus haut degré, proposèrent de le préparer pour la publication. L'Académie offrit à notre société de l'aider dans l'accomplissement de cette tâche; le conseil chargea donc les ci-devant sections de Géographie générale et Russe de prendre en mûre considération les moyens de conduire à fin cette entreprise. Dans la suite, M. M. de Baer et de Helmersen trouvèrent convenable de placer le compte-rendu complet, contenant les travaux de Lehmann et les résultats qui en découlent, dans le *Recueil de matériaux pour l'étude de la Russie*, qu'ils publient en langue allemande.

4°. *Exploration des bouches de l'Amou-Daria et de la mer d'Aral.* Depuis 1742, époque à laquelle a été exécutée la première exploration sérieuse du rivage oriental de la mer d'Aral et des bouches de l'Amou-Daria, par deux officiers Russes, *Gladicheff* et *Mouravine*, nous ne possédions que deux ouvrages de voyageurs, qui avaient visité ces parages, et nommément, celui de *Mouravieff* sur le Khanat de Khiva en 1819, et celui de *Meyendorff*, sur l'angle N.-E. de la Mer d'Aral, en 1825. Mais, le premier de ces voyageurs n'avait pu obtenir ses données que par oui-dire au milieu des circonstances les plus défavorables; et le second n'avait visité lui-même qu'une très petite partie du rivage Aralien.

En 1841 et 1842, des reconnaissances et des explorations détaillées furent exécutées par *Nikiforoff*, *Danileffsky* et *Basinaer*; en 1846, *Lemm* fit des observations astronomiques nombreuses aux embouchures du Syr-Daria; enfin, en 1848 et 1849, les officiers de la Marine Impériale, *Boutakoff* et *Pospéloff*, firent la levée du plan de tous les rivages, ainsi des observations astronomiques.

[C'est cette expédition, dont le capitaine Boutakoff présenta les résultats dans son mémoire explicatif, No. 5 des pièces, reçues par les soctés de M. de Humboldt. — Berghaus.]

Jusqu'en 1850, on n'avait publié que les observations de Lemm et le journal de Basinaer, accompagné d'une petite carte du Khiva, qui était loin de présenter tous les résultats des récentes investigations; des travaux fondamentaux sur ce sujet on n'avait publié pendant 100 ans, ni le journal de Mouravine, ni la carte qu'il avait confectionnée. En 1850, par suite d'un Ordre Suprême, on transmit à notre société le compte-rendu de *M. Makchéieff* sur les découvertes de *M. M. Boutakoff* et de *Pospéloff*, qui a été imprimé dans la dernière livraison des „*Mémoires*" de la société.

[A savoir les Mémoires de la société géographique impériale sont publiés en langue russe. — Berghaus.]

Dans ce même volume fut publié, par autorisation du département asiatique, une description du Khanat de Khiva, par *M. Danilefsky*. De plus, on y joignit une carte de la mer d'Aral et du Khiva avec leurs alentours, exécutée par *M. Jacques Khanikoff*, sur une échelle de 50 verstes par pouce anglais [ou russe]; cette carte résume les résultats de toutes les investigations modernes faites sur les lieux, et est accompagnée d'un mémoire explicatif de *M. Khanikoff*, qui contient une critique détaillée de tous les matériaux cartographiques, qui ont précédé cet ouvrage.

[Bien dommage, que M. de Khanikoff n'a pas eu la bonté, de communiquer une épreuve de son mémoire à M. de Humboldt; nous savons bien en les moyens, de le faire traduire en langue allemande ou française. La carte, No. 3 dans la liste de M. de Humboldt, v. ci-dessus, est d'un très grand point. Elle donne un tableau géographique de tout l'espace de terrain compris entre lat. 37° et 47° N., et entre long. 74° et 83° à l'est du méridien de l'Ile de Fer. On y voit entre les villes de Boukhara, de Merv et de Chirvan en Khorassan. La ville de Khiva par lat. 41° 23'½ N., long. 78° 18'½ E. La lithographie de cette carte est très-belle et la nomenclature aussi claire, malgré tant de détails, dont M. de Khanikoff a profité. — Berghaus.]

5°. *Exploration des steppes des Kirghizes d'Orenbourg entre l'Oural et l'Aral*. Les travaux géodésiques — [c. à d. des opérations purement géométriques à planchette, à boussole etc., sans aucun réseau trigonométrique] — exécutés dans ces steppes depuis 1820 jusqu'à 1842, ont offert des connaissances approximativement exactes de toute cette étendue de terrain; leurs résultats ont été placés sur la carte publiée en 1845, par *M. Nicolas Khanikoff*, membre de la société.

[Je ne connais pas cette carte. — Berghaus.]

Mais ces travaux offraient deux défauts essentiels: — les levées de plan n'embrassaient pas de grands espaces de terrain sans inscription, et se bornaient à des itinéraires le long des rivières et des routes de caravane; — d'ailleurs, il manquait à ces recherches un nombre suffisant de points astronomiquement déterminés, — surtout dans les parties méridionale et orientale de la Steppe.

En 1843, on procéda à une levée de plan systématique de la steppe Khirgise relevant d'Orenbourg; jusqu'en 1847 ils ont été mesurées 250,000 verstes carrées [c. à d. à-peu-près 5100 milles carrées d'Allemagne]. L'ensemble de ces travaux servit de base à une carte, lithographiée à Orenbourg, et dont un exemplaire fut communiqué à la Société, en 1846. Mais cette carte ne pouvait se guider d'après les observations astronomiques faites, en 1840, par le lieutenant-colonel *de Lemm*; d'ailleurs bien des travaux géodésiques très-importants ne furent exécutés qu'en 1847, 1848 et 1849.

Le conseil de la société s'adressa par conséquent, en 1850, au gouverneur-général d'Orenbourg, avec la prière de lui communiquer toutes ces recherches supplémentaires. On répondit que, conformément à l'Ordre de S. M. l'Empereur de délivrer à la société une carte du pays d'Orenbourg sur une échelle de 20 verstes par pouce anglais, cette carte était déjà prête à l'Etat-major du corps détaché d'Orenbourg, et qu'on n'attendait que le retour du détachement de topographes envoyé dans la steppe Kirghise, pour porter sur cette carte tous les terrains dont les plans avaient été levés en 1850.

6°. *Explorations de la contrée située entre l'Irtich et les bouches du Syr-Daria.* Les travaux géodésiques, commencés dès 1827 dans la steppe des Kirghises de Sibérie, étaient terminés en 1841, et ont servi de matériaux pour la confection de la carte de la Sibérie occidentale, publiée, en 1848, par le dépôt topographique du ministère de la guerre.

[Parmi les troubles politiques de 1848 cette carte n'est pas venue à ma connaissance. — Berghaus.]

Cette carte devait être principalement basée sur les nombreuses et parfaites déterminations astronomiques, exécutées en 1832–1837, dans le pays transouralien, par *Fédoroff*. Quelques-unes de ces recherches avaient déjà été livrées à la publicité, en 1843, par *M. de Strouve*, mais ces déterminations n'avaient pas embrassé quelques points très-importants du pays situé entre les sources de l'Irtich et les bouches du Syr-Daria, tels que: les cantons chefs-lieux Kar-Karolinsky, Bouyan-Aoulc, Ayagousky et Koknétinsky, l'endroit où l'Irtich découle du lac Zaïssang, et celui où la rivière Lepsa tombe dans le lac Balkach.

Le conseil de la société, reconnaissant toute l'importance d'une prompte étude de ces points, se montra prêt, dès 1846, à prendre part aux dépenses qu'occasionneraient les travaux d'élaboration du journal de *Fédoroff*; il s'adressa, en 1850, à M. de Struve, en le priant de lui communiquer les résultats définitifs des recherches de M. *Fédoroff*. Conformément à ce désir, notre illustre confrère nous présenta six déterminations de *Fédoroff*, inédites jusqu'ici — savoir: la latitude et la longitude de Pétropavlovsk, de Barnaoul, des chefs-lieux Bouyan-Aoule et Ayagousky, des sources de l'Irtch et de l'embouchure de la Lepsa, résultats qui furent immédiatement publiés.

En même temps, prenant en considération le haut intérêt qu'offrent les explorations faites par M. *Schrenk*, depuis 1839 jusqu'à 1842, dans la steppe de Kirghizes de Sibérie, et l'impossibilité où se trouve ce savant voyageur de livrer un compte-rendu complet de ses recherches, le conseil lui a adressé la prière de ne point priver la science des principaux résultats géographiques obtenus dans ses excursions, et de lui en donner un résumé succinct. Nous n'avons pas encore reçu de réponse.

7°. *Exploration du lac Issyck-Koul et de ses environs*. L'espace, situé au sud-est des steppes des Kirghizes de Sibérie, et renfermant le Khokan, les déserts des Kara-Kirghizes, nomades de la Mongolie chinoise occidentale, demeure jusqu'à présent la partie de l'Asie la moins explorée.

Le dernier Européen, qui visita le Khokan avec fruit et succès, fut le voyageur *Nazaroff*, en 1814; car le voyage du malheureux *Canolly*, en 1841, resta entièrement stérile en résultats; on ne publia aucun renseignement authentique sur les Kara-Kirghizes, et les données les plus récentes concernant la Mongolie occidentale se bornaient à un article, rendant compte d'une excursion de Semipalatinsk à Kouldja dans les années 1820 — publié en 1843 par M. *Kovalevsky*.

Notre société, dès sa fondation, voua tous ses soins à combler cette lacune dans la géographie de l'Asie. En 1848; M. *Savitch* donna lecture d'un article, contenant le récit du Kalmaek Kental-Bédécheff, qui s'était trouvé en captivité chez les Kara-Kirghizes; en 1849, une description détaillée du Khanat de Khokan fut publiée dans les *Mémoires* de la société, avec une carte, exécutée d'après des renseignements recueillis dans la Sibérie occidentale; mais le premier de ces documents, par sa nature même et vu la position de l'auteur, ne pouvait offrir de résultats importants; quand au second, la carte n'avait pas été confrontée avec d'autres renseignements qu'on possédait déjà relativement au Khokan (Kokhan), et n'avait pas été soumise à un réseau géographique.

Dans l'intervalle, et nommément en 1847, trois manapes de Kara-Kirghizes ayant exprimé le désir de devenir sujets de la Russie, cet incident motiva l'envoi du topographe *Nifontieff* dans ces contrées, avec la mission de faire des explorations locales ; ces dernières offrirent pour résultat une carte assez détaillée du lac Issyck-Koul et des montagnes environnantes, ainsi qu'une esquisse géographique du pays des Kara-Kirghizes.

[M. *Nifontieff* est donc à ce qui paraît, le premier Européen, qui a visité le lac alpin d'Issyck-Koul, entouré de hautes montagnes, au Sud par la chaîne neigeuse du Thian-chan, au nord par la chaîne d'Ala-taou ; on dit qu'il y a au fond du lac des sources chaudes. — indices de phénomènes volcaniques. Le lac ne gèle jamais (A. de Humb. *Asie centr.*). Hauteur du lac au dessus du niveau de la mer peut-être 4000 pieds.]

Ces intéressants documents furent communiqués, au commencement de 1850, par le gouverneur-général de la Sibérie occidentale, prince Gortchakoff, à la société. Après avoir été revu par M. *Helmersen*, cet article fut publié dans le T. V des *Mémoires* de la société.

Quant à la *carte*, qui ne correspondait point au réseau géographique, le conseil confia ce travail à M. *Jacques Khanikoff*. Celui-ci, ayant pris pour base cette carte, la carte du Kokhan publiée par la société, la carte du Khanat de Boukharie de M. *Nicolas Khanikoff*, celle de 1848 de la Sibérie occidentale avec les nouvelles déterminations de *Fedoroff*, enfin les cartes de *Grimm*, de *Helmroth* et du Père *Joachim*, a préparé, sur une échelle de 80 verstes par pouce anglais, un tableau détaillé de tout l'espace de terrain contenu entre les 40° et 48° de latitude septentrionale et entre les 80° et 102° de longitude orientale, méridien de l'Ile-de-Fer, tableau embrassant quelques parties du pays des Kirghizes sibériens, le Kokhan, la limite nord-est du Khanat de Boukharie, la partie septentrionale du Tourkestan chinois, les contrées des Bouroutes et une partie de la Mongolie occidentale. Cette carte a été autorisée par le Gouvernement.

[La carte des lacs Issyk-Koul et Balkhach, offerte par l'auteur à M. Alex. de Humboldt (voir No. 2 de la liste ci-dessous) diffère en quelques points de la carte, dont M. de Khanikoff donne un aperçu succinct. La carte manuscrite, arrivée à Berlin, s'étend en latitude depuis le 41° jusqu'au 49°, et en longitude depuis le méridien de 81° jusqu'à celui de 102° et l'échelle paraît être un peu moindre qu'un pouce anglais en rase pour cinquante verstes. La carte est un chef-d'œuvre en fait de dessiner des cartes géographiques. Les grands traits du terrain sont tracés d'une manière frappante; on reconnaît dans le charpente du sol la grande chaîne des Monts Célestes (Thian-chan), les ramifications diverses, les contre-forts, et les crêtes soignées à l'est et à l'ouest des méridiens d'Ouchi et d'Aksou. Les grands bassins du lac alpin d'Issyk-koul et du Balkhach ont sur cette carte une configuration tout-à-fait différente de celle, que leur a été donnée jusqu'ici par les cartes les plus estimées. La chaîne d'Ala-taou, au nord du lac Issyk-koul ne paraît pas s'élever au dessus de la ligne des neiges perpétuelles. D'après le dessin de M. de Khanikoff elle doit être couverte d'épaisses forêts d'un bas jusqu'aux sommets. On voit par la carte générale et l'itinéraire de M. de Khanikoff (No. 1 de la liste) que M. Nikanoff, du Corps Impérial des arpenteurs, venant de Semipalatinsk par Ayagous, a franchi la chaîne d'Ala-taou pour entrer tout autour du rivage de l'Issyk-koul, et il paraît qu'il a fait aussi quelques excursions dans le sud du lac, pour s'élever à la crête des ramifications du Thian-chan; car la Carte de M. de Khanikoff contient des détails dans cette direction, que le voyageur n'a pu obtenir par un seul coté-dire. Quant à la géographie du Tourkestan chinois on reconnaît les traits des cartes chinoises, apportées en Europe par M. Neumann, de Munic, et communiquées à M. Charles Ritter, et dont a pu faire profit dans sa carte de la Haute-Asie, en quatre feuilles, feu Jean Grimm, de Weimar, jadis mon élève de 1821 à 1823. C'est bien dommage que M. de Khanikoff, dans la construction de sa belle carte, pleine de détails minutieux, n'a pu consulter que trois ou quatre positions déterminées astronomiquement. Ces points sont, vers le bord septentrional l'embouchure de la rivière Lepsa, par Fédoroff, et sur le bord méridional les positions des villes d'Aksou, de Bay etc., observées par les pères Jésuites Hallerstein et Arocha, ces dernières en outre très-douteuses. — Berghaus.]

An Herrn von Humboldt.

Potsdam, 5. Juni 1852.

Zu Gemäßheit der ehrenden Aufforderung, welche der Denkzettel enthält, den Sie Ihrer reichen und wichtigen Sendung vom 30 v. M. beigelegt haben, nämlich einige Punkte zu untersuchen, die Ihnen zweifelhaft zu sein scheinen, verfehle ich nicht. Folgendes zu berichten:

Zu 1). Verschiedenheiten der Länge in den Redaktionen von Butakoff und Chanikoff.

Eine Verschiedenheit findet nicht Statt. Hr. von Chanikoff hat in seiner großen, so schön ausgeführten Karte vom Aralischen Meere und dem Khanat Chiwa — (No. 3 der Liste) — die Längenbestimmungen zum Grunde gelegt, welche Kapitain Butakoff bei der Aufnahme des Aral-Sees gefunden hat. Dies geht nicht allein aus der Vergleichung der Karte

sondern auch aus Chanikoff's reicher Sammlung von Ortsbestimmungen hervor, in welcher die nämlichen Zahlen stehen,
die Bulakoff in seinem handschriftlichen Memoire anglbt.
  Zu 2). **Ob Ferro richtig 20° W. von Paris und
nicht wie im Memoire von Bulakoff angenommen sei?**
Auf dem Titelblatte der Handschrift — (No. 5 der Liste)
— selbst haben Sie die Bemerkung geschrieben, ich solle
Alles, was Sie von S. 4—6 eingeklammert [ ] beim Abdruck im „Jahrbuche" weglassen.

  Diese Stelle hab' ich wiederholentlich mit Aufmerksamkeit gelesen, ohne recht begreifen zu können, was Kapt. Buta-
loff mit seiner „naiveté de croire que le premier méridien
géographique passe encore par l'ile de Fer" so eigentlich sagen will; ich meine insonderheit die Nutzanwendung,
welche er von der Zahl, die ihm einst vom Admiral Bellingshausen mitgetheilt worden ist, gemacht hat, um seine chrono-
metrischen Längenbestimmungen mit denen von Lemm in Zusammenhang zu bringen. Seit Borda's und Varela's Zeit
ist es eine allgemein bekannte Sache, daß der sogenannte
Meridian von Ferro nicht durch die „Spitze der Viehweide",
Punta de la Dehesa der Spanier, d. i. durch den äußersten
Westpunkt der Insel Ferro (Hierro), geht, sondern weiter
westlich in die offenbare See fällt, also ein rein eingebildes-
ter ist. Daß ein Offizier der kaiserl. russischen Kriegsflotte,
noch dazu ein Mann, der so kenntnißreich ist, wie Kapt.
Bulakoff, sich dessen nicht erinnert hat, glaub' ich nur dadurch erklären zu können, daß man bei der russischen Marine,
mit Recht, nur nach dem Meridian von Greenwich rechnet,
und den sogenannten ersten Meridian ganz außer Acht läßt.
Da Kapt. Bulakoff bei Berechnung seiner ☉—☽ Distanzen

im Fort Kosch-Arul astronomische Tafeln gebraucht hat, die für den Greenwicher Meridian berechnet sind — offenbar die des Nautical Almanac — so hat das Mißverständniß, von dem er befangen zu sein scheint, glücklicher Weise keinen Einfluß auf die Längenbestimmung der von ihm am Ufer des Aral Sees chronometrisch gemessenen Landspitzen, so wie der im See belegenen Inseln, denen er, nach Art der früheren Südsee-Entdecker, Namen von Gönnern, Freunden, Kameraden ꝛc. beigelegt hat. Sollten die eingebornen Turk-Völker, die Chiwinzen und Kirgisen, keine Benennungen für diese Inseln haben? Eine der größten derselben ist diejenige, welche Kapt. Butakoff nach seinem Kaiser, Insel Nicolai's I, genannt hat. Die Ortsbestimmung, welche er für dieselbe angiebt, bezieht sich, nach Anleitung der Chanikoff'schen Karte, auf eine kleine, südliche Landspitze; denn die Karte hat an dieser Stelle die Bezeichnung: „Astronom. Punkt" (das Schluß t hat der Lithograph vergessen). In der unmittelbaren Nähe der Insel Nicolai I liegen noch vier kleine Eilande, die mit der Hauptinsel eine Gruppe bilden, welche von Butakoff die „Königliche", Ostrowa Zarski, genannt worden ist. Sollte es möglich sein, daß die Kirgisen gar keine Kenntniß vom Vorhandensein dieser Inselgruppe gehabt hätten, und der russische Seemann sie erst entdecken mußte?

Wie aber der Admiral Bellingshausen dazu gekommen, von der Längendifferenz zwischen Ferro und Greenwich zu sagen, sie betrage 17° 45' 8" vermag ich nicht zu ergründen. Dieser Unterschied beträgt bekanntlich 17° 39' 38", insofern Greenwich 2° 20' 22" W. von Paris gesetzt wird.

Seien Sie damit einverstanden, daß die hier besprochene eingeklammerte [ ] Stelle für den Abdruck nicht gestrichen werde; ich wünsche dies, weil möglicher Weise das nämliche Mißverständniß auch in der russischen Ausgabe des Butakoffschen Memoires steht. Decken wir also in Deutschland den Irrthum auf, so pflanzt sich unsere Berichtigung hoffentlich auch nach Rußland fort.

Zu 3). **Entfernung des westlichen Aral-Punktes von dem nächstgelegenen Punkte an der Ostküste des Caspischen Meeres.** Der äußerste Punkt am westlichen Gestade des Aral Sees, dessen Länge Kapt. Butakoff durch Zeitübertragung von Roß-Aral gemessen hat, ist das Vorgebirge des Ust-Jurt, welches den Namen Al-Tumeuf führt. Er setzt es in 55° 58' 25" O. Paris, und die Breite auf 44° 36' 2". Als Sie vor länger als zwanzig Jahren Ihre Karte zu den Fragmens asiatiques und demnächst 1841 die Karte zur Asie centrale zeichneten, bei deren Bearbeitung ich einige Hülfe dadurch leisten durfte, daß ich sie in meinem Hause ins Reine zeichnen ließ, war nur die Länge der Nordwestecke des Aral-Sees bekannt, nach den Beobachtungen, welche von dem militairischen, aber sehr gelehrten Astronomen Lemm, der die Expedition des Generals Berg 1826 mitgemacht hatte, angestellt worden sind. In den Fondemens de la Carte de l'Asie centrale, welche Sie in Ihrem Werke (T. III, p. 581—596) eingeschaltet haben, sind die Resultate dieser Lemmschen Beobachtungen niedergelegt. Ich muß bemerken — und es geschieht nur der Genauigkeit wegen — daß die Zahlen, welche Hr. von Chanikoff von den Resultaten des Obersten Lemm mittheilt, von den Ihrigen um 9" abweichen. Diese Differenz, — die Sie, um mich zu verspotten, ohne Zweifel eine „ungeheuerliche" nennen werden, — rührt sicherlich von einem verschieden angenommmenen Längenunterschied zwischen Paris und Greenwich her, auf welch' letztere alle Lemm'schen Längenbestimmungen bezogen sind. Wichtiger aber ist eine andere Differenz zwischen der Längenbestimmung eines und desselben Punktes zwischen verschiedenen Beobachtern.

General Berg hatte seinen Lagerplatz am westlichen Gestade des Aral Sees den 4 Februar 1826 unter

45° 38' 28" N. und 3ʰ 53' 54" O. (Grw. nach Lemm, 1826;
45 38   8 „ — 3 53 21 —   „ Anjou, —

Das ist ein Unterschied von 33" in Zeit = 8' 15" im Bogen. Chanikoff hat auf seiner Karte die Längenbestimmung von Lemm angenommen, so vermuthlich auch der Kapt. Butakoff bei der seinigen, da diese jener zur Grundlage gedient hat. Erlauben Sie die bescheidene Bemerkung, daß dieser Punkt am Aral-See bei Bearbeitung der Carte de l'Asie, 1841, nicht in Erwägung genommen worden ist. In der Lage des Aralischen Westufers hat mithin eine Änderung gegen Ihre Carte de l'Asie centrale nicht Statt gefunden. Ebensowenig ist dies der Fall in Bezug auf das östliche Gestade des Caspischen Meeres unter 45° N. Br. In diesem Parallel sind am Caspi neuere Beobachter nicht gewesen. Chanikoffs schöne General-Carte de la partie NO. de l'Asie centrale legt die Stelle des verlassenen Forts Neü-Alexander, im Hintergrunde des „Todten Meerbusens" (Mertwoi Kaltuk), genau unter denselben Meridian, 51° 32' O. Paris, wie Sie es gethan auf Grund der handschriftlichen Karte, welche Ihnen von dem General-Lieutenant von Perowsky mitgetheilt worden ist. Das Ostende des großen Golfs, unter 45° 5', ist ungefähr 38' östlicher als das genannte Fort, mithin in 52° 10' O. von Paris; und dies ist derjenige Punkt, welcher dem Aral am nächsten liegt, von dem Al-Tumeul der westlichste ist — 55° 58' O. Beide Zahlen mit einander verglichen ergeben für die Breite des Isthmus zwischen den zwei Binnenmeeren auf dem Parallel von 45° N. in Bogenmaaß 3° 48' oder für die Breite des Scheidungs-Plateaus Ustjurt 38¼ deutsche Meilen, eine Strecke, die sich mit der Entfernung der Oder, bei Küstrin, bis zur Weichsel, bei Jordon, vergleichen läßt. Ich muß bemerken, daß Chanikoffs Generalkarte die Küste des Caspischen Meers auf der Strecke vom Ausflusse des Uralstroms bis zum Todten Meerbusen und mit Einschluß desselben als hydrographisch aufgenommen bezeichnet; man kann aber nicht gut unterscheiden, ob eine levée, oder eine reconnaissance hydrographique gemeint sei. Jedenfalls ist aber auch diese Bezeichnung ein Beweis, daß die angeführte Länge des östlichsten Caspinfers auf Zuverlässigkeit Anspruch machen könne. Lemm's Breiten- und Längenbestimmungen an demselben Ufer fangen mit 45° 46' N. an.

Zu 4). Die geographische Breite von Chiwa betreffend. Wenn die Geographen bei der Lage von Orten auf der — Erde, zu deren Bestimmung nicht der — Himmel um Rath gefragt worden ist, um mehrere Grade in der Länge auseinander gehen, so hat man sich nicht zu wundern; zeigen sich aber derartige Differenzen in der Polhöhe eines Orts, so weiß ich in der That nicht, wie dies erklärt werden könne. Ein solcher Fall tritt bei Chiwa ein. Die Gränzen der Breitenbestimmung dieser Stadt liegen um 3° und darüber von einander. Erlauben Sie, daß ich diese Thatsache tabellarisch darstellen dürfe. Die Breite von Chiwa ist nach:

Thompson, bei Hanway 1740 . . . . . 36° 30′ N.
Pansner, Karte von Central-Asien, in russischer Sprache,
  1818 . . . . 40 6 „
Berghaus, Mémoire explicatif de sa grande carte
  inédite d'Asie, 1829 . . . . . 40 45 „
Macdonald Kinneir, Map of the countries lying
  between the Euphrates and Indus, 1813 . . 40 50 „
D'Anville, Première partie de la Carte d'Asie, 1751 40 55 „
Humboldt, Carte de l'Asie centrale, 1841 . . 41 4 „
Arrowsmith, Outlines of the countries between
  Delhi and Constantinople, 3d Edition, 1821 . 41 16 „
Reichard, Karte von Hochasien, Stielers Handatlas, 1821 41 15 „
Berghaus, nach Untersuchungen vom Jahre 1842 (?) 41 20½
Bolotoff und Chanikoff, Karte vom Aral-See und
  dem Khanat Chiwa, in russischer Sprache, 1851 . 41 38½

Was meine Bestimmung vom Jahre 1829 betrifft, so beruht dieselbe auf den Distanzen, welche Murawjeff's nicht graduirte Karte, die der Beschreibung seiner Gesandtschaftsreise nach Chiwa, 1819, beigefügt ist, enthält. Diese Entfernungen haben ihren Ausgang von zwei Punkten am Caspischen Meere, deren Lage durch Kolodkin's hydrographische Vermessung des Binnenmeers bestimmt ist: das Rothwasser Vorgebirge (Mys Krasnowodsky) Lat. 39° 48′ 25″, von wo Murawjeff seine Reise nach Chiwa antrat; und die persische Stadt Astrabad, an der südöstlichsten Ecke des Caspischen Meeres, Lat. 36° 48′ 45″ nach Kolodkin, 1809—17; 36° 51′ 0″ nach Fraser, 1821/22; wozu jetzt noch kommt 36° 50′ 50″ nach Lemm, 1839. Die auf diese Weise gefundene Breite von Chiwa habe ich zu verifiziren gesucht, und zwar durch die Angabe der Carawanen-Tagemärsche von Orenburg her. Unter mehreren Angaben über die Anzahl der Tage, die man zur Reise von Orenburg nach Chiwa gebraucht, nahm ich, ohne viele Auswahl, diejenige, welche diese Zahl — 33 und jede Tagereise — 40 Werst Länge setzte. Dies macht im Ganzen 1320 Werst. Ich rechnete aber $^1/_{10}$ für die Krümmungen des Weges ab und es blieben für die directe Entfernung zwischen Orenburg und Chiwa 1188 Werst — 169,7 deutsche Meilen; eine Distanz, die genau in denselben Punkt traf, der für Chiwa von der Rothwasser Spitze und von Astrabad gefunden worden war, so daß aus drei astronomisch bestimmten Punkten und den betreffenden Itinerarien die Lage von Chiwa in 40° 45' N. mit ziemlicher Gewißheit als der Wahrheit nahe angenommen werden konnte. Ich entnehme diese Notizen aus dem gedruckten Fragment meines Memoires von 1829 (Krit. Wegw. I, 327).

In diesem Memoire hab' ich mit Bleistift bei Chiwa angemerkt: „41° 20'½ N. nach meinen neueren Untersuchungen". Was die Veranlassung zu dieser Erneuerung gegeben hat und welche Grundlagen dabei gedient haben, ist meinem Gedächtniß — total entschwunden; selbst von dem Jahre, in welchem diese Untersuchungen angestellt worden sind, hab' ich eine bestimmte Erinnerung nicht mehr.

Gehört die Länge von Chiwa zwar nicht zu den Aufgaben, die Sie mir zu stellen die Güte gehabt haben, so darf ich doch auch ihrer wol mit einigen Worten erwähnen. Auch sie schwankt, wie es sich erwarten ließ, und zwar um etwas weniger als 3°, wie nachstehende Vergleichung zeigt.

Reichart, 1521, hat . . . . . O. von Paris	55°	24'
Macdonald Kinneir, 1813	55	40
Arrowsmith, 1821	55	42
d'Anville, 1751, erhöht um 1°, nämlich . . .	56	55
Pansner, 1816, schreitet noch mehr vor . .	57	30
Humboldt, 1841, folgt dessen Fußstapfen . .	57	55

Berghaus. 1842 (?) ist noch östlicher . . . . . 38° 12'⅛
Derselbe, 1829 . . . . 58 20
Chanikoff. 1851 . . . . 58 18

Die zahlreichen Karten, welche Hr. Zimmermann über Inner-Asien herausgegeben hat, hab' ich bei diesen Zusammenstellungen nicht benutzen können, aus dem einfachen Grunde, weil ich sie nicht besitze!

Das Feld der asiatischen Geographie werden wir von nun an den Russen überlassen müssen. Sie machen Anspruch darauf, und mit vollkommenem Recht; denn Sie haben Alles zur Hand, was zu ihrer Bearbeitung erforderlich ist: die talentvollsten Männer im Schoofse der geographischen Gesellschaft, die außerdem von dem lebhaftesten Eifer für die Erweiterung der Erdkunde beseelt sind, und, was besonders wichtig, sie haben über die nötigen Geldmittel zu gebieten. Ich lege den Jahresbericht der Gesellschaft von 1850 bei.

Zu 5) Ihres Denkzettels hab' ich keine Bemerkung zu machen; wol aber muß ich mir —

Zu 6) die Chanikoffsche Karte vom Issyk-Kul und Ballasch betreffend, Ihre näheren Bestimmungen über Verwendung dieser wunderschönen Zeichnung erbitten.

Mit Gesinnungen der ec.

Berghaus.

56.

(Erhalten den 6. Juni 1852.)

Im Drange der Abhängigkeit können es heute nur wenige Worte sein, mit denen ich Ihnen den innigsten Dank sage für die rasche Erledigung und die gründliche Beantworrung, die Ihr heutiger Brief mir bringt. Ich habe ihn mit dem größten Interesse gelesen und viel Belehrung daraus geschöpft. Ich bin damit einverstanden, daß Sie die im Butakoffschen Memoire eingeklammerte Stelle entklammern. Meine Wünsche gehen dahin, daß Sie Alles, was ich Ihnen geschickt habe, drucken lassen: Karten sowol als Schriften. Die Manuskriptkarten von Hrn. von Chanikoff — Partie NO. de l'Asie centrale, Lacs d'Issikul et Balkasch — sind überaus wichtige Dokumente für die Geographie; ich vermuthe, daß es dem Verfasser sehr angenehm sein wird, wenn seine Arbeit in Deutschland zuerst erscheint, da es mit der russischen Ausgabe noch im weiten Felde zu sein scheint. Auch Chanikoff's Verzeichniß der geographischen Ortsbestimmungen ist von hohem Werthe, da es Alles enthält, was bisher für die Begründung der Geographie des nordwestlichen Asiens geschehen ist. Auch die Karte vom Aral-See und dem Abanat Chiwa wäre in deutscher Ausgabe sehr wünschenswerth; allein ich fürchte, Sie werden an dem großen Formate dieses schönen Blattes Anstoß nehmen! Wie wäre es, wenn Sie einen Auszug daraus machten, der zur Erläuterung des Memoire von Capt. Butakoff dienen würde. Fragen Sie recht bald Ihren Verleger Perthes, ob er die Kosten des Stichs dieser schönen Beiträge zur asiatischen Geographie aufwenden will. Ich bin ganz mit Ihnen einverstanden, daß wir dieses Feld der Thätigkeit den russischen Gelehrten zu räumen haben! Wir haben in der geographischen Gesellschaft die würdigsten Collegen gefunden. Den Jahresbericht von 1850 schick' ich hierbei zurück.

Freundschaftlichst

Ihr

A. H.

Die charaktervolle Gebirgszeichnung auf der Karte vom Issikul und Balkasch erfordert einen sehr gewandten Lithographen, dem das Verständniß von Alpennatur, Schneeregion, Vegetationsstufen beiwohnt. Machen Sie Hrn. Perthes darauf besonders aufmerksam.

Am 14. Juni 1852. — Perthes hat abgelehnt! „So ehrenvoll ihm auch der Antrag des Hrn. von Humboldt sei, schreibt er, und so große Freude es ihm machen würde, dem berühmten Manne entgegen zu kommen, dennoch könne er sich nicht entschließen, diese drei Karten in Kupfer stechen zu lassen, da der Kostenaufwand mit der Continuation des „Jahrbuchs" durchaus nicht in Einklang zu bringen wäre. Und zur Lithographie eigneten sich die Karten nicht, da die Helfart'sche lithographische Anstalt (zu Gotha), in der er fürs Jahrbuch arbeiten lasse, nicht über Arbeitskräfte gebiete, die so schwierige Zeichnungen, wie namentlich die vom Issik-Kul x. sei, auszuführen vermögen. Ein Anderes sei es, wenn Hr. von Humboldt es vermitteln könne, daß der Verfasser der Karten, Hr. von Chanikoff in St. Petersburg, seine Bereitwilligkeit erkläre, für die Deckung des Ausfalls aufkommen zu wollen. In diesem Falle würde er die Karten in Berlin, etwa beim königl. lithographischen Institute, ausführen lassen, von dem sich voraussetzen lasse, daß es Lithographen beschäftige, die, wie sich Hr. von H. ausgedrückt habe, Gebirgs-Verständniß besäßen, die allerdings nothwendig wäre, um die „charaktervolle" Zeichnung des Thian-schan auf dem Steine wiederzugeben."

Humboldt äußerte, als ich ihm heute mündlich Bericht erstattete:

— So sind die deutschen Buchhändler! Will man ihnen was Gutes und Schönes, womit sie Ehre einlegen können, zuwenden, so kommen gleich die Bedenken wegen der Herstellungskosten, wegen des Geldbeutels! Von Ihrem — Herrn Perthes — und er legte einen Ton der Bitterkeit auf diesen Ausdruck — hätte ich so etwas doch nicht erwartet; haben Sie ihn mir doch immer als einen Mäcenas geschildert, zudem als einen Mann, der durch das Landkartenwesen reich geworden, als den Höchstbesteuerten im großen weiten Reich Sachsen-Gotha! Und ein solcher Mann bedenkt sich, wenn es sich um einen Ausfall von vielleicht 50 Thlr. handelt, der möglicher Weise gar nicht vorkommt, denn das betreffende Heft Ihres „Jahrbuchs" würde gewiß in zahlreichen Exemplaren in Rußland verlangt werden. Sehr komisch kommt es mir vor, daß Hr. von Chanikoff zuschießen und ich den Vermittler spielen soll! In diesem Ansinnen liegt so viel Humor, daß man lachen muß!

Als ich die Karten H. zurückgeben wollte, sagte er:

Nein, nein! behalten Sie die Blätter. Nehmen Sie die Karten zum Geschenk von mir an als einen sehr werthvollen Beitrag zu Ihrer Sammlung. Vielleicht finden Sie doch noch Gelegenheit, sie zu publiciren. Gebrauche ich sie bei Bearbeitung der neuen Auflage meiner Asie centrale — was von der schönen Karte des Issyk-Kul und Balkasch wegen der vielen Details, die darauf stehen, gewiß ist, so kann ich sie ja jeden Augenblick von Ihnen leihweise bekommen. Von Chanikoff's Positionen-Tafel, an deren Abfassung der auf dem Titel genannte Jürgen Tolstoi wol den meisten Antheil hat, fertigen Sie eine Übersetzung und lassen diese in compendiöserer Form, als das russische Original ist, drucken. Die Tafel ist, ich wiederhole es, ein wichtiger Beitrag zur positiven Geographie. Eben so Butakoffs Mémoire. Vergessen Sie aber ja nicht, in diesem die widerwärtige Excellenz überall zu streichen.

Mémoire explicatif de la carte de la Mer d'Aral,

dressé par Alexis Boutakoff,

Capitaine de corvette de la marine Impériale Russe, en 1849.
et imprimée par le Département hydrographique du Ministère
de la marine en 1851.

Lettre adressée à Mr. le Baron Alexandre de Humboldt.

Avant l'année 1848 on n'avait que des informations très imparfaites sur la mer d'Aral: c'étaient des reconnaissances superficielles dans quelques parties, des tracées de marche-routes le long de la côte occidentale, des recits des Kirghises et trafiquants dans la Steppe. L'année 1846 Mr. l'astronome *Lemm* fut chargé par le Gouvernement de déterminer dans la Steppe une série de points astronomiques, et il poussa jusqu'à la côte septentrionale de la mer et au bord de la Syr-Dariah. En 1847 fut envoyé sur l'Aral un petit bâtiment, le *Nicolas*, de 35 pieds de longueur, construit d'après les bateaux pêcheurs de la mer Caspienne; et alors on fit la levée à la planchette d'une partie de la côte orientale, à une distance de 70 verstes au Sud de l'embouchure du Syr, et des îles y attenantes. L'année suivante, MM. *Akicheff* et *Goloff* (du corps des topographes) partirent au printemps à bord du Nicolas et firent dans le courant de la première moitié de l'été la levée à la planchette de toute la côte nord de la mer d'Aral, depuis l'embouchure du Syr jusqu'au cap Koum-Souat, y compris l'île Koug-Aral.

Au commencement de l'année 1848, le Gouvernement me fit l'honneur de me nommer chef de l'expédition hydrographique, chargée de l'exploration complète de la mer d'Aral. Arrivé à Orenbourg le $\frac{5}{17}$ Mars, j'ai aussitôt commencé la construction de la göelette *le Constantin*, de 50 pieds de longueur, que j'achevai le $\frac{28\ \text{Avr.}}{10\ \text{Mai}}$; après quoi je l'ai démonté, chargé sur des chariots et transporté en pièces d'Orsk à Raïme (sur le Syr), où je l'ai reconstruit dans l'espace d'un mois, lancé le $\frac{20\ \text{Juillet}}{1\ \text{Août}}$, et le $\frac{25\ \text{Juillet}}{6\ \text{Août}}$ je partis pour sillonner „Os mares nunca d'outrem navegados." — (Camoens.)

Ma première campagne sur l'Aral dura jusqu'au $\frac{23\ \text{Sept.}}{5\ \text{Octob.}}$ — j'ai dû rentrer dans la Syr-Dariah plus tôt que je ne voulais, car le chenal de la delta s'oblitère très-considérablement vers l'automne. Cette campagne eut les résultats suivants:

1) La reconnaissance générale de la mer d'Aral;
2) Des sondages en diverses directions;
3) La détermination de plusieurs latitudes;
4) La levée de l'île *Barsa-Kilmess*;
5) La découverte et levée d'un groupe d'îles, que je nommai *Iles du Tsar*, qui avant nous étaient complètement inconnues, même aux Kirghises. La plus grande de ces îles, *Nicolas I*, est couverte de Saksaul (pinus orientalis, anabasis ammodendron) et habitée par une immensité d'antilopes (Saïgaks) dont vous avez certainement vu des échantillons à Orsk. Point de traces d'habitations humaines, et la preuve que l'île n'a jamais été visitée par l'homme, c'est que ces innocens quadrupèdes ne nous craignaient pas et même nous

regardaient avec curiosité. Cette naïveté ne pouvait pas durer: pendant deux mois d'une navigation orageuse et de travaux pénibles nous n'avions que des provisions salées, et la chaire succulente de ces animaux fut une délicieuse trouvaille pour des marins affamés.

J'ai passé l'hiver de 1848—49 à l'île Koss-Aral, à l'embouchure de la Syr-Dariah, dans un petit fortin qui protège notre pêcherie, appartenant à une compagnie d'Orenbourg. Le seul incident remarquable de mon hivernage fut une chasse au *tigre* que nous fimes dans notre voisinage. Cet animal s'était établi tout près de mon fortin, et pendant que j'étais en mer il fit acte de présence en dévorant quatre vaches de nos pêcheurs sur un des îlots de la delta; puis il mangea deux Kirghises de nos environs, une masse de moutons, et finalement, à 3 verstes de nous, un cheval de la pêcherie. Il fallait l'exterminer à tout prix, et le $\frac{21\ Nov.}{9\ Dec.}$ je sortis contre lui avec 35 hommes. Je fis une cernée à travers la pointe qui termine l'île vers le nord, et Dieu merci nous le tuâmes sans le moindre accident pour aucun de nous. Il était très-gras et mesurait 6 pieds 4 pouces du museau au commencement de la queue. Les tigres rôdent continuellement aux environs de Raïmc, et surtout en hiver, nonobstant les froids — ils y sont attirés par le bétail des Kirghises, qui viennent en grands nombres passer l'hiver dans les joncs des bords de la Syr-Dariah. En faisant l'exploration de la côte orientale j'en trouvais en beaucoup d'endroits des traces toutes fraîches sur le sable du rivage.

Chaque année nos soldats et cosaques en tuent quelques-uns.

Je commençai la campagne suivante le $\frac{5}{17}$ Mai. Ayant confié à M*r Pospéloff*, enseigne du corps des pilotes qui reçut le commandement du Nicolas, — l'exploration et la levée de la côte orientale et les sondages dans la partie nord de l'Aral, je partis à bord du Constantin. Pendant cette seconde campagne je fis la levée de quelques îles, attenant à la côte orientale ainsi que de toutes les côtes occidentale et méridionale; je déterminai les points astronomiques tout autour et fis les sondages de la haute mer, ainsi qu'ils sont marqués sur la carte; enfin, je fis la découverte de deux îles, auxquelles j'ai donné les noms de nos célèbres amiraux et explorateurs polaires — Bellingshausen et Lazareff.

Grace à Dieu tout m'a parfaitement réussi ainsi qu'à M*r Pospéloff*; les topographes *Rybine* (à mon bord) et *Christoforoff* (à bord du Nicolas) ont travaillé avec leur zèle et leur habileté bien connues, et malgré les risques, parfois imprudemment téméraires — sans cela nous n'aurions pas fait grande chose — et les *Knocks* qu'entraîne nécessairement une expédition explorative dans des eaux complètement inconnues, nous sommes revenus sains et saufs, avec nos équipages entiers et bien portants. En général, pour des expéditions de ce genre, rien ne peut être comparé au matelot ou soldat russe: il est actif, intelligent, obéissant, patient et aventurant; il rit des privations, rien ne le décourage, et le danger a pour lui un attrait tout particulier. Je dois ajouter que les matelots ne faisaient que la moitié de mes équipages — le reste se complétait de soldats d'infanterie qui au bout de deux mois (à part quelques vomissements) étaient à bord comme chez eux, et dont il s'était même formé quelques timonniers. Ces derniers étaient des rives de la Volga.

[Pour la situation astronomique de l'Aral je me crois en devoir de dire quelques mots d'explication. Les latitudes sont déterminées au moyen des altitudes méridionales du soleil. Désirant avoir pour mes longitudes un point de départ indépendant, j'ai déterminé la longitude du fort de Koss-Aral au moyen des distances ☉—☽ (l'une orientale et l'autre occidentale); à cette longitude j'ai attaché toutes les autres chronométriquement. Comme mes tables astronomiques étaient pour le méridien de Greenwich, et ayant la naïveté de croire que le premier méridien géographique passe encore par l'île Ferro, tandis qu'on le trace dans l'espace à 20° W. de Paris, — j'ai pris la différence de longitude entre Ferro et Greenwich 17° 45′ 8″, pour lier mes points astronomiques à ceux de Mr Lemm, calculés du 1er méridien géographique. J'eus cette différence de longitude du défunt amiral Bellingshausen, et en plaçant sur ma carte Raïme et Ak-Djoulpass*) d'après ces données, je trouvai que la situation de ces deux points correspondait exactement avec la levée géodésique de cette partie. J'étais très-fâché qu'un mal d'yeux m'avait empêché de lier chronométriquement Koss-Aral

---

*) Raïme et Ak-Djoulpass sont déterminés par Mr. Lemm du 1er méridien géographique.

à Raïme. Je me propose maintenant de déterminer la pointe de Raïme au moyen des occultations des étoiles par la lune, et de lier à ce point toute la mer d'Aral chronométriquement (c'est à dire mon point de départ, Koss-Aral). J'espère que cela servira aussi à corriger les longitudes de Mr Lemm *).

Les côtes septentrionale et orientale avec les îles attenantes, ainsi que les îles Koug-Aral, Barsa-Kilmess, le groupe du Tzar, les îles Bellingshausen et Lazareff sont levées à la planchette. Les caps Koum-Souat et Yzendé-Aral sont placés d'après leurs latitudes et leurs relèvements à la boussole (corrigés par la déclinaison de l'aiguille trouvée au moyen des azimuths du soleil), — pris de la pointe Ouzoun-Kaïre, point astronomique. Le cap Tubé-Kara et l'extrémité méridionale de l'île Barsa-Kilmess sont placés d'après leurs latitudes et leurs relèvements du cap Yzendé-Aral. J'avais aussi commencé de lever la côte occidentale à la planchette, mais trouvant que c'était trop dangereux à cause des vents et du ressac, je dus me borner à la levée maritime, du bord de mon bâtiment. La côte méridionale et l'île Tokmak-Ata sont aussi levées du bord. D'ailleurs, la levée de la côte occidentale coïncidait presque complètement avec les points astronomiques Ak-Toumsouk et Ak-Souat — elle fut faite avec des circonstances de vent et sillage très favorables. En général, la violence des vents dominants NE. et NW.

---

*) Tous mes points astronomiques sont observés à terre, au moyen de l'horizon artificiel.

nous rendait nos travaux bien pénibles et dangereux, et nous entrainait souvent à des risques qui ne pourraient être justifiés que par le succès; mais all's well that ends well.]

N'étant ni géologue ni naturaliste, mais désirant de faire mes explorations utiles à la science, j'avais prié Mr *Helmersen* de me donner une instruction pratique pour la géologie et des conseils. Si ma collection géologique, dont j'avais chargé le sous-officier *Werner*, est bonne à quelque chose, j'en suis redevable à la clarté et précision de l'instruction de Mr *Helmersen*, ainsi qu'au zèle du collecteur, qui a recueilli consciencieusement les échantillons des roches, mesuré l'épaisseur des couches et noté autant que possible leur direction; je' l'avais aussi chargé de recueillir les plantes, avec fleurs et racines, en notant les lieux et dates où elles furent prises, d'après une instruction que le défunt amiral *Bellingshausen* a eu la bonté de m'envoyer. Les échantillons géologiques furent envoyés à Mr de *Helmersen*, au Corps des Mines — il en fit un travail qu'il a eu l'honneur de communiquer à vous; et 75 exemplaires de plantes furent expédiés à Mr *Fischer*, alors directeur du Jardin Botanique Impérial de St. Pétersbourg.

Les côtes de la mer d'Aral présentent un désert parfaitement aride et inhabité. La côte nord se compose de plateaux argileux, de 200 à 300 pieds d'élévation, escarpés vers le sud et descendant en pente assez douce vers le nord. Les îles Koug-Aral et Barsa-Kilmess ont le même caractère. On trouve de l'eau potable, en creusant des puits, près du rivage de la côte NW. de la Baie Péroffsky. La côte occidentale est formée par le plateau de l'Oust-Ourt, aussi de 200 à 300 pieds d'élévation. L'Oust-Ourt commence près de Kara-Tamak (Gorge Noire), auquel touchent les sables Grands Barsouks, et tourne vers SWtW. et WSW, près d'Ak-Souat; il est très escarpé vers la mer. Des touffes de verdure, éparses par-ci par-là, indiquent la présence de l'eau douce dans des puits. Le long de l'Oustiourte vont parfois d'assez grandes caravanes de Kirghises-j'en ai vu un de 500 chameaux, mais ces animaux boivent l'eau de la mer. La côte méridionale est parfaitement plate et composée des alluvions de l'Amou-Dariah. La côte orientale est sablonneuse, avec des collines de sable mêlé d'argile, dont les plus hautes (plus loin vers le sud) ont une élévation de 80 à 100 pieds. Toute cette côte est boisée ainsi que la plupart des îles attenantes (Saksaul, Djanguil etc.); au sud des bouches desséchées du Kouvan elle est intersectée par une multitude d'anses et criques qui vont assez loin dans le continent et dont les entrées sont barrées par des bancs de sable. A peu de distance du rivage on y rencontre beaucoup de lacs d'eau très salée et amère — infiniment plus que celle de la mer. En creusant des puits le long de cette côte, je n'ai trouvé partout que de l'eau amère et salée. De toutes les îles attenantes on n'a trouvé de l'eau potable que sur celles de Kouch-Djitmess, Tchontehka-Bass et Menchikoff. Aux îles Nicolas I, Barsa-Kilmess et Koug-Aral on trouve aussi de l'eau potable dans des puits; celle de Barsa-Kilmess en est la plus amère.

L'eau de la mer d'Aral est salée, mais bien plus faiblement que celle de l'Océan; on peut la comparer à l'eau du golfe de Finlande à 100 vertes de Cronstadt. Je crois que cela provient de la grande quantité d'eau douce qu'y déversent les deux grandes rivières Syr et Amou. Une fois, quand ma provision d'eau s'était épuisée et j'étais à trois ancres dans le ressac avec un banc de sable derrière la poupe, nous étions forcés d'en boire pendant deux semaines, ce qui nous causa à tous des diarrhées terribles. J'en avais pris une bouteille pour l'analyser chimiquement, ainsi que deux autres avec de l'eau d'un lac salé et do celle d'une source salée près de Karn-Tamak; mais ces bouteilles crevèrent des grands froids pendant mon voyage de retour d'Orenbourg à Pétersbourg. La mer d'Aral (en tatare *Aral-Tenyhiz*, Mer des Iles) est divisée par les Kirghises en deux parties inégales: la partie nord gèle jusqu'à une petite distance au sud de Barsa-Kilmess et a le nom de *Petite Mer*, tandis que le reste ou la *Grande Mer* est ouverte tout l'hiver excepté le long des côtes. La glace de la Petite Mer est assez forte pour tenir des chevaux et chameaux. Les vieillards de mon voisinage m'ont raconté qu'ils avaient entendu de leurs pères qu'une fois et bien longtemps de cela *toute la mer* était couverte de glace — probablement qu'à cette époque les saïgans ont émigré du continent à l'île Nicolas I.

Les deltas des deux grandes rivières qui tombent

dans l'Aral sont très oblitérées; le chanal le plus profond de la Syr-Dariah n'a que 3 à 4 pieds de profondeur, parfois moins. Cette profondeur varie chaque année; en hiver la glace reste sur le fond et alors l'eau se creuse de nouveaux lits et approfondit les chenaux qui ensuite s'oblitèrent vers l'automne. L'eau du Syr est tout à fait jaune, mais si après en avoir puisé on lui donne du repos elle devient parfaitement claire et très-agréable. La masse d'eau augmente considérablement en printemps, à la fonte des neiges; puis son niveau tombe un peu, et ensuite monte à sa plus grande hauteur vers le commencement de Juillet. A 70 verstes de l'embouchure la différence de la haute et basse eau du Syr est jusqu'à $2\frac{1}{2}$ et 3 pieds. La quantité de substances terreuses que le Syr charrie a haussé ses bancs, de sorte que les terrains environnants sont plus bas que le niveau de la rivière en été, ce qui facilite beaucoup aux Kirghises leurs travaux d'irrigation. Les bouches de l'Amou (Oxus) sont encore plus oblitérés que ceux du Syr. Les grands poissons de la mer et du Syr sont l'esturgeon à museau pointu et le silure; les autres espèces sont à peu près les mêmes que de l'Oural et la mer Caspienne. Les rivages de la côte orientale et des îles attenantes ainsi que les rives du Syr et de l'Amou sont bordés de joncs très épais; les lacs que remplit le Syr sont aussi couverts de joncs, qui s'élèvent jusqu'à une hauteur de 20 pieds. En été, aussitôt après le coucher du soleil, des myriades de cousins (moustiques) sortent des joncs d'eau douce.

Dans le sol argileux on trouve une grande quantité de tarentules et parfois des scorpions — de ces derniers il y avait beaucoup à l'île Nicolas I. Sur les hauteurs argileuses il y a aussi beaucoup de serpents et lézards d'un gris rougeâtre.

La zoologie et l'ornithologie des environs de l'Aral vous doit être connue des relations de *Lehmann* et *Basiner*. Sur les côtes et ilôts on trouve une immense quantité d'oiseaux aquatiques: pelicans, cormorants, goëlands, martins pêcheurs, — qui y déposent leurs oeufs, dont nous avons eu plus d'un régal; puis les oiseaux de passage: cygnes, oies sauvages, canards, flamands etc. Le long de la côte orientale il y a beaucoup de sangliers et dans les joncs de la Syr-Dariah des faisans. Comme je l'ai déjà dit, j'ai trouvé beaucoup de traces de tigres sur le sable de la côte orientale.

La Syr-Dariah (Jihoun) tombe dans la mer par deux bras, qui en font la delta. Le bras méridional a un courant très faible et est très oblitéré par les sables. Autrefois tombait dans l'Aral la Kouvan-Dariah (un bras du Syr), mais de nos jours elle a très peu d'eau et les Kirghises en ont barré l'embouchure par une digue pour ne pas laisser s'échapper l'eau qui s'accumule à la fonte des neiges et qu'ils emploient à leurs travaux d'irrigation. A l'époque actuelle, en été, l'eau ne s'y tient que dans de petits lacustres. Un vieillard m'a raconté qu'à 60 ans de cela le Kouvan avait un courant si fort qu'il „tournait les pierres", et plus d'eau que le

Syr; et aussi qu'après cela, le bras méridional du Syr était plus fort que celui du nord, qui est à present la bouche principale. D'après les indices des côtes il faut conclure que le niveau de l'Aral baisse constamment; les rochers calcaires dans quelques endroits de l'Oust-Ourt ainsi que près de la pointe méridionale de l'île Nicolas I portent des traces de l'action des vagues, à une hauteur à laquelle ne peuvent atteindre celles de nos jours, même pendant le plus gros temps.

Le climat est très-chaud en été et très-froid (près les bouches du Syr) en hiver. Comme il y a au fort Aralsk (Raïme) un observatoire météorologique, vous devez avoir de Mr *Kupffer* des données climatologiques plus détaillées et plus précises que celles que je pourrais donner — et d'autant plus que mes baromètres s'étaient cassés pendant le trajet à travers la Steppe. Pendant mon hivernage à Koss-Aral les premières gelées ont commencé le $\frac{22\ Oct.}{3\ Nov.}$, de sorte que le lendemain j'ai patiné sur un des lacustres que remplit le Syr. La rivière fut prise le $\frac{26\ Nov.}{8\ Dec.}$ et la débâcle n'eut lieu que le $\frac{3}{15}$ d'Avril. L'hiver que j'y ai passé était très rigoureux pour 46° de latitude —: des froids jusqu'à — 18° R. et des chasse-neiges très-fréquens; — tout cela surtout sensible pour moi qui logeais dans une masure, construite à la hâte, où l'encre gelait dans ma chambre pendant la nuit. Les étés y sont d'une chaleur accablante, sans pluies, et l'air n'est purifié que par les vents dominants qui soufflent presque continuellement de la partie nord de la boussole et dispersent les évaporations des joncs d'eau douce si dangereuses dans d'autres contrées. Ces vents sont souvent très-violents, soulèvent une grosse mer et rendent la navigation très-pénible et dangereuse. Généralement parlant, le climat de ces contrées n'est pas malsain, quoique peu agréable.

Pour la conformation du fond de la mer d'Aral, je vous prie de jeter un coup d'oeil sur la carte [1] — les sondages et le sol du fond y sont marqués; les sondages en toises de 6 pieds anglais. Il est facile de s'apercevoir qu'il y a une espèce d'enfoncement, où la profondeur va jusqu'à 37 toises, près de la côte occidentale, entre Kara-Tamak et Ak-Toumsouk [2]).

Enfin, j'y joins les points astronomiques, déterminés par moi, ainsi que j'en ai parlé plus haut. J'ai cru inutile de parler des points où il n'y a que des latitudes sans longitudes. La déclinaison de l'aiguille est pour la plupart déterminée au moyen des Azimuths, et quelquefois des Amplitudes du soleil. La longitude du fort de Koss-Aral est déterminée au moyen des distances lunaires et les autres sont attachées chronométriquement à celle-ci.

Lieux.	Latitudes N.	Longitudes de Greenwich
Fort de Kosa Aral	46° 1′ 17″,7	61° 1′ 44″,6
Tchoubar-Taraoüze, entrée de la baie, côte méridionale . . .	46 44 42,2	60 30 59,6
Cap Ouzoun Kaïr, près de l'extr. mérid. de la presqu'île Koulandy	45 46 3,6 59	17 44,9
— Ak Toumaouk, sur l'Oustourte .	44 36 1,8 58	18 47,7
— Ak Sousl, extrém SO de la mer d'Aral	43 42 41,2 58	22 6,5
Ile Rellingshausen, milieu . .	44 35 36 58	58 11
— Nicolas I, bule mérid. . .	44 59 4,6 59	16 54,6
— Yermoloff, vis-à-vis de l'embouchure du Djan-Dariah	43 43 23,3 60	18 30,6
Cap Kouogan Sandun, côte orient. de la mer d'Aral	44 52 43 61	46 41,8

Alexis Boutakoff
Capitaine de Corvette de la marine Impériale Russe.

1) Diese Karte scheint Humboldt nicht empfangen zu haben. Er hat ihrer weder in seinen Briefen noch in der mündlichen Unterhaltung Erwähnung gethan. Später hab' ich es, in der erklärlichen Zerstreuung über Paribes, Ablesung des Humboldt'schen Bewusches wegen der Karten, unterlassen, nach dieser Butakoffischen Karte vom Aralischen Binnenmeere zu fragen.
2) Den Namen Ak-Tomsul schreibt Chanikoff in seiner Karte vom Aral-See u. und in der Positionen-Tabelle Ak-Tameul.

Humboldt an Berghaus.

57.

(Erhalten 24 März 1856.)

Wie schwer mir auch das Schreiben wird, Folge zunehmender Körperschwäche, doch kann ich mir das Vergnügen nicht versagen, Ihnen bei Uebersendung wichtiger Papiere des russischen Schiffs-Capitains Alexis Butakoff einige Worte zu sagen. Sie erinnern sich, daß der treffliche Seemann und seine hydrographischen Aufnahmen des Aral Sees uns beide vor mehreren Jahren sehr lebhaft beschäftigt haben. Die Briefe, die ich Ihnen heute mittheile, enthalten Resultate, welche mit jener ältern Vermessung (ich glaube sie wurde 1848—49 ausgeführt) in Zusammenhang zu stehen scheinen. Schreiben Sie die Briefe ab, oder machen Sie einen Auszug daraus, so weit es zur Vervollständigung der damaligen Acten nützlich ist. Schicken Sie mir aber sämmtliche Papiere bald zurück; ich will sie an Ritter geben, der von denselben in der geographischen Gesellschaft und für deren Zeitschrift Gebrauch machen kann. Sagen Sie mir dann auch mit einem Paar Worten, wie es Ihnen geht. — In alter freundschaftlicher Anhänglichkeit

Ihr

Sonntags. Al. Humboldt.

Sie werden an meiner von jeher unleserlichen Handschrift die Wahrnehmung machen, daß auch bei mir das Alter anfängt, seine Rechte geltend zu machen.

Ich lege auch einen kleinen Aufsatz von mir bei, der über das Areal der Mexicanischen Republik innerhalb ihrer jetzigen Gränzen handelt. Ich werde ihn ebenfalls an Ritter geben. Vielleicht notiren Sie sich daraus die betreffenden Zahlen.

Die Papiere, welche dem vorstehenden Briefe beigelegt waren, und die ich heute an Hrn. von H. zurückgeschickt habe, sind:

1) Ein Bericht des Kapt. Butakoff über seine Erforschung des Syr Darjah auf dessen Lauf von etwa 1½ Meilen oberhalb des Forts Perofski, 44° 50′ 46″ N. Br. 65° 27′ 24″ O. Grw. bis zum Ausfluß in den Aral-See. Dieser Bericht ist aus der Kirgisen-Steppe Fort No. 7 am Syr Darjah vom 10/22 November, alten und neuen Stils, 1857 datirt.

2) Ein Schreiben des Kapitains an Humboldt, aus St. Petersburg vom 8/20 Januar 1855; und

3) Ein zweites, ebenfalls aus St. Petersburg vom 2/14 März 1858, worin er meldet, daß er demnächst eine neue Karte über den Syr Dariah einsenden werde, die vor seiner Rückreise von St. Petersburg in die Steppe, welche in den nächsten Tagen erfolge, noch nicht ganz vollendet werden konnte.

Aus diesen Papieren entnehme ich folgende Einzelnheiten zur Ergänzung, beziehungsweise zur Berichtigung der Ortspositionen-Tafel vom Jahre 1849, nebst einigen anderen Nachrichten.

Auszug aus Alexis Bulakoffs Berichten von 1857, 1858.

Im Jahre 1855 wurde der nunmehrige Schiffskapitain Bulakoff von dem Gouverneur von Orenburg und Samara, Grafen Peroffsky, beauftragt, den Unterlauf des Syr Dariah, vom Fort Peroffsky an, welches zuvor Ak-Metschet hieß, geographisch-astronomisch und topographisch aufzunehmen, nachdem er schon zwei Jahre vorher den Versuch dazu gemacht hatte, der aber keine genügende Resultate gegeben hatte. Das Terrain war ihm schon aus den Jahren 1848 und 1849 her bekannt. Kapitain Bulakoff hat den erwähnten Auftrag des Grafen Peroffsky in den Jahren 1855—1857 zur Ausführung gebracht.

Unmittelbar nach Beendigung seiner Arbeiten wurde er aus den Kirghisen-Steppen in Dienstgeschäften nach St. Petersburg berufen, wo er von dem Akademiker Sawitsch die Länge des am Syr belegenen Forts No. 1 erhielt, welche derselbe aus Bulakoffs Beobachtung der Sonnenfinsterniß vom 5/17 September 1857 berechnet hat. Die Länge dieses Punkts hatte der Kapitain zu 62° 10′ 0″ O. Grw. angenommen, in Folge seines chronometrisch ausgeführten Anschlusses an Lemm's Beobachtungen zu Raïm vom Jahre 1848.

Die Berechnung der ☉Finsterniß (Ende) ergab aber durch Vergleichung der gleichzeitigen Beobachtungen zu Kursk 4h 8′ 21″,8, zu Tiflis 4h 8′ 22″,6, zu Pulkowa 4h 8′ 22″,5, im Mittel aus diesen drei Vergleichungen 4h 8′ 22″,3 = 62° 5′ 34″,5 O. Länge von Grw., welche mit Rücksicht darauf, daß die drei Resultate bis auf einen Bruchtheil der Zeitsekunde übereinstimmen, von Butakoff als definitiv angenommen worden ist.

Da die Aufnahme des Syr Darlab unmittelbar an die Vermessung des Aral-Sees angeknüpft worden ist, so folgt, daß die Correction des Fundamental-Meridians, wie sie aus Butakoffs Beobachtung der ☉Finsterniß von 1857 nach Sawitsch' Berechnung hervorgeht, auch auf die Länge aller am Aralsee bestimmten Küstenpunkte von Einfluß sein müsse. Deshalb hat denn auch Capitain Butakoff diese Verbesserung an seinen Bestimmungen von 1848 u. 1849 angebracht; und es stellen sich nunmehr die astronomisch bestimmten Punkte, zufolge des Schreibens, welches er unterm ⁸/₂₀ Januar 1858 an Alexander von Humboldt richtete, folgender Maßen:

An den Ufern des Aral-Meers.

	N Breite.			Länge.		
Kosch-Aral, altes Fort	46°	1′	16″	60° 59′	13″	O. Grw.
Grabmal Ak-Dschulpaß	46	41	32	61	44	29
Eingang der Bucht Tschubar-Taraug	46	44	42	60	28	25
Ujun-Kair, Südspitze der Halbinsel Kulandy	45	46	3	59	15	11
Ak-Tumsuk, kleines Vorgebirge des Ust-Jurt	44	38	2	56	16	14
Ak-Suat, Südwestecke des Aral-Meers	43	42	41	56	19	32
Insel Nikolaus I, Südbucht	44	59	5	59	14	20

	N. Breite.	Länge.
Insel Beülingshausen, Mitte	44° 35' 35"	58° 53' 37" O. Grw.
Insel Jermoloff, Südostecke des Aral-Meers	43 43 23	60 15 56
Vorgebirge Kurgan-Cantan	44 52 43	61 44 11

Da für die Aufnahme des Aral-Sees der Meridian des Forts Roß-Aral als Ausgangs-Punkt gedient hat, und die Länge desselben durch ☉☽ Distanzen bestimmt worden ist, so hat die vom Syr Dariah Fort No. 1 übertragene, aus der Sonnenfinsterniß von 1857 hergeleitete Länge nicht eine so große Differenz gegeben, wie zwischen dieser Butakoffschen Bestimmung und den Lemmschen Resultaten von 1846. Der Unterschied zwischen der neuen Feststellung und der ältern Annahme beträgt in der ganzen Reihe der Aral-Punkte im Durchschnitt etwa 2'1/2 im Bogen, ein Beweis, daß ☉☽ Distanzen, sorgfältig gemessen, auch heute noch ein verläßliches Mittel darbieten, die Länge zu bestimmen, namentlich in Ländern, die, ihrer Natur nach, selten von Europäern betreten werden, wie vornehmlich das Innere von Afrika. Lebhaft treten Humboldt's Worte vor mein Erinnerungs-Vermögen, die er in den ersten Tagen des Jahres 1852 zu mir sprach, als wir im Potsdamer Schlosse das Feld der Thätigkeit der damaligen afrikanischen Reisenden durchmusterten.

An den Ufern des Syr Dariah.

	N. Breite.	Länge.
Fort Peroffsk, südwestliche Bastei	44° 50' 46"	63° 27' 24" O. Grw.
Ruinen von Kumysch-Kurgan, kokhanisches Fort	44 52 1	64 49 48
Ruinen von Tschim-Kurgan	45 1 53	64 43 13
Fort No. 2	45 29 9	64 4 24
Ak-Dschar, Kirgisen-Grab	46 35 57	63 10 15
Fort No. 1, südöstliche Bastion (Haupt-Meridian)	45 45 32	62 5 34
Raim, Südspitze	46 4 19	61 42 34

Zum festen astronomischen Ausgangspunkt seiner Expedition zur Aufnahme des Syr Laufes nahm Kapt. Butakoff, wie gesagt, die südöstliche Bastei des Forts No. 1. Anfangs bemühte er sich, die Länge desselben auf absolute Weise durch Beobachtung von Sternbedeckungen zu bestimmen; da ihm aber dies nicht gelang, so schloß er ihn chronometrisch an Raïm an, welches im Jahre 1846 durch Lemm, ebenfalls auf chronometrischem Wege in Long. 61° 47' 20" O. Grw. — 59° 26' 56" O. Paris bestimmt war. Als Beobachtungspunkt auf der Halbinsel Raïm (Aral-See) gilt das südliche Ende derselben. In der Folge aber hat Butakoff, wie oben gesagt worden ist, das Resultat der von ihm im Fort No. 1 beobachteten Sonnenfinsterniß vom 17 Sept. 1857 allen seinen Längenbestimmungen zum Grunde gelegt.

Zur Basis der Flußvermessungen wählte er im Westen des Forts No. 1: Raïm (früher Fort Aral) und Roß-Aral an der Mündung des Syr (derselbe Ausgangspunkt, welcher für die Längenbestimmung des Aralischen Meeres gedient hatte), im Osten des Forts No. 1: die Forts No. 2 und Peroffsky.

Für die chronometrisch zu bestimmende Längen-Differenz zwischen den Forts No. 1 und No. 2 ist bei der Bergfahrt des Stroms für jedes eine Reihe correspondirender Beobachtungen von Sonnenhöhen gemacht worden, woraus der mittlere Gang der Chronometer zwischen beiden Reihen genommen wurde. Eben so verfuhr Kapt. Butakoff mit dem Längen-Unterschiede zwischen den Forts No. 2 und Peroffsky. Bei der Thalfahrt auf dem Syr hat er das nämliche Verfahren an jedem der genannten Orte inne gehalten, und am Schlusse die mittleren Werthe als Resultate jeder der beiden Directionen angenommen.

Um Raïm und Koß-Aral mit dem Fort No. 1 in Verbindung zu bringen, hat Butakoff ein gleiches Verfahren befolgt. Für die Zwischenpunkte, wie Ak-Dschar, Tschim-Kurgan, und Kumysch-Kurgan, nahm er die Mittel des Ganges der Chronometer an den Hauptpunkten, zwischen denen diese Punkte zweiter Ordnung belegen sind. Für die Breiten-Beobachtungen nahm er das Mittel der Circummeridianhöhen vor und nach der Culmination der Sonne.

Da Butakoffs neues Memoire durch Ritters Vermittlung sehr wahrscheinlich in der „Zeitschrift der Berliner Gesellschaft für Erdkunde, redigirt von Dr. K. Neumann" erscheinen wird — wenigstens wird Humboldt, ich zweifle nicht, dies bei der Mittheilung an Ritter zur Bedingung machen, um dem so kenntnißreichen als mittheilsamen Kapt. Butakoff einen berechtigten Beweis von Aufmerksamkeit zu geben, — so brauch' ich aus dem Memoire weiter keine Auszüge über die Naturbeschaffenheit des Syr Darïah zu machen; werd' ich doch die interessante Beschreibung, die überdem Manches wiederholt, was schon im Bericht von 1849 steht, demnächst in jener Zeitschrift gedruckt vor mir haben. Das sei hier nur angemerkt, daß Kapt. Butakoff 80 Werst = 11½ b. Meilen oberhalb des Forts Peroffsky aufwärts geschifft ist; allein es war nur eine flüchtige Recognoscirung, bei der er wenig Positives beobachten konnte, daher er denn auch diesen Theil des Stromlaufs aus seiner Karte weggelassen hat.

Das Klima am Ufer des Syr ist, so weit Butaloffs Beobachtung reicht, ein durchaus extremes: im Sommer tropische Hitze bis zu 30° R. im Schatten, und im Winter Kälte bis — 27° R. Die Winde wehen fast unaufhörlich aus nördlichen Himmelsstrichen und sind fast immer ziemlich heftig. Der Mangel an Wäldern und die ungeheuren Ebenen bedingen vorherrschende Trockenheit; Schnee und zumal Regen sind sehr selten. Trotz der Schilfwälder, welche die Ufer des Syr wie die der Seen und Morässe bedecken, erzeugen die Ausdünstungen bei der großen Hitze doch keine bösartigen Fieber; die Miasmen, welche aus dem faulenden Schilfe entstehen, werden durch die Winde verweht.

Über das Klima an der Mündung des Syr in den Aral-See gibt Kapt. Butakoff nähere Nachrichten, die zur Ergänzung seines Berichts von 1849 dienen. Er sagt u. a.: Im Winter 1848—49, den ich zu Kosch-Aral verlebte, fand der erste Frost am 1 November, neuen Stils, Statt. Er war so heftig, daß er in Einer Nacht alle stehenden Wasser und alle Wasserrinnen mit ziemlich festem Eise überbrückte; der Strom selbst gefror erst am 8 December. Den ganzen Winter hindurch war häufiges Schneegestöber, und zwei Wochen lang hielt sich die Kälte zwischen — 20° und — 23° R.

Das ist ja ein Stück von Jakutischer Kälte im hohen Nordosten von Sibirien! In seinem Bericht von 1849 gibt Butakoff als Maximum der Kälte nur — 18° R. an, und auf diese Ziffer schon legte Humboldt einen Accent, weil er mich besonders darauf aufmerksam machte; auch setzt Butakoff in dem nämlichen Bericht die Epoche des ersten Frostes auf den 3 November.

Die Eisdecke war 2′ 4″ englisch Maaß stark. Das Eis an der Mündung setzte sich am 15 April in Bewegung. Im Jahre 1852 fror der Strom am 30 November zu und brach bei Raym den 1 April 1853 auf. Über einen Monat hinburch schwankte die Kälte zwischen — 18° und — 26° R.

Die Dicke des Eises am Fort Aral war 3′ 2″. Der Winter 1854—55, den Butakoff im Fort No. 1 zubrachte, war dagegen sehr milde. Das Eis stand erst am 20 November fest, aber eintretendes Thauwetter setzte es wieder in Bewegung und erst am 8 Januar kam es zum zweiten Mal zum Stehen. Der Eisgang fand am 30 März 1855 Statt. (Alle Daten nach neuem Stil.) Nur in einer Nacht fiel das Thermometer auf — 21° R. Sonst betrug die strengste Kälte, die vier Tage anhielt, nicht über — 14° R. Schnee fiel selten und nicht anhaltend und thaute schnell weg. Wahrscheinlich war auch wenig Schnee in den Bergen gefallen, die den Oberlauf des Syr umgeben, denn im Sommer 1855 war das Wasser des Flusses ungemein niedrig. Beim höchsten Wasserstande am Fort No. 1 stieg es nur 2′ 6″ über 0, während es in den Sommern 1854 und 1856 bis zu 5′ 7″ anschwoll.

Übersichtlich zusammen gestellt hat man die **Eisdecke des Syr**:

	Anfang	Ende
1848—1849	den 8 December	den 15 April
1852—1853	„ 30 November	„ 1 April
1854—1855	„ 20 November	
	„ 8 Januar	„ 30 März.

Über das **Schwärmen des bengalischen Königstigers** in höhere Breiten bemerkt Kapt. Butakoff Folgendes, was zur Ergänzung dessen dient, was er im Memoire 1849 sagt:

An den Ufern des Syr, in der Nähe der bewohnten Auls der Kirgisen, zumal in der Winterzeit, streifen Tiger von derselben Größe wie der bengalische Tiger umher; jedes Jahr werden einige erlegt. Gewöhnlich bringt man an dem

vom Tiger erwürgten Pferde oder Ochsen mehrere Selbst-
schüsse an, die das Raubthier, wenn es zur Beute zurückkehrt,
von verschiedenen Seiten treffen müssen, und nur selten ent-
geht es dieser List. Auch greift man sie im offnen Felde,
durch Treibjagen in den Schilfwäldern, an, in denen sie
hausen, oder ein Paar kühne Jäger gehen gemeinsam auf sie
los. Wir halten hier im Fort No. 1 einen Kalmüken von
der Truppe der Uralischen Kosaken, mit Namen Mantyk, der
in drei Jahren allein 8 Tiger erlegt hat; die Jagd war ihm
zur wahren Leidenschaft — „noblen Passion", geworden, bis
er von dem letzten dieser seiner Feinde grausam verletzt
wurde. Diese Tigerjagden sind indeß hier am Syr und
Aral nicht Liebhaberei, sondern Nothwendigkeit, um die
schädlichen Bestien auszurotten.

Humboldt hat gefragt, ob Tiger am Ufer des Caspi
überwintern. Kapt. Butakoff antwortet darauf in seinem
Schreiben vom 14 März 1858, daß, nach des Generals von
Blaramberg Versicherung, die Tiger allerdings an der Süd-
westküste des Caspischen Meeres bis Lenkoran hin überwintern, wo die russischen Soldaten fortwährend gegen sie
Jagd zu machen haben. Lenkoran liegt unter 38° 44' N. Br.
oder ungefähr 8° südlicher als die Gegenden am Syr, wo
der Tiger gleichfalls im Winter hauset bei — 27° R. Kälte!

Eine auf den Menschen Bezug habende Bemerkung des
Kapt. Butakoff muß ich doch auch noch ausziehen. Die
Asiaten, sagt der Verfasser des Memoires, haben andere
Vorstellungen von ihren Heiligen, als wir Christen. Als
ich im Jahre 1848 die Steppe das erste Mal mit Baschkurs,
i. e. Baschkiren, durchritt, kamen wir an einem in hoher
Verehrung stehenden Denkmal des Heiligen Dustán vorüber,

das am Ufer des Jrghis liegt. Als ich nach den Verdiensten des Heiligen fragte, antwortete mir ein Baschkur ganz phlegmatisch: der Dustán habe viele Kameele und Hammel gestohlen, was ihn reich und zum Heiligen gemacht habe. Und gleich darauf bezeigte derselbe Baschkur, der diese Erklärung gegeben hatte, dem Heiligen Dustán seine größte Verehrung.

Gar nicht übel! Aber ist es in der . . . Welt etwa viel anders?

In der „Note über den Flächeninhalt des jetzigen Mexicanischen Gebiets" kann der verehrte Verfasser den Verdruß über die Zweifel wenig verbergen, welche unberechtigte Personen wegen der Angaben haben laut werden lassen, die aus Oltmanns' Berechnung des Flächeninhalts vom Königreich Neu-Spanien, nach Humboldt's Karte von 1803, hervorgegangen sind. Dr. Bruhns, Adjunct der Berliner Sternwarte, hat den Flächeninhalt zum Theil neu berechnet. Am Schluß seiner Note gibt Humboldt das jetzige Staatsgebiet von Mexico, — nach Abschluß des Vertrages mit den Vereinigten Staaten von Nordamerika zu Guadalupe Hidalgo vom 2 Februar 1848, — zu 33,984 deutschen Quadratmeilen an. Die Note ist wegen der wild durcheinander laufenden vielen verschiedenen Meilenmaße schwer zu lesen.

Potsdam, 25 März 1858. Berghaus.

Table des positions géographiques
dans la partie Nord-Ouest de l'Asie Centrale,
déterminées astronomiquement.
Dressée par M. Jacques de Khanikoff et M. Georges de Tolstoï,
membres effectifs de la Société Impériale géographique de Russie.

Octobre 1850.

Noms des lieux.	Déterminations adoptées.		Noms des Observateurs; époque de l'observation, méthode de la détermination de la longitude.
	Latitude N.	Long. E. de Paris.	
1. Miass	54° 59' 8"	57° 44' 48"	Vichnevsky, chronométriquement, 1806 - 1815. Long. 57° 48' 16" Humboldt, 1829, distances lunaires, lat. 54° 58' 31".
2. Troïtsk	54 4 31	59 12 59	Vichnevsky, chr. 1806—15. Humb. chr. 1829: lat. 54° 4' 45", long. 59° 15' 82". Fédoroff en 1832 et en 1838, long. par des culminations de la ☾ (déterminations non pas encore calculées).
3. Zvérinogolovskaïa	54 27 5	62 31 46	Vassiléeff 1839. Fédoroff 1833. culm. ☾ (pas encore calculée).
4. Présnogorkovskaïa	54 29 36	63 19 18	Hansteen, 1830. chron.
5. Pétropavlovsk	54 52 60	66 40 36	Hansteen, 1830. lat. 54° 52' 32", long. 66° 37' 10" chr.; Humb. 1829, lat. 54° 52' 23", long. 66° 48' 17" chr. La détermination adoptée d'après les observat. de Fédoroff, long. 4h 36' 4" E. de Greenwich, Culmin. de la ☾.
6. Omsk	54 58 55	71 4 44	Humb. 1829, lat. 54° 59' 8", long. 70° 57' 48" chron. Hansteen, 1830, long. 70° 59' 25". Fuss. 1830, long. 70° 47' 23". Fédoroff, 1833—1834, lat.

Noms des lieux.	Déterminations adoptées.		Noms des Observateurs; époque de l'observation; méthode de la détermination de la longitude.
	Latitude N.	Long. E. de Paris.	
7. Verkhné-Ouralsk	53°52′34″	76°51′26″	et long. adoptées, la long. par des culm. de la ☾. Vichnevsky 1806 – 15, chr. Fédoroff, 1832, ☾ culm. (pas encore calculée).
8. Jélézinskaïa	53 32 15	72 58 16	Fédoroff, 1834, occultations d'étoiles.
9. Barnaoul	53 19 54	81 28 21	Islenièff 1770, éclipses de sat. du Jupiter, long. d'après son propre calcul 81°6′49″, d'après le calcul de M. J. Olimanns 1831, long. 80°57′30″. — Humb. 1829, long. 81°43′27″chr.; Hanst.1830,lat.53°19′51″, long. 81° 38′ 42″ chron.; Fédoroff, 1835 — 36, lat. adoptée long. 5ʰ 30′ 18″ E. de Grw. Culm. de la ☾.
10. Kizilskaïa	52 41 29	. . . . .	Karéline, 1831.
11. Embouchure du Karaboutak	52 11 42	. . . . .	Karéline, 1831.
12. Source du Tankars	52 39 50	. . . . .	Karéline, 1831.
13. Rivière Samtaty	52 24 57	. . . . .	Karéline, 1831.
14. Constantinovkoïe	52 44 40	59 3 30	Vassiléeff, 1839.
15. Ouralsk	51 11 28	49 2 22	Vichnevsky, 1806—1815, la détermination adoptée, long. chron., Lemm 1825, lat. 51° 11′ 21″; Anjou 1825, lat. 51° 11′ 7″; Humb. 1829, lat. 51° 11′ 49″, long. 49° 2′ 15″ chron.
16. Iletskoï gorodok	51 31 0	51 3 7	Vichnevsky, 1806 – 15, chron.
17. Ozernaïa	51 35 59	51 31 59	Hansteen, 1850, chron.
18. Iletskaïa zastchita	51 9 6	52 40 55	Vichnevsky, 1806 — 15, long. chron. Fédoroff, 1832, ☾ culm., pas encore calculée.
19. Orenbourg	51 44 52	52 47 57	Vichnevsky, 1806—15, lat. 51° 45′ 31″, long. 52°

Noms des lieux.	Déterminations adoptées.		Noms des Observateurs; époque de l'observation; méthode de la détermination de la longitude.
	Latitude N.	Long. E. de Paris.	
20. Orsk	51°12'36"	56°15'42"	46' 14", occult., Karéline 1831, lat. 51° 45' 24". Fédoroff (culm. (non calculée). Vassiléeff, 1839, la détermination adoptée. Vichnevsky, 1806—15, lat. 51° 12' 18", long. 56° 11' 54", chron. Karéline, 1831, lat. 51° 12' 14"; Lemm, 1846, la détermination adoptée, la long. chronométriquement.
21. Tanalytskaïa	51 46 25	56 24 35	Vichnevsky, 1806 — 15, chron.; Karéline 1831, lat. 51° 46' 22".
22. Rivière Mendebaï	51 8 32	56 32 48	Lemm, 1846, chron.
23. Yamychevskaïa	51 52 57	75 1 36	Fédoroff, 1834—37, culm. de la ☾.
24. Mine Zméinogorskoï	51 9 16	79 59 55	Hansteen, 1830, chron.; Humboldt, 1829, lat. 51° 8' 48", long. 80° 11' 15" dist. ☾.
25. Kojékbarovskoï	50 19 18		Lemm, 1825; Anjou, 1825, lat. 50° 18' 44".
26. Rivière Mamyt	50 43 56	56 40 44	
27. Passage de la rivière Or	50 38 44	56 41 50	
28. Rivière Or	50 59 30	56 45 3	
29. La même, autre point	50 56 13	56 45 47	
30. Mare d'eau près de la riv. Kara-Sou	50 31 22	56 50 33	Toutes ces positions, depuis No. 26 jusqu'à No. 40, ont été déterminées d'après les observations de M. Lemm en 1846; les long. des points 27, 29, 31, 33 d'après des culm. de la ☾, celles
31. Source du Djousso	50 23 21	57 1 38	
32. Mare d'eau (Loushitsa)	50 14 30	57 5 8	
33. Lac Tchelkar, extrémité méridionale	50 1 37	57 18 9	
34. Lac Djité Koul, extr. mér.	50 58 36	59 53 57	
35. Lac Aïké, extr. orientale	50 57 38	59 53 57	

Noms des lieux.	Déterminations adoptées. Latitude N.	Long. E. de Paris.	Noms des Observateurs; époque de l'observation; méthode de la détermination de la longitude.
36. Ravin avec de l'eau potable	50°37'40"	59 53 57	
37. Rivière Tirce Boutak	50 31 5	60 5 6	de tous les autres d'après le transport de tems par le chronomètre.
38. Rivière Djantai	50 27 7	60 17 26	
39. Rivière Oulkoulak	50 13 14	60 30 32	
40. La même, autre point	50 2 59	60 37 45	
41. Chef-lieu d'arrondissement Balan-Aoul	50 50 14	73 27 51	Fédoroff, 1837, long. 5ʰ 3' 13" E. de Grw.
42. Sémiyarsk	50 53 13	75 59 58	Fédoroff, 1832—37, culm. de la ☾. Hansteen, 1830, lat. 50° 53' 9", long. 76° 0' 36" en 1838 par Chronomètre.
43. Sémipalatinsk	50 24 23	77 55 33	Fédoroff, 1832—37, Culm. de la ☾. Humboldt, 1829, avait trouvé lat. 50° 23' 52", long. 77° 45' 15" dist. ☾. Hansteen, 1829, lat. 50° 24' 2", long. 78° 0' 58" chronom.
44. Choulbinskoï	50 23 7	78 51 8	Hansteen, 1829, chronom.
45. Lac Elton, rive Sud-Ouest	49 7 17	44 15 36	Humboldt, 1829, chronom.
46. Talovskaïa	49 44 11	46 25 36	Vassiléëff, 1839.
47. Sakharnaia	49 36 31	49 6 32	Vichnevsky, 1806 — 15, chronom.
48. Kalmykovskaia	49 2 18	49 30 87	Vichnevsky, 1806 — 15, chronom.

Noms des lieux.	Déterminations adoptées.		Noms des Observateurs; époque de l'observation; méthode de la détermination de la longitude.
	Latitude N.	Long. E. de Paris.	
49. Abre Djanguéase Agatch.	49°52′24″	57°27′26″	
50. Rivière Oui-Moulla.	49 46 54	57 30 45	
51. Rivière Kara-Boutak.	49 39 29	57 38 57	
52. Rivière Yaman-Kaïratski.	49 32 14	57 45 57	
53. Rivière Irguize	49 21 40	57 56 24	
54. Passage de l'Ir-guize.	49 5 25	58 2 14	
55. Rivière Irguize	49 12 33	58 4 9	
56. Lac Kagala-Koul, extr. occident.	49 7 39	60 1 5	Toutes ces positions depuis No. 49 jusqu'à No. 71 ont été déterminées d'après les observations de M. Lemm, en 1846, les longitudes par le transport du tems, excepté le point No. 49, dont la long. fut déterminée par des Culminations de la ☾. La long. déduite de ces observations a servi comme point de départ pour la long. des autres points.
57. Lac Kara-Koul, extr. occident.	49 12 58	60 15 53	
58. Rivière Tourgaï	49 17 7	60 27 33	
59. Tombeau Em-bétéi près de la rivière Tour-gaï.	49 20 12	60 42 45	
60. Tombeau Ak-menbété près la même rivière	49 23 6	60 51 50	
61. Puits Kochelak près d'une conche	49 54 7	60 58 23	
62. Ravin avec de l'eau potable.	49 26 6	61 6 5	
63. Puits Karassaï près d'une conche	49 50 39	61 6 56	
64. Fort Orenbourg-skoïe.	49 38 17	61 15 0	
65. Lac Taldé-Koul, extr. occid.	49 43 44	61 32 35	
66. Rivière Kaberga	49 51 4	61 43 47	
67. La même Riv., autre point.	49 49 50	61 58 47	
68. La même Riv., troisième pt.	49 50 34	62 15 33	
69. La même Riv., quatrième pt.	49 51 34	62 24 47	
70. Ilch Tamak	49 53 47	62 36 39	
71. Petit Lac Kara-Sou.	49 57 36	62 42 21	

Noms des lieux.	Déterminations adoptées.			Noms des Observateurs; époque de l'observation; méthode de la détermination de la longitude.
	Latitude N.	Long. E. de Paris.		
72. Chef-lieu d'Arrondissement Kar-Karalinsk	...	...		Fédoroff, 1837 (les observations ne sont pas encore calculées).
73. Mines de plomb	49 12	3	...	Tafaieff, 1815.
74. Fort Oust-Kaménogorskaia	49 56 46	80° 18' 16"		Fédoroff, 1834, culm. de la ☾. Humboldt, 1829, lat. 49° 56' 14", long. par chron. 80° 10' 54".
75. Boukhtarminsk	49 36 12	81 13 30		Fédoroff, 1534, culm. de la ☾. Humboldt, 1829, lat. 49° 34' 44"', long. par chron. 81° 13' 20".
76. Redoute Krasnoiarskoï	49 14 56	61 51 8		Humboldt, 1829, chronom.
77. Mine Zyrianovskoï	49 43 9	62 1 29		Humboldt, 1829, chronom.
78. Tzaritsine, ville	48 41 59	42 12 40		Vichnevsky, 1806 — 15, chronom.
79. Sarépta, ville des frères-Moraves	48 30 47	42 14 51		Lemm, 1839, long. 2h 58' 21" E. de Greenwich; Humboldt, 1829, lat. 48° 30' 26", long. 42° 16' 26" chronom.
80. Tchernoï-Yar, ville	48 4 13	43 53 40		Hansteen, 1830.
81. Siége de l'administration des Kirguizes de la horde Boukeï	48 45 55	45 14 35		Hansteen, 1830.
82. Fort Koulaginskaïa	48 22 17	49 13 34		Vichnevsky, 1806 — 15, chronom.
83. Emplacement du Fort Embénskoïe	48 19 21	55 5 27		Vasiliéff, 1839, culm. de la ☾.

Noms des lieux.	Déterminations adoptées.		Noms des Observateurs; époque de l'observation; méthode de la détermination de la longitude.
	Latitude N.	Long. E. de Paris.	
84. Rivière Irguize	48°51′ 8″	57°51′17″	
85. Rivière Irguize, autre point	48 56 34	57 53 29	
86. Rivière Irguize, bras oriental	48 44 44	57 54 16	
87. Rivière Irgulze, 4me point	48 39 31	58 10 57	
88. Lac (innanom), extr. NO.	48 37 18	58 16 33	
89. Rivière Irguize, 5me point	48 38 28	58 27 30	
90. Rivière Irguize, 6me point	48 40 16	58 41 24	Les déterminations des points depuis No. 84 jusqu'à No. 103 ont été calculées d'après les observations de M. Lemm en 1846; la long. du fort Ouralskoï, No. 94, a été fixée par des observations de culminations de la ☾; tous les autres longitudes reposent sur le transport du tems par le chronomètre.
91. Rivière Irguize, 7me point	48 41 14	58 47 35	
92. Rivière Djabé-Sou	48 2 23	58 54 19	
93. Rivière Djabé-Sou, autre point	48 0 59	58 55 30	
94. Fort Ouralskoï	48 57 29	58 55 21	
95. Lac Kak-Koul, extr. occident.	48 16 21	59 1 2	
96. Lac Djalandjik-Koul, extr. NO.	48 29 29	59 1 26	
97. Lac Koutoul-doun-Koul, extr. O.	48 19 17	59 3 2	
98. Puits Bostol	48 17 28	59 18 12	
99. Til-Kara	48 47 9	59 23 42	
100. Lac Kizil-Koul, extr. occident.	48 51 8	59 36 23	
101. Puits-Khoudaï-Birguen	48 5 17	59 37 5	
102. Rivière Oul-kouïak	48 58 18	59 46 6	
103. Village Ouloa-Taou	48 39 14	64 49 50	
104. Endroit Tigouchak sur l'Ou-lou-Irguize	48 16 47	. . . .	Tafaéeff, 1820.
105. Chef-lieu de l'arrondissement de Kokpétin	. . . .	. . . .	Observations de culm. de la ☾, par M. Fédoroff en

Noms des lieux.	Déterminations adoptées.		Noms des Observateurs; époque de l'observation; méthode de la détermination de la longitude.
	Latitude N.	Long. R. de Paris.	
			1836, qui ne sont pas encore calculées.
106. Lac Zaisangue, découlement de l'Irtych . .	48°13′37″	61° 5′36″	Fédoroff, 1834; long. 5ʰ 33′ 44″ E. de Greenwich; culm. de la ☾.
107. Baty, poste militaire chinois	48 57 0	81 32 34	Humboldt, 1929, chronom.
108. Kapanovskaïa stanitsa .	47 27 45	44 30 21	Lemm, 1839, long. 3ʰ 7′ 23″ E. de Grw., chron.
109. Iénotaievsk .	47 14 24	44 45 83	Vichnevsky, 1806 — 15, chronom.
110. Saraïtchikovskaïa . .	47 30 21	49 11 36	Fédoroff, 1825, éclipse du soleil(?), long. 3ʰ 2′ 8″ E. de Grw. Anjou 1825, lat. 47° 30′ 19″.
111. Gourieff, ville	47 6 38	49 38 20	Vichnevsky, 1806 — 15, chronom. Kolodkine 1809—17, lat. 47° 6′ 47″ long. 21° 39′ 20″ E. de St. Pétersbourg, chron.
112. La grande Ile Mokroï, extr. or.	47 1 34	. . . .	Karéline, 1832.
113. Endroit Khodja-Koumssy-Kiell-Tana	47 14 41	. . . .	
114. Près de la côte septentrionale de la mer Caspienne .	47 12 10	. . . .	Observations de M. Lemm, 1825.
115. Tombeau d'Abdjal . .	47 12 24	. . . .	
116. Ile Issène-Koubek-Aral .	47 8 16	. . . .	Lemm, 1825; Anjou, 1825, lat. 47° 8′ 9″.
117. Ile Adjibal .	47 2 46	50 48 51	Lemm, 1825, long. 3ʰ 32′ 37″, éclipse du soleil (?).
118. Près du tombeau Kouroumsaï . .	47 32 27	. . . .	Lemm, 1825.

Noms des lieux.	Déterminations adoptées.		Noms des Observateurs; époque de l'observation; méthode de la détermination de la longitude.
	Latitude N.	Long. E. de Paris.	
119. Lac Khodja-koul	47° 48′ 10″	. . . .	Tafaéeff, 1820.
120. Emplacement du fort Ak-Doulak	47 1 57	55° 29′ 39″	Vassiléeff, 1839, culm. de la ☽.
121. Puits Terekly 1	47 44 39	59 7 57	
122. Puits Terekly 2	47 41 22	59 12 44	
123. Puits Tubé	47 16 46	59 18 53	
124. Puits Tobal	47 2 6	59 19 27	
125. Puits Kara-Kodouk	47 27 18	59 19 44	Observations de M. Lemm, en 1846; les longitudes chronom.
126. Mare d'eau Ak-Kourdane	47 47 48	59 48 26	
127. Puits Chochadé	47 40 9	59 52 23	
128. Puits Serké Kodouk 2	47 26 30	59 55 26	
129. Puits Serké Kodouk 1	47 17 44	60 10 20	
130. Puits Klahta	47 5 45	60 12 30	
131. Chef-lieu d'arrondissement d'Alagouze	47 50 8	77 42 36	Fédoroff, 1834, culm. de la ☽, long. 5ʰ 20′ 12″ E. de Grw.
132. Samlensk, ville	46 49 39	45 17 51	Lemm, 1839, long. 3ʰ 10′ 33″ E. de Grw., chronom.
133. Quarantaine Ténaïskoï	46 22 23	45 36 31	Vichnevsky, 1806 — 15, chronom.
134. Astrakhan	46 21 9	45 43 86	Vichnevsky, 1806—15, lat. 46° 20′ 53″, long. 45° 45′ 0″, occultations d'étoiles; Kolodkine, 1806 —17, lat. 45° 20′ 18″, long. 17° 46′ 0″ E. de St. Pétersb., occult. d'étoiles; Lemm, 1839, lat. 46° 21′ 9″, long. 3ʰ 12′ 16″ E. de Grw., chron.
135. Mouillage près du Granoï bougor	46 59 0	. . . . .	Observations de M. Karéline en 1832.
136. Grande Ile Petchnoï	46 55 0	. . . . .	

Noms des lieux.	Déterminations adoptées.		Noms des Observateurs; époque de l'observation; méthode de la détermination de la longitude.
	Latitude N.	Long. E. de Paris.	
137. Ile Kamynloe	46°52' 0"	. . . .	
138. Ile Babianij, extr. méridion.	46 38 0	. . . .	Observations de M. Karéline en 1832.
139. Entrée du détroit grand Pror-va	46 0 0	. . . .	
140. Ile Kara-Kissiak - Balapani-Ak-Tubia	46 1 16	60 49 21	
141. Endroit Ak-Tubia - Markatnik non loin de l'île Kara - Kamych	46 47 20	60 54 36	Observations de M. Lemm en 1825 et 1826; les longitudes No. 140 = 3ʰ 32' 39", No. 141 = 3ʰ 33' 0" E. de Grw. d'après des distances lunaires.
142. Ile Touloum-béte-Kity	46 8 2	. . . .	
143. Fontaine Jakchi Isséke-Djar	46 55 50	. . . .	
144. Endroit Isséko-Djal	46 50 56	. . . .	
145. Endroit Sary-Tcherpé	46 41 55	. . . .	
146. Halte du 11 Février 1826	46 25 25	. . . .	
147. Entrée de la baie Teboubar-Tamousse, côte méridion.	46 44 42	58 10 35	Boutakoff, 1848—49, long. 60° 30' 59" E. de Grw., chronom.
148. Fort Koss-Aral	46 1 17	58 41 20	Boutakoff, 1845—49, long 61° 1' 41" E. de Gr., dist. lunaires.
149. Pyramide près de la l'embouchure du Syr-Daria dans la mer d'Aral	46 3 23	58 48 59	Les positions de No. 149 à No. 168 ont été calculées d'après les observations faites par M. Lemm en 1826. Toutes
150. Rivière Syr-Daria	46 2 33	58 50 56	
151. Limane, extrémité septentr.	46 9 42	59 0 23	
152. Rivière Syr-Daria à son entrée dans le Limane	46 3 32	59 0 42	

Noms des lieux.	Déterminations adoptées.		Noms des Observateurs; époque de l'observation; méthode de la détermination de la longitude.
	Latitude N.	Long. E. de Paris.	
153. Rivière Syr-Darla, antre point . .	46° 6' 54"	59° 14' 8"	
154. Puits Koul-Koudouk .	46 57 41	59 20 29	
155. Digue Arobo-goute . .	46 9 36	59 21 42	
156. Presqu'île Raf-me, extr. mérid.	46 4 19	59 26 56	
157. Tombeau Djoul passe . .	46 41 32	59 28 51	les longitudes sont déterminées par le transport de tems par le chronomètre, excepté celles des No. 150, 153 et 155; les longitudes de ces trois points reposent sur des culminations de la lune.
158. Talhe Goute	46 0 30	59 29 11	
159. Puits Alti-Koudouk . .	46 50 25	59 30 41	
160. Puits Ak-Koudouk . .	46 36 20	59 34 5	
161. Près du lac Kamychli-Bach	46 14 54	59 36 33	
162. Puits Sapake	46 28 43	59 39 11	
163. Puits Ak-Chablak . .	46 10 20	60 8 8	
164. Puits Borgo-Koudouk .	46 18 33	60 11 51	
165. Puits Tokobal	46 54 7	60 15 50	
166. Puits Moroun-Koudouk .	46 46 57	60 15 57	
167. Puits Aksi .	46 29 40	60 21 41	
168. Puits Bourmacb	46 37 32	60 25 32	
169. Embouchure de la rivière Lépes à l'extrémité N.E. du lac Balkhacb .	46 20 22	76 2 51	Fédoroff, 1834, long. E. de Grw. 5ʰ 13' 88", culm. de la ☾.
170. Embouchure du Volga . .	45 43 19	45 15 6	Lemm, 1839, long. E. de Grw. 3ʰ 10' 32", chron.
171. Staroï Karantinnoï bougor	45 44 30	45 15 22	Kolodkine, 1809—17, long E. de St. Pétersbourg 17° 17' 25", chronométriquement.
172. Ile Birytchinskoï . .	45 43 42	45 17 44	Humboldt, 1829, chronom.

Noms des lieux.	Déterminations adoptées.		Noms des Observateurs; époque de l'observation; méthode de la détermination de la longitude.
	Latitude N.	Long. E. de Paris.	
173. Phare Tchéty-rekh-Bougornoi	45° 35' 24"	45° 20' 47"	Kolodkine, 1809 — 17. long. E. de St. Pétersbourg = 17° 22' 50" par chronom., 17° 27' 0" occult., 17° 43' 0"
174. Village Dossa-da sur le Jitnoi Ilongor.	45 47 50	45 24 57	
175. Tchistnoi bank	45 11 23	45 40 57	
176. Quarantaine d'Astrakhan.	46 41 11		Blaramberg, 1836.
177. Rabouchatchnoï bank	45 9 50	46 27 2	Kolodkine, 1809 — 17. long. E. de St. Pétersbourg 18° 29' 5"....
178. Principale île Bicutchy, extr. méridionale.	45 55 0		
179. Stanovoi hou-gou	45 18 0		Karéline, 1832.
180. Iles Novinskié	45 17 0		
181. Cap Zméinaia sur la presqu' île Bousatchi	45 13 0		
182. Ile Magnédjale	45 58 43	50 55 8	Lemm, 1825; les longitudes déduites de distances lunaires, dont les résultats originaux: 8h 33' 2", 33' 32" et 35' 49" E. de Greenwich.
183. Ile Akiykéné	45 49 48	51 2 36	
184. Endroit Eki-Kizil-Djar, sur la rive orient. de la Caspienne	45 46 21	51 36 51	
185. Endroit Akty-kéne	45 37 47		
186. Halte du 11 janvier 1826	45 28 41		
187. Halte du 12 janvier.	45 16 21		
188. Halte du 13 janvier au pied de l'Ousyourté	45 13 21		Lemm, 1826.
189. Halte du 21 janvier près de l'endroit Tchou-roukh	45 3 49		
190 Halte du 4 Février sur la rive			

Noms des lieux.	Déterminations adoptées.		Noms des Observateurs; époque de l'observation; méthode de la détermination de la longitude.
	Latitude N.	Long. E. de Paris.	
occidentale de la mer d'Aral	45° 35' 28"	56° 8' 6"	Lemm, 1826, long. 3ʰ 53' 54" E. de Grw., distances lunaires; Anjou, 1826, lat. 45° 38' 8", long. 3ʰ 53' 21" E. de Grw.
191. Halte du 2 Février	45 26 15	56 13 51	Lemm. 1826, long. 3ʰ 54' 17" E. de Grw., dist. lunaires.
192. Halte du 3 Février	45 36 41	56 19 6	Lemm, 1826, long. 3ʰ 54' 35" E. de Grw., dist. lunaires.
193. Cap Ouzoune-Kaïr, près de l'extrémité méridion.de la presqu'île de Koulandy	45 46 3	56 57 20	Boutakoff, 1848—49, long. 59° 17' 44" E. de Grw., chronom.
194. Lac Aïguérik	45 58 44	59 38 35	Lemm, 1846, chronom.
195. Signal topographique	45 49 25	59 55 17	
196. Rivière Syr-Daria	45 45 8	60 0 5	
197. Endroit Maïlibach	45 48 11	60 17 0	
198. Endroit Kaba-Tubia sur le Syr-Daria	45 42 44	. . . . .	Tafaïeff, 1820, Meyendorf 45° 52' 0" en 1820.
199. Tchernoï Rynok, village	44 28 13	44 12 40	Expédition de la mer Caspienne, 1836—37.
200. Souletkina Vataga	44 11 19	44 58 57	Kolodkine, 1809—17, les longitudes comptent originairement du Meridien de St. Pétersbourg = 27° 57' 57" E. de Paris et ont été dé-
201. Cap Tchapouria	44 54 30	45 8 37	
202. Habitation des pêcheurs de phoques sur la rive sept. de l'île Koulaly	44 59 0	47 42 57	

19 *

Noms des lieux.	Déterminations adoptées.		Noms des Observateurs; époque de l'observation; méthode de la détermination de la longitude.
	Latitude N.	Long. E. de Paris.	
203. Extr. mérid. de l'Ile Koulaly	44° 48′ 21″	47° 53′ 57″	terminées: No. 200 par des occultations, No. 202 par le transport de tems, les autres par ....
204. Cap Tub Karaganshof	44 37 15	47 59 7	
205. Ile Sviatoï	44 49 0	48 2 57	
206. Puits au pied du mont Yamane Atrakly	44 59 0		.....
207. Ile Dolgoï	44 58 0		.....
208. Font. principale au pied du Kyzyl-Tach	44 55 5		.....
209. Puits Kontau sur la côte orient. de la presqu'ile Baugatchi	44 55 0		Karéline, 1832.
210. Port Sartach	44 25 28		.....
211. Pic Altyne-Tabia dans les monts Toomanayé	44 25 0		.....
212. Endroit Ogoundja sur la presqu'Ile Bouzatchi	44 22 49		.....
213. Halte du 2 janvier 1826	44 58 80		.....
214. Halte du 80 janv. près de la mer d'Aral	44 56 17		.....
215. Cap Ak-Toumèonk sur Ousüourte	44 36 1	55 58 23	
216. Ile Bellingahausen	44 35 55	56 35 47	Doutakoff, 1849 — 49, chronom., long. originairement d'après le méridien de Greenwich — 2° 20′ 24″ E. de Paris.
217. Ile Nicolas, baie méridionale	44 59 4	56 56 80	
218. Cap Kounganc-Sandanc, côte orientale de la mer d'Aral	44 52 43	59 26 20	
219. Endroit Karak sur le Kouven-Daria	44 52 3		Tafaiëff, 1820.
220. Fort Tach Kitchou	43 22 18	44 9 18	Alexandroff, 1848.

293

Noms des lieux.	Déterminations adoptées.		Noms des Observateurs; époque de l'observation; méthode de la détermination de la longitude.
	Latitude N.	Long. E. de Paris.	
221. Sonkboboro-dinskaia stanitza	43°52′29″	44°13′56″	Expédition de la mer Caspienne, 1836—37.
222. Vnézapnaia, Fort . .	43 9 40	44 19 35	Alexandroff, 1848.
223. Kizliar, ville	43 51 0	44 22 10	Expédition Caspienne, 1836—37.
224. Kazy-Yourte, Fort . .	43 22 39	44 44 9	Alexandroff, 1848.
225. Ouichinskaia Vataga. .	43 49 25	45 26 37	Kolodkine, 1809—17, . .
226. Tchetchenskaia Vataga .	43 56 20	45 32 37	. . . .
227. Cap Petchanoi	43 4 30	45 51 57	
228. Alexandre Baie, entrée de la baie Bekthé-mire-ichane	43 10 1	. . . . .	Blaramberg, 1836.
229. Cap Ak-Souat, entr. SO. de la mer d'Aral .	43 42 41	56 1 42	Boutakoff, 1848 — 49, long. d'après le méridien de Grw., chron.
230. Ile Yermoloff, vis-à-vis l'embouch. du Djan-Daria . .	43 43 23	57 58 5	
231. Tachkende, ville . .	43 3 0	66 22 35	Epine, Hallerstein, d'A-roche, 1759 (les missionaires), long. déterminée d'après le méridien de Péking — 114° 5′ 35″ E. de Paris.
232. Tourichi Dagh	42 17 50	44 47 49	
233. Témire Khane Choura .	42 50 20	44 49 88	
234. Koumoukh .	42 10 59	44 52 16	Alexandroff, 1848.
235. Khodja Makhi	42 25 54	44 56 20	
236. Fort Pétrov-koï .	42 59 30	45 13 7	
237. Dechlagar .	42 27 26	45 21 52	
238. Derbente .	42 3 40	45 58 9	Alexandroff, 1848, Kolodkine, 1809—17, lat. 42° 4′ 9″. long. 17° 36′ 15″ à l'E. de St. Pétersbourg, chronom.

Noms des lieux.	Déterminations adoptées.		Noms des Observateurs; époque de l'observation; méthode de la détermination de la longitude.
	Latitude N.	Long. E. de Paris.	
239. Cap Rakon-chetchnoï	42° 46′ 15″	49° 37′ 57″	Kolodkine, 1809 — 17, long. 21° 40′ E. de St. Péterb., ...
240. Cap Agbys-Ada	42 43 30	50 15 57	Kolodkine, 1809 — 17, long. 22° 18′ E. de St. Péterb., chronom.
241. Noukha, ville	41 11 41	44 52 54	
242. Tchirakh, village	41 49 23	45 11 35	
243. Akhty, Fort	41 28 24	45 24 27	Alexandroff, 1848.
244. Kourakh, village	41 34 56	45 31 21	
245. Khazry, village	41 30 16	45 57 32	
246. Kouba, ville	41 22 11	46 13 25	
247. Nizovaïa pris-tagne, broussailles de la forêt	41 30 0	46 27 57	Kolodkine, 1809 — 17, long. 18° 50′ E. de St. Péterb., ...
248. Entrée du golfe Karabougaze	41 4 49	50 41 36	Blaramberg, 1836, lat. 41° 4′ 13″; Jérebtzoff, 1847, long. 53° 2′ 0″ E. de Grw. chronom.
249. Près de la rive orient. du golfe	....	51 53 36	
250. Près de la rive orient. du golfe	41 50 7	....	
251. Près de la rive occidentale	41 48 40	....	Jérebtzoff, 1847, la long. du point No. 249, chr., 54° 14′ à l'E. de Greenwich.
252. Près de la rive occidentale	41 16 18	....	
253. Cap près de la rive occidentale du Karabougaze	41 8 39	....	
254. Altoubéi	41 33	65 55 35	
255. Kokane (Hao-han)	41 23	68 9 35	
256. Namgane (Namkan)	41 38	68 25 35	Les missionaires (voir No. 231), 1759; les lon-
257. Margaïllane (Marhalan)	41 24	68 55 35	

295

Noms des lieux.	Déterminations adoptées.		Noms des Observateurs; époque de l'observation; méthode de la détermination de la longitude.
	Latitude N.	Long. E. de Paris.	
258. Talikane (Isl-talkhan)	41° 48′	68° 59′ 35″	
259. Andjémne (An-tchyén)	41 28	69 30 35	gitudes se rapportent originairement sur le méridien de Péking, dont la long. a été supposée à 114° 5′ 35″ à l'est de Paris.
260. Akjou	41 9	76 50 35	
261. Pai	41 41	78 53 35	
262. Satilm	41 41	79 26 35	
263. Kouko-pou-yn	41 20	80 25 35	
264. Koutché	41 37	80 33 35	
265. Chorar	41 6	80 44 35	
266. Pou-kou-eulb	41 44	81 58 85	
267. Mont Bich-Barmak	40 53 15″	46 50 57	Kolodkine, 1809—17, les long. d'après le méridien de St. Pétersbourg — 27° 57′ 57″ à l'Est de Paris, chron. et ..
268. Ile Boula, côte méridionale	40 0 15	47 20 57	
269. Ecuelle des deux frères (Dva Brata)	40 17 5	47 28 17	
270. Bakou, près de la tour mérid.	40 22 5	47 30 38	Lemm, 1839, long. chron. 3ʰ 19′ 24″ à l'est de Grw.; Kolodkine, 1809—17, lat. 40° 21′ 26″, long. 19° 35′ 20″ à l'est de St. Pétersbourg, occultations d'étoiles.
271. Habitation de guèbres	40 24 59	47 41 6	Lemm, 1839, long. chron. 3ʰ 20′ 0″ à l'est de Grw.
272. Cap Ambou-rana, extr. sept. près d'Apchérone	40 25 45	47 43 57	Kolodkine, 1809—17, long. à l'est de St. Pétersb. 19° 46′ 0″ . . . . Basarghine, 1825, lat. 40° 35′ 30″
273. Les trois tours d'Apchérone	. . . . .	. . . . .	Kolodkine, 1809—17, lat. 40° 23′ 45″, long. 20° 5′ 0″ à l'est de St. Péterab., chronom.
274. Cap d'Apché-rone	40 24 20	48 0 21	Lemm, 1839, long. 8ʰ 21′ 13″ à l'est de Greenwich, chronom.

Noms des lieux.	Déterminations adoptées.		Noms des Observateurs; époque de l'observation, méthode de la détermination de la longitude.
	Latitude N.	Long. E. de Paris.	
275. Cap Chakboff	40° 18' 50"	48° 3' 17"	Kolodkine, 1809 — 17, long. à l'est de St. Pétersbourg — 27° 57' 57"............
276. Ile Sviatoï, extr. NO.	40 28 0	48 2 57	
277. Ile Jilol, extr. SO.	40 16 30	48 22 37	
278. Source Yadykbar Tchéchméssy dans les monts Balkhans	40 14 1		Blaramberg, 1836.
279. Sommet SO. du Dirème Dagh dans les monts Balkbans	40 9 58		
280. Golfe Karabougaze, à l'entr. SE.	40 56 27		Jérebtzoff, 1847.
281. Karabougaze, à la rive SO.	40 56 51		
282. Gaoché	40 19	71 15 35	Les missionaires, 1759, méridien de Péking leur point de départ = 114° 5' 35" à l'est de Paris.
283. Oucheï	40 6	75 38 35	
284. Embouchure septentr. du Kour	39 28 50	46 59 27	
285. Cap Kourinskoï, extr. SO.	39 9 45	46 59 27	Kolodkine, 1809 — 17, long. originairement rapportées sur le méridien de St. Pétersbourg;............
286. Ecueil Kourilskoï	39 0 50	47 6 57	
287. Ile Vizir, centre	39 43 0	47 6 57	
288. Ile Oblivnoï, centre	39 38 45	47 9 57	
289. Ile Sviatoï, centre	39 46 10	47 16 37	
290. Cap Krasnovodskoï, extr. mérid.	39 46 25	47 35 57	
291. Ile Tchélékéne, extr. SE.	39 10 20		Mouravieff, 1819.
292. Lac à l'ancienne embouch. de l'Oxus	39 30		
293. Ruines ibidem	39 40		
294. Ruines d'une mosquée près de l'ancien lit de l'Oxus	39 42		Basarghine, 1828.

Noms des lieux.	Déterminations adoptées.		Noms des Observateurs; époque de l'observation; méthode de la détermination de la longitude.
	Latitude N.	Long. E. de Paris.	
295. Poits oriental Balkhour près du golfe de Balkhan	39° 59' 38"	.....	Blaramberg, 1836.
296. Mirabad près du Karakoul	39 21 51	.....	Burnes, 1831—33.
297. Tchardjoui .	39 0 30	.....	
298. Boukhara .	39 40 0	.....	Nicolas Khanikoff et Stoddard, 1841. — Meyendorf. 1820, lat. 39°50'0"; Tafaieff, 1820, lat. 39° 48' 4"; Burnes, 1831—33,lat.39°48'41".
299. Tajamclik .	39 6	71°12'35"	
300. Kachgar (Khachar) . .	39 25	71 40 35	Les missionaires, 1759, Méridien de Péking.
301. Péch-Karam	39 20	71 55 35	
302. Entorché .	39 36	71 57 85	
303. Paltchouk .	39 15	74 30 85	
304. Tarrize (Tébrizel), ville .	38 4 85	44 0 21	Lemm, 1839, long. 3ʰ 5' 47" E. de Grw. culmin. de la lune; Kotzeboe, 1817, lat. 38° 4' 10", long. 3ʰ 0' 8" E. de Grw., dist. lon.
305. Fort Sénguére	38 45 30	46 30 57	Kolodkine, 1809 — 17, long. 18° 58' 0" E. de St. Péterab., chronom.
306. Ile Sara, entr. SO. . .	38 53 19	46 32 37	Kolodkine, 1809 — 17, long. 18° 54' 40" E. de St. Pét., occ. Basargbine, 1825, lat. 38° 51' 40".
307. Lenkorane, ville . .	38 43 50	46 32 47	Kolodkine, 1809 — 17, long. par chronom. et par ....
308. Ile Ogourichinskoï, extr. mérid. . .	38 47 0	50 41 57	
309. Même Ile, centre de la côte orient. . .	38 50 30	.....	Blaramberg, 1836.
310. A 5 verstes de l'extr. septentr. de la même Ile	39 5 4	.....	

Noms des lieux.	Déterminations adoptées.		Noms des Observateurs; époque de l'observation; méthode de la détermination de la longitude.
	Latitude N.	Long. E. de Paris.	
311. Boulgoué	88° 39′ 21″	. . . . .	Burnes, 1831—35.
312. Kourché	89 51 50	. . . . .	
313. Vaquekhane (Ouabane)	38 0	68° 56′ 35″	Les missionaires, 1759, méridien de Peking.
314. Yangbi-Khissan (Ingazar)	89 47	72 15 35	
315. Yarkégne (Yerkiam)	38 19	73 55 35	
316. Zégoédabad	37 56 48	44 24 5	Lemm, 1839, long. 8ʰ 0′ 58″ à l'E. de Grw., chr.
317. Vaémlich, village	37 58 49	. . . . .	Kotzebue, 1817.
318. Khadji-Aga	37 50 20	44 37 86	Lemm, 1839, long. 3ʰ 7′ 52″ à l'E. de Grw., chr.
319. Chateau Oudjany	37 51 17	. . . . .	Kotzchue, 1817.
320. Daouvédguére	37 40 26	44 52 36	Lemm, 1839, long. 3ʰ 8′ 52″ à l'E. de Grw., chr.
321. Sénjilohad	37 42 0	. . . . .	Kotzebue, 1817.
322. Khodja-Klass	87 32 57	45 13 21	Lemm, 1839, long. 3ʰ 10′ 15″ à l'E. de Grw., chr.
323. Versogagne	37 39 37	. . . . .	Kotzeboe, 1817.
324. Miana	37 25 7	45 29 6	Lemm, 1839, long. 5ʰ 11′ 18″ à l'E. de Grw. culm. de la ℂ; Kotzebue, 1817, lat. 37° 24′ 23″.
325. Djémalabad	37 16 14	45 36 51	Lemm, 1839, long. 3ʰ 11′ 40″ à l'E. de Grw., culm. de la ℂ.
326. Tourkmantchaï	37 53 27	. . . . .	Kotzebue, 1817.
327. Sartchéme	37 7 29	45 41 6	Lemm, 1839, long. 3ʰ 12′ 6″ à l'E. de Grw., chr.
328. Détroit d'Enzéllnek	37 25 0	47 18 57	Kolodkine, 1809—17, long. 19° 16′ E. de St. Pétersb.,
329. Zinzill	37 29 47	47 15 51	Lemm, 1839, long. 3ʰ 18′ 25″ à l'E. de Grw., chr.
330. Recht	37 17 16	47 23 21	Lemm, 1839, long. 3ʰ 19′ 59″ à l'E. de Grw, chr., Frazer 1821—22, long. 3ʰ 19′ 55″, chron., lat. 37° 17′ 80″.

Noms des lieux.	Déterminations adoptées.		Noms des Observateurs; époque de l'observation; méthode de la détermination de la longitude.
	Latitude N.	Long. E. de Paris.	
331. Late	37° 1' 54"	47° 24' 21"	Lemm, 1839, chronom., mérid. orig. de Grw.
332. Chakbl-Agadji	37 8 34	47 25 36	
333. Bougor Sérébrennoï	37 5 22		Mouravieff, 1819.
334. Golfe de Hassan-Kouli, côte NO.	37 23 15		Blaramberg, 1836.
335. Findérixe	37 0 30	52 87 35	Frazer, 1821—22, chron.
336. Piaséronke	37 13 25	52 59 33	
337. Campement des Turcomans	37 21 57		Burnes, 1831—33.
338. Khorocho	37 6 55	54 36 36	
339. Tavar	37 16 27	54 40 21	Lemm, 1839, chronom.
340. Firouzé	37 21 35	55 1 36	
341. Boudjnourde	37 29 13	55 6 21	Lemm, 1839, long. chron. 3ʰ 49' 47"; Frazer, 1821 —22, lat. 37° 29' 25" long. 57° 14' 23" à l'E. de Grw., chronom. Lemm, 1839, long. cbr. 3ʰ 52' 10" et 3ʰ 54' 3"; Kabouchane, déterminé aussi par Frazer, lat. 37° 9' 5", long. 56° 16' 17" à l'E. de Grw., cbr.
342. Chirvane	37 24 6	55 42 6	
343. Kabouchane	37 8 4	56 10 21	
344. Khodja-Abdoulla	37 36 15		Burnes, 1831—33.
345. Endroit Kaion Salon sur l'Amou	37 27 45		
346. Issar	37 2 10		Wood, 1836—37.
347. Bolor (Polo-culh)	37 0 0	70 27 35	Les missionaires, 1759, méridien de Péking.
348. Lac Sérikoul, extr. méridion.	37 27 0	71 19 36	Wood, 1836—38.
349. Kartchou (Khatchoute)	37 11	71 33 35	
350. Sérikoul (Sédékou-culb)	37 48	71 41 35	Les missionaires, 1759, méridien de Péking.
351. Ouleïek	37 41	74 17 35	
352. Chaïou	37 43	74 35 35	
353. Harballk	37 41	74 50 35	
354. Koukiar	37 7	75 3 35	
355. Halabache	37 10	77 51 35	
356. Kotane (llltculi)	37 0	78 13 35	
357. Kélia	37 0	80 32 35	

Noms des lieux.	Déterminations adoptées.		Noms des Observateurs; époque de l'observation; méthode de la détermination de la longitude.
	Latitude N.	Long. E. de Paris.	
358. Samanarkhia	36° 21′ 24″	45° 58′ 21″	Kotzebue, 1817, long. 3ʰ 13′ 15″ E. de Grw., dist. lun.
359. Nikhbek	36 51 1	45 58 51	Lemm, 1839, long. chron. 3ʰ 13′ 17″ E. de Grw.
360. Zamgune	36 59 54	46 18 36	Lemm, 1839, long. chron. 3ʰ 14′ 36″ E. de Grw.; Kotzehue, 1817, lat. 36ᵈ 39′ 50″ (?), long. 3ʰ 13′, dist. lun.
361. Soultanléh	36 25 51	46 38 51	Lemm, 1839, long. 8ʰ 15′ 57″ à l'E. de Grw. culm. de la $\mathbb{C}$; Kotzehue, 1817, lat. 36° 26′ 35″, long. 3ʰ 13′ 38″, dist. lun.
362. Khorumdaré	36 12 0	47 1 21	
363. Khaoukére	36 54 49	47 16 6	
364. Kirchki	36 16 2	47 25 6	
365. Agu-Baba	36 20 6	47 36 6	Lemm, 1839, chronom., premier Méridien de Greenwich.
366. Teboutodé	36 13 26	47 46 21	
367. Kazbine, ville	36 15 1	47 47 21	
368. Chérifbad	36 12 15	47 57 36	
369. Hissor	36 12 22	48 20 36	
370. Nodé	.....	49 1 32	
371. Izoud-Dé	36 36 10	49 50 46	Frazer, 1821—22, chron., prem. méridien de Grw.
372. Amol	.....	50 3 31	
373. Pic dans la chaîne Démavende	36 20 0	50 22 57	Kolodkine, 1809—17, premier mérid. de St. Pétersbourg.
374. Balfrouch	36 33 15	50 24 32	Frazer, 1821—22, chronomètre et distances lunaires.
375. Ali-Abad	36 27 49	50 36 21	Lemm, 1839, long. 3ʰ 31′ 47″ E. de Grw, chron.; Frazer, 1821—22, lat. 36ᵈ 35′ 42″, long. 51° 49′ 4″ à l'Est de Grw., chron.
376. Tcholi	36 19 27	50 38 51	Lemm, 1839, chronom., 1ᵉʳ méridien de Grw.
377. Abdoul-Talib	36 9 52	.....	
378. Embouchure de l'Akhrabatka	36 44 45	50 42 57	Kolodkine, 1809—17, chr., 1ᵉʳ méridien de St. Pétersb.

301

Noms des lieux.	Déterminations adoptées. Latitude N.	Long. E. de Paris.	Noms des Observateurs; époque de l'observation; méthode de la détermination de la longitude.
379. Sari	36° 33′ 52″	50° 48′ 0″	Lemm, 1839, long. 3ʰ 32′ 34″ E. de Grw. chron. ; Frazer 1821—22, lat. 36° 34′ 10″, long. 53° 9′ 26″ E. de Grw., chronom. et distances lunaires.
380. Néko	36 38 56	51 1 21	Lemm, 1839, chronom.
381. Echréfe	36 41 55	51 16 6	Lemm, 1839, long. 3ʰ 34′ 26″ E. de Grw., culminations de la ☾; Kolodkine, 1809—17, lat. 86° 41′ 15″, long. 23° 13′ 50″ E. de St. Pétersb., ... Frazer, 1821 —22, lat. 36° 41′ 30″, long. 53° 34′ 0″ E. de Grw., chronom.
382. Ile Orétosne, extr. orientale	36 52 0	51 37 36	Kolodkine, 1809—17, chr.
383. Tchibokanda	36 45 4	51 42 46	Lemm, 1839, chronom.
384. Véladjonde	36 47 47	51 53 6	Lemm, 1839, culminat. de la ☾.
385. Koorde-Méhalé	36 46 25	. . . . .	Burnes, 1831—33.
386. Daoulétabade	36 4 37	51 58 21	Lemm, 1839, long. 3ʰ 57′ 15″ E. de Grw., chron. ; Frazer, 1821—22, lat. 36° 3′ 54″, long. 54° 13′ 15″ E. de Grw., chronom. et occultat. d'étoiles.
387. Astrabade	36 50 50	52 12 51	Kolodkine, 1809—17, lat. 36° 49′ 45″, long. 24° 12′ E. de St. Pétersb. . . . . ; Frazer, 1821—22, lat. 36° 51′ 0″, long. 54° 25′ 33″ E. de Grw. ; chr. et dist. lunaires ; Lemm, 1839, lat. adoptée, long. 3ʰ 89′ 13″ E. de Grw. chronom.
388. Golfe d'Astrabade, embouch. du Bagou	36 46 48	. . . . .	Blaramberg, 1836.
389. Todjesse	36 34 7	52 28 21	Lemm, 1839, long. 3ʰ 89′ 15″ E. de Grw., chron.
390. Pichoute-Mougoullé	35 55 51	52 31 3	Frazer, 1821—22, long. 54° 51′ 27″ E. de Grw., chron.

Noms des lieux.	Déterminations adoptées.		Noms des Observateurs; époques de l'observation: méthode de la détermination de la longitude.
	Latitude N.	Long. E. de Paris.	
391. Dermolla .	36° 16' 9"	52°31'51"	Lemm, 1839, long. 3^h 39' 20" E. de Grw. chron.; Frazer, 1821—22, lat. 36° 15' 30", long. 54° 57' 24" E. de Grw., chronom. et distances lunaires.
392. Chakhroude	36 25 13	52 45 21	Truilher, 1807, lat. 36° 24' 29"; Frazer, 1821—22, lat. 36° 25' 20", long. 55° 2' 23" E. de Grw., occult. d'étoiles et chronom.; Lemm, 1839, lat. adoptée, long. 3^h 40' 23" E. de Grw., chron.
393. Bostome .	38 29 20	52 57 51	Lemm, 1839, long 3^h 40' 33" E. de Grw. chron.
394. Pédéchta .	36 25 35	52 49 21	Truilher, 1807, lat. 36° 25' 15"; Frazer, 1821—22, lat. 36° 25' 15", long. 55" 9' 0" E. de Grw., chron. et occult.; Lemm, 1839, lat. adoptée, long. 3^h 40' 39" E. de Grw., chron.
395. Méguesse .	36 36 27	53 11 36	Lemm, 1839, long., originairement calculées d'après le méridien de Grw., par le transport du tems, excepté la long. de No. 396, qui fut déterminé par des observations de culminations lunaires.
396. Méiamél .	36 24 57	53 25 6	
397. Riabade .	36 42 10	53 36 21	
398. Mélandéchté	36 25 55	53 48 6	
399. Abasse-abade	36 22 0	54 7 6	Truilher, 1807, lat. 36° 20' 46"; Frazer, 1821—22, lat. 36° 25' 50", long. 56° 30' 34" E de Grw., chr.; Lemm, 1839, lat. adoptée, long. 3^h 45' 3" E. de Grw., chronom.
400. Djodjérmo .	36 57 24	54 10 21	Lemm, 1839, chr. et culm. lun., mér. de Grw. — La lat. de Sébzévar fut obs. par Truilher, 1807, à 36° 12' 45"; par Frazer, 1821—22, à 36° 12' 45", long. par le même à 57° 40' 37" E. de Grw., chr.
401. Nérve . .	36 17 8	54 51 36	
402. Sébzévar .	36 12 29	55 23 21	
403. Rousséine-Abade .	36 11 16	55 38 51	
404. Rivéde .	36 12 20	55 2 51	
405. Séngul .	36 11 66	56 7 21	

Noms des lieux.	Déterminations adoptées. Latitude N.	Long. M. de Paris.	Noms des Observateurs; époque de l'observation; méthode de la détermination de la longitude.
406. Rovato-Ezéfé-rouane	36° 10' 14"	55° 45' 5"	Truilber, 1807, observa la lat., de même Frazer, 1821—22, en trouvant la même chifre, long. déterminée par celui-ci d'après le transport de tems, 58° 5' 29" E. de Grw.
407. Vallée de l'A-mou-Déria entre Ichkachme et Is-sare	38 42 32		Wood, 1836—38.
408. Nichapour	38 12 20	56 29 3	Truilber, 1807, et Frazer, 1821—22, la même lat., le dernier détermina la long. 58°49'27" E.deGrw. par le chronom, et par des occultations d'étoiles. Lemm, 1839, chron., excepté No. 414, dont la long. fut déterminée par des culm. lunaires. — La lat. de Méchéde d'après les observ. de Truilber, 1807, 36° 16' 49"; de Frazer, 1821—22, 36° 17' 40"; de Burnes, 1831—33, 36° 15' 44"; long. d'après Frazer 59° 35' 27" E. Grw., chron. et dist. lun. — La lat. de Chérif-Abade 38° 0' 54" Truilber, 1807.
409. Béknézére	36 54 5	56 31 6	
410. Séidane	36 45 6	56 43 51	
411. Kadomga	36 6 21	56 47 51	
412. Dzounabade	36 33 26	57 1 51	
413. Chérif-Abade	36 1 47	57 14 36	
414. Méchéde	36 17 13	57 22 21	
415. Chonrokbie	36 22 10		Burnes, 1831—33.
416. Balkh	36 48 0		
417. Commencement de la plaine Narym	36 5 13		Wood, 1836—38.
418. Gaolochan	36 49	68 39 35	
419. Chakonan	36 47	69 19 35	
420. Badakchan	36 23	70 15 35	
421. San-tchou	36 58	76 18 35	Les missionnaires, 1759, premier méridien de Péking.
422. Tououa	36 52	76 58 35	
423. Pelebenolta	36 26	78 12 35	
424. Yulonngbache	36 52	79 28 35	
425. Tchila	36 47	79 23 35	
426. Toké	36 13	80 20 35	

Noms des lieux.	Déterminations adoptées.		Noms des Observateurs; époque de l'observation; méthode de la détermination de la longitude.
	Latitude N.	Long. E. de Paris.	
427. Méskinabade	35°58'35"	48°20'36"	Lemm, 1839, chronom.,
428. Soulétmanié	35 47 43	48 46 21	premier méridien de
429. Kénde	35 45 3	49 3 36	Greenwich
430. Téhérane	35 40 44	49 11 36	Trézel et Truilher, 1807, lat. déterminée par le premier 35° 39' 6", par le second 35° 40' 34; Frazer, 1821—22, lat. 35° 40' 0", long. 51° 22' 50" E. de Grw., occult. et dist. lun.; Burges, 1831—33, lat. 35° 40' 0"; Lemm, 1839, lat. adoptée, long. par des culm. lun. 3h 26' 8" E. de Grw.
431. Argouvan	35 46 8	49 12 21	Lemm, 1839, chron.
432. Allerte	35 30 42		
433. Razmidjane	35 21 31		Truilher, 1807.
434. Kélchkéhe	35 18 43		
435. Nooumne	35 7 46		
436. Kébode-Goumbouze	35 29 0	49 23 26	Frazer, 1821—22, long. 51° 44' 0" E. de Grw., chronom.
437. Péléchte	35 27 54	49 25 36	Lemm, 1839, chronom.
438. Hastélak	35 43 27	49 33 6	
439. Eivane-é-Ket	35 20 20	49 47 15	Frazer, 1821—22, chron.
440. Djile	35 41 0	49 48 21	
441. Ayvané	35 20 24	49 51 6	Lemm, 1839, chron.
442. Bobchakh	35 37 26	50 5 51	
443. Kychlak	35 12 40	50 6 27	Frazer, 1821—22, chron.
444. Arudane	35 14 35	50 17 36	Lemm, 1839, chronom.
445. Dénéméke	35 15 30	50 32 21	Truilher, 1807, lat. 35° 19' 58"; Lemm, 1839, lat. et long. chronom. adoptées.
446. Arféroute-Bar	35 58 28	50 48 6	Lemm, 1839, chron.
447. Lasdjire	35 23 42	50 54 36	Frazer, 1821—22, lat. 35° 22' 0", long. chron. 53° 15' 17" E. de Grw.; Lemm, 1839, lat. et long. chronom. adoptées.
448. Zémnane	35 34 4	51 12 36	Truilher, 1807, lat. 35° 36' 21"; Frazer, 1821—22, lat. 35° 33' 30", long. chronom. 53° 28' 18" E.

Noms des lieux.	Déterminations adoptées.		Noms des Observateurs; époque de l'observation; méthode de la détermination de la longitude.
	Latitude N.	Long. E. de Paris.	
449. Agouvans	35° 46' 15"	51°32' 21"	de Grw.; Lemm, 1839, lat. et long. adoptées, la long. 3. 34' 12" E. de Grw. par des observat. de culminations lunaires. Lemm, 1839, chronom.
450. Rovali-Sdñde	35 45 37	. . . . .	
451. Tourboute	35 15 55	. . . . .	Truilber, 1807.
452. Fort Kavake	35 37 38	. . . . .	Wood, 1836—38.
453. Parito	34 6 43	. . . . .	
454. Péróchpé	34 30 12	. . . . .	
455. Kenghévar	34 30 0		
456. Hamadane	34 48 11	. . . . .	
457. Station entre Barnvane et Korkourde	34 32 83	. . . . .	Truilber, 1807.
458. Koumésane	34 43 13	. . . . .	
459. Vaousse	34 49 25		
460. Akdja-Kalé	34 59 44		
461. Chourabe	34 23 4	48 54 1	Frazer, 1821—22, long. 51° 14' 25" E. de Grw., occult. d'étoiles.
462. Emb. du Pandjir	34 59 46	. . . . .	Wood, 1836—38.
463. Kaboul	34 24 5	. . . . .	Burnes, 1831—33.
464. Sonchékéssour	34 30 0	70 26 0	Macartney, 1809.
465. Fétzabade	34 57 6	. . . . .	
466. Hounabade	34 18 58	. . . . .	
467. Station entre Hounabade et Toune	34 19 49	. . . . .	Truilber, 1907.
468. Kachmire	34 4 28	72 50 0	Hügel et Trebeck, 1840, 1819—25.
469. Ladak	34 10 0	. . . . .	Trebeck, 1819—25.

Nord-Amerika.

Die Anglo-Amerikaner drangen immer weiter in den — freien Westen vor, der Anfangs am Ohio und Mississippi, dann am Fuße der Rocky Mountains, zuletzt am Gestade der Südsee sein Ziel gefunden hatte. Die Regierung der Vereinigten Staaten schickte wissenschaftlich gebildete Pioniere zur Erforschung des jedesmaligen Far West aus, an ihrer Spitze den muthigen Charles Frémont, der den ersten vortrefflichen Bericht über die Rocky Mountains erstattete. Der Krieg zwischen den Vereinigten Staaten und der Mexikanischen Republik brach aus, der Friede von Hidalgo Guadalupe schloß den Waffentanz. Texas, Neu-Mexico und Hoch-Californien waren durch Staatsvertrag als Bestandtheile der Vereinigten Staaten anerkannt. Die Erforschung dieses ungeheuren Ländergebiets durch amerikanische Offiziere ꝛc., alle höchst gebildete Leute, die auf dem Laufenden des geographischen, naturhistorischen und ethnographischen Wissens standen, mehrte sich durch zahlreiche Berichte, welche die Exploratoren ihrer Regierung erstatteten, und diese ließ diese Berichte auf öffentliche Kosten drucken und vertheilen. Auch nach Europa gelangten diese Berichte. Humboldt war der erste Gelehrte in Europa, der sie empfing, theils unmittelbar vom Staatssekretair des Cabinets von Washington, durch den amerikanischen Gesandten in Berlin, theils mittelbar durch Hrn. von Gerolt, den preußischen Gesandten in Washington.

Hatte Humboldt diese Berichte durchgesehen, so war er so freundlich, sie mir zuzuschicken, wie schon aus mehreren Stellen des Vorherzsehenden ersichtlich ist. Schon früh, im Jahre 1850, hatte er davon gesprochen, wie nützlich für die Kenntniß des nordamerikanischen Continents es sein würde, alle diese Berichte in deutscher Sprache zu einem Ganzen zu verarbeiten, ohne die Individualität eines jeden einzelnen Berichts bei der Bearbeitung in Frage zu stellen. Humboldt forderte mich auf, mich diesem dankenswerthen Unternehmen, wie er's nannte, zu unterziehen. Auf seine Anregung trat ich dieserhalb mit Perthes wegen des Drucks eines solchen Werkes in Briefwechsel; allein Freund Perthes lehnte die Ausführung des Humboldtschen Gedankens ab.

Ich stand damals, auf Haßlers Veranlassung, mit der Arnoldischen Buchhandlung (Adolf Hoffmann) in Leipzig in brieflichem Verkehr, mit Bezug auf eine Ausgabe in hochdeutscher Sprache des niederdeutsch geschriebenen großen Werkes von Junghuhn über Java, deren Verlagsübernahme ich der Arnoldischen Buchhandlung dringend empfohlen hatte. Sie ist so zahlig gewesen, meine Empfehlung zu berücksichtigen: das Junghuhnsche Werk ist hochdeutsch bei ihr erschienen. Ich benutzte diese

Gelegenheit, bei ihr anzufragen, ob sie wol geneigt sein werde, den Verlag des in Rede stehenden amerikanischen Werkes zu übernehmen. Die Arnoldische Buchhandlung gab mir zur Antwort, daß sie nicht abgeneigt sei, auf meinen Antrag einzugehen, zuvor aber erst Jungbuhns Java, das in vollem Drucke war, beendigen müsse.

Als ich Humboldt davon erzählte, munterte er mich auf, ans Werk zu gehen. Es geschah. Als Mitarbeiter lud ich meinen liebenswürdigen Freund Friedrich Rebbock ein, der auch sogleich zusagte. Wir begannen unsere Arbeit im Monat März 1852, nachdem ich von Humboldt mit allem Material versehen worden war. Später zerschlug sich das Unternehmen, weil die Arnoldische Buchhandlung nach Vollendung des Jungbuhnschen Werkes die Erklärung abgab, mit weiteren Verlagswerken einstweilen pausiren zu wollen.

Die Verhandlungen mit Humboldt über diese Angelegenheit sind zum größten Theil mündlich, aber auch schriftlich geführt worden. Von Schriftstücken sind aber nur die folgenden drei erhalten geblieben.

Herr A. v. Humboldt hat Hrn. Prof. Berghaus geliehen folgende numerirte Piecen:

No. 1. Emory New Mexico.
„ 2. Garten zu Emory vom Lieut. Smith.
„ 3. Geology of Upper California.
„ 4. Territ(ory) of New Mexico, Abert.
„ 5. Garten, Frémont, Upper Cal(ifornia) 1849.
„ 6. Owen, Geology of Chippeways.
„ 7. Fremont, Exploring Exped(ition) of Rocky Mount(ains) 1842—1844.
„ 8. Rockwell, Calif(ornia), Cupica, letzteres wichtig p. 168, 445, 449.
   Canalverbind(ung). Scheusliche Unwissenheit des Lieut. Maury in Washington, daß Rio Negro einen Arm [Cassiq(uiare)] p. 653, giebt, der in Orenoco fällt!!!

No. 9. Frémont, Exped(ition) to the Rocky Mount
(ains), 1842.
„ 10. Amer(ican) Geogr(aphy). Viel Wichtiges ... p. 438.
„ 11. Nicollet, Mississipi, mit großer Karte, ausgeschnitten.
„ 12. Riley's Mississipi 1851, kleines deutsches Heft.
„ 13. New Mexico by Emory, Abert, Cooke and
Johnston 1848.
„ 14. Neu Mexico und Californien, viel zusammengebun-
den Ziegenköpfe.
„ 15. California and Mexico, T. I (Abert, 1846—47).
„ 16. Derselbe Titel, T. II.
„ 17. Agassiz, Lake Superior.
„ 18. Garella, Panama.
„ 19. Squier, Archeol(ogy) N. 1.
„ 20. Neue Verbindung mit Europa.

Al. Humboldt.
Berlin den 3ten Maerz
1852.

Ein ungeheures unbenutztes Material nicht blos Californien und Neu Mexico sondern 1) Astronomische Ortsbestimmungen in Tabelle zu bringen, 2) hypsometrische Messungen in einer Länge wie man sie nie gemacht von West nach
Ost, von S. Louis bis Atlantischen Ocean auszudehnen und
von N. nach S. an meine Mexicanische Profile anzuschließen;
3) Geognosie, Versteinerungen; 3) Alte Monumente, Casas
grandes; 4) Californisches ☉, über dessen überschätzte Menge
ich Ihnen richtigere Hauptzahlen aus Neu York einst gab.
5) Verbindung beider Oceane durch projectirte Eisenbahn
von S. Louis bis Californien, Tehuantepec (Guazacoalco),

Nicaragua, Panama, Capica (Nr. 8), Embraba de Raspadura, meine Karte des Choco und am wichtigsten meine Rechtfertigung durch Fitzroy im Journ. Geogr. Soc. Vol. XX, P. II, 1851, p. 186. Für Panama und die unsinnigen Tunnels des Garella lesen Sie nach Crelle mit Nachsicht und meine Ansichten der Natur, und klagen über den Leichtsinn, mit dem das Ganze betrieben ist, ehe Alles unterfucht und gemeffen war.

Meinem geographischen Collegen Berghaus überreiche ich diefe
Lifte der Vulkane in Centro-America
zur Benutzung bei feinem Werke über America.
Al. Humboldt.

Die Vulkane Central-Amerika's liegen alle am ftillen Meere auf einer Linie, die von SW. nach NW. ftreicht, und mit dem hohen Vulkan von Carthago beginnend, auf deffen Gipfel man beide Meere erblickt, bis zum Cislaltapetl, im Departement Veragua in Mexico reicht.

Auf diefer Linie giebt es mehrere (several) hundert Vulkan-Piks und erloschene Crater, davon die bemerkenswerthen folgende find.

In *Costa Rica* (4).
    Carthago oder Irasu
    (11480 feet h.).
    Turrialva.
    Barba.
    Vatos (9480 ft. h.).

In *Nicaragua* (24).
    Abogado.
    Cerro Pelas.
    Miriballes.
    Tenerio.
    Rincon de la Vieja.

Orosi.
Madeira.
Ometepec.
Zapatero.
Guanapepe.
Guanacaure.
Selontinami.
Momobacho.
Massaya ober Nindici.
[Nindiri]
Managua.
Monotombo (6500 ft. h.)
Las Pilas. [Neuer Krater 1850]

Los Marabios.
Acosasco.
Orota.
Telica.
Santa Clara.
El Viejo (6000 ft. h.
nach Squier [II, p. 117]
5562 ft. h. nach Becher
im J. 1838).
Cosoguina.
Joltepec.

In *Honduras* (2).
El Tigre.
Nacaome.

In *Salvador* (7).
Amapala ober Conchagua.
San Salvador.
San Miguel.
San Vincenté.
Isalco. (entſtanden ſeit bem 23.2. 1770 jeṫt (1850) 1500 – 2000 ft. h.) [1854 — 4000' hoch.]
Paneon.
Santa Ana.

In *Guatemala* (11).
Pacaya.
Volcan de Aqua. [Faſt 14000' hoch.]
— Fuego.
Incontro.
Acatenango.
Atillan.
Tesanuelco.
Japotitlan.
Amilpas.
Quesaltenango.
Soconusco.

E. G. Squier, Nicaragua etc. London 1852, 8. vol. II, p. 102. Zehn ober zwölf davon ſollen „vivo" ſein,

b. h. beständig Rauch ausstoßend und andere Zeichen der Thätigkeit gebend. p. 103.

Vulcane in *Costa Rica* (11).

El Blanco. Rávalo. Cuirripo. Turrialba.	forman una linea de vulcanes, casi paralela con el litoral de Atlantico.
El Irazú ober Vulc. de Carth. El Barba. Los Votos.	atraviesan del Este á Oeste la mesa de Centro, á la direccion de Maralla ó del sententrion.
El Oroú. Mérivalles. [Miravalles.] La Viega.	se levantan en la rama de la cordillera que vase moriren el lago de Nicaragua, p. 25.

La Herradura y otros rumbres perténecen á la costa del Pacifico. Desde la cumbre de Irazú se ven á un tiémpo los dos oceanos (p. 26).

Félipe Molina, Bosquejo de la Republica de Costa Rica, sequido de Ayuntamientos para su Historia, Nueva York, 1851, 1, 8.

[Das Eingeklammerte ist von mir später hinzugefügt worden.
B—t.]

Höhe des Isthmus von Nicaragua über d. Ocean.

1. Wassertheiler in der Richtung auf den
Hafenort S. Juan de Sur 615' (engl.).
der Bai von Salinas*) . 258'.

---

*) Diese Bai liegt auf dem Gebiete der Republik Costa Rica und ist 15 geogr. Meilen vom Nicaragua-See entfernt.

2. See von Nicaragua . . . . 128'.
3. — — Managua . . . . 156'.
4. Scheitel zwischen dem Managua und
   Realejo . . . . 212'.

58.
(Erhalten den 29. November 1852.)

Da ich morgen früh in allen Gräueln des Bücher-Einpackens bin, so bitte ich meinen geographischen Collegen inständigst, mir morgen Dienstag früh alle amerikanische Doubletten, oder wenn (wie ich vermuthe) Sein amerikanisches Werk nicht zu Stande kommt, mir alle Americana gütigst zurückzusenden. Sie fehlen mir oft um meine Neugierde zu befriedigen wegen der Karten. Sie können, theuerster Professor, das Ganze ja später wieder haben.

Montags (Potsdam)   A. Ht.

Ich habe es nie geliebt, von meinen literarischen Arbeiten, mögen sie in Büchern oder Karten bestanden haben, Kaisern und Königen und anderen Potentaten und sogenannten Großen der Erde ein Exemplar als ein Merkmal meiner Huldigung darzubringen. Es ist Zeit meines Lebens Regel gewesen, dies nicht zu thun. Bin ich von dieser Regel abgewichen, so ist es auf äußere Veranlassung, ich kann sagen auf äußern — Druck geschehen. So, als die zweite Auflage meines Physikalischen Atlas erschienen war. Perthes forderte mich auf, an diesen und an jenen Potentaten ein Exemplar zu senden. Ich mußte in meinem Namen die Anschreiben machen, er schickte mit demselben an jeden der von ihm genannten Fürsten ein sehr sauber und elegant gebundenes Exemplar des Atlas ab. Perthes hatte den rein merkantilischen Standpunkt im Auge, indem er glaubte, daß ein Exemplar in Händen des Landesherrn innerhalb dessen Landes den Absatz des Atlas befördern werde.

Wie beim Asiatischen Atlas war unter den Potentaten, an die ich nach Perthes' Willen schreiben mußte, auch der Kaiser von Rußland. Hierbei kam der seltsame Fall vor, daß Humboldt mir mit aller Gewalt

die Decoration eines russischen Ordens copiren wollte. Er kannte seit
einem Vierteljahrhundert meine Ansichten über das Ordenswesen der neueren
Zeit und ich lehnte demgemäß seine Verwendung ab. Er beharrte
auf seiner Ansicht. Ich verwies ihn auf sich selbst, daß er, der mit den
Decorationen so vieler sogenannten Orden geschmückt sei, als eine der
selben trage; ich erinnerte ihn an die Ordens-Hieroglyphen von 1839
und an die Stiftung der Friedensklasse des Ordens pour le mérite,
deren Ordenskanzler er sei, auch an seine Aeußerungen über die damals
zuerst Decorirten. Es half nichts, er blieb bei seinem Wunsche stehen.

Begnügen Sie sich auch, sagte er, mit dem Bewußtsein,
durch den Physikalischen Atlas ein gutes Werk für die Aufklärung gestiftet zu haben, — und dieses Verdienst hat alle
Welt anerkannt, das beweisen u. a. auch die Nachdrücke und
Nachahmungen, die seit seinem ersten Erscheinen vor 15 Jahren
von Speculanten ins Publikum geschleudert worden sind, —
so müssen Sie doch auch auf der Anderen Meinung etwas
geben, die freilich verworren genug ist, das Verdienst nach
einem äußern Zeichen, einem Bändchen, Kreuzchen u. d. zu
beurtheilen. Eben dieser Schwachen wegen wünsche ich, daß
Sie sich meiner Ansicht anschließen mögen. Auch Ihrer Familie sind Sie es schuldig, Ihren Kindern, die, der heutigen
Generation angehörend, nichts von der Einfachheit der Anschauungen wissen, die unter den Gelehrten gang und gäbe
waren, als ihr Vater seine Laufbahn betrat.

Ich erzählte meinem Gönner, daß eben die von ihm angeführte
letztere Rücksicht, die Rücksicht auf meine Kinder, mich ein einziges Mal
— ereilet hätte, den Mund zu öffnen nach der Richtung, die er an-
reute, daß ich aber auch bei diesem Einen Male stehen geblieben sei.

Sehen Sie, erwiederte Humboldt, dieser Rücksicht wegen,
deren Berechtigung Sie also selbst anerkennen, bitte ich Sie,
mit mir einverstanden zu sein.

Diese Vorerinnerung war nothwendig, um die folgenden Briefe
Humboldt's erklärlich zu finden.

59.

(Erhalten 25. Mai 1852.)

Daß, sich selbst überlassen, das Geschenk eines Physikalischen Atlas durch die Gesandtschaft nach Petersburg geschickt in die Tiefen eines grundlosen Meeres fiele hätte ich Ihnen vorhersagen können. Doch habe ich den Gesandten, Hrn. von Budberg an einen Orden erinnert und er scheint wirksam sein zu wollen. Er wünscht zu wissen, in welchem Monathe das Werk an die Gesandtschaft gegeben worden, ob durch Vermittelung von Jemand bei der Gesandtschaft und welche Klasse des Rothen Adl. Ord. Sie haben. Antworten Sie, theuerster Prof., schriftlich und bald auf diese philosophischen Fragen. Der Kaiser geht morgen weg und kommt 8 Juli auf 2 Tage wieder.

Dienstags.   Al. Ht.

60.

(Erhalten 29. Mai 1852.)

Ich habe noch heute den Gesandten Baron von Budberg an den sehr dringenden Brief erinnert, den ich ihm über meinen Wunsch geschrieben und in dem ich ihm in Erinnerung gebracht, daß der König ausgezeichneten russischen Gelehrten immer nur Rothen Adler 3ter Klasse gebe; er hat versprochen, die Sache anständig zu besorgen. Er folgt der Kaiserin nach Schlangenbad.

Freundschaftlichst
         Ihr

P. 29 Mai 1852.   Al. Humboldt.

61.

(Erhalten 21. Juni 1952.)

Ich habe, theuerster Professor, meine so berechtigte Forderung für Sie bei dem Russischen Gesandten, Baron Budberg, gestern bei Ankunft der Großfürsten wieder ernsthaft in Anregung gebracht. Die Erfüllung meines Wunsches ist gewiß, aber Hr. von Budberg kann die Vollziehung erst nach der Rückkehr des Kaisers (13 Juli) nach Petersburg erhalten, weil dann eine ihm befreundete Person in Petersburg sein wird, der er aufgetragen, zu untersuchen, wo das eingesandte Exemplar aufbewahrt wird. In dieser Sache, die ich (wie Sie sehen) nicht vernachlässige, ist es mir wichtig, Hrn. von Budberg Ihr letztes Heft (des geographischen Jahrbuchs) mit Bolotofs Kärtchen zu zeigen. Ich bitte, mir ein Exemplar zu leihen und bald zu schicken, da mein Exemplar in Berlin liegt.

Ihr

Dienstag.   AL. Humboldt.

Ein Jahr nach dieser Zeit schickte mir Humboldt einen, an ihn gerichteten Brief des russischen Gesandten, folgenden Inhalts:

Monsieur le Baron, — Votre Excellence aura certainement entendu parler du Colonel Kovalevsky qui a été notre Commissaire dans le Monténégro pendant les derniers événemens qui ont affligé ce malheureux pays et qui s'y est beaucoup distingué par le tact et la dignité de sa conduite. Cet officier dont toute l'existence n'a été qu'un long voyage à travers la Sibérie, la Chine, l'Egypte et les diverses parties de l'Empire Ottoman, a repassé dernièrement par Berlin pour retourner à St. Pétersbourg. Il garde profondément le souvenir d'avoir eu le bonheur, étant jeune officier et attaché je crois à la personne du Gl. Slinzer, de rencontrer Votre Excellence au fin fond de la Sibérie lorsqu'Elle a fait son célèbre voyage si utile pour la Science et particulièrement si mémorable pour la Russie. Or, le colonel Kovalevsky désiserait, Monsieur le Baron, qu'après bien des années, l'illustre voyageur daignat se rappeler, ne fut il que vaguement, de l'obscur officier, qui s'était rencontré sur sa route. Il m'a prié, en quittant Berlin, où il n'a pas eu le temps de vous présenter ses hommages, de transmettre à Votre Excellence deux volumes d'un ouvrage, qu'il a publié il y a quelques années sur l'Egypte, se réservant de vous envoyer dès qu'il sera rentré dans ses foyers, d'autres écrits également publiés par lui. Toute son ambition serait que ces livres trouvent place dans votre bibliothèque; il n'a pas la prétention de croire qu'ils puissent en former un ornement, mais il les y dépose comme un monument d'admiration et de dévouement pour Votre personne.

En m'acquittant de la Commission du Colonel Kovalevsky, je saisis cette occasion, pour prier Votre Excellence d'agréer l'Hommage de ma très haute considération.

Berlin, le 13 Juin 1853.   Budberg.

Auf der Rückseite stehen von Humboldt's Hand folgende Worte:
Kowalewski (Berghaus) Dies ist der Mann durch den der Gesandte Baron von Budberg das geschehene Unrecht

wieder gut zu machen wünscht. Er hat mit großer Achtung von Ihnen gesprochen und für Ihre treflichen Arbeiten ein großes Interesse gezeigt.

Unter „Unrecht", was geschehen sein sollte, verstand Humboldt, daß mir Kaiser Nicolaus nicht eine seiner Ordens-Decorationen, sondern eine goldene Medaille geschickt hatte. Also nach Ablauf eines ganzen Jahres hatte Humboldt eine Sache noch nicht vergessen, die mir längst aus dem Sinne gekommen war. Die Medaille, mit des Kaisers Bildniß, war sehr schön geprägt. Als ich mich in Berlin bei dem Hofjuwelier Wilm, in der Jerusalemer Straße No. 25 wohnhaft, nach dem Goldwerthe der Medaille erkundigte, sagte dieser ehrenwerthe Geschäftsmann, nachdem er sie gewogen: Ist sie recht, so hat sie und den Werth (er nannte einen Betrag, der etwa ⅔ des Ladenpreises des Physikalischen Atlas über diesem Ladenpreise betrug); allein man kann bei dergleichen Geschenken des russischen Kaisers niemals sicher sein, daß sie echt seien, so schön sie auch aussehen. Es kommen bei diesen russischen Medaillen, bei Brillantringen, bei Tabatièren, u. d. m., die der Kaiser als Kadeaus verschenkt, leider! nur zu oft Verfälschungen vor. Wollen Sie diese Medaille mir käuflich überlassen, oder Silberwaaren aus meinem Magazine dafür eintauschen, so müßte ich mich vorher durch Einsägen des Randes von der Echtheit übergezeugen!!

Bei dieser Gelegenheit sei die Bemerkung eingeschaltet, daß ich nur zwei Mal in meinem Leben Alexander von Humboldt mit einer Ordens-Decoration gesehen habe, —

Das erste Mal — am 18 April 1823 bei Gelegenheit des Festes, welches ich gemeinschaftlich mit Leopold Freiherrn von Zedlitz-Neukirch, zur Jubelfeier unseres Freundes D. G. Reymann, des ersten Inspectors der Plankammer beim Generalstab der Armee, veranstaltet, und dazu auch Humboldt persönlich eingeladen hatte. Er erschien auf ein Paar Minuten, dem Jubelgreise seine Hochachtung zu beweisen. Er trug den Kammerherrn-Rock und die Decoration des Rothen Adler-Ordens um den Hals. Als ich ihn an seinen Wagen begleitete, sagte Humboldt:

Sie wundern sich wohl, mich in dieser Kleidung zu sehen! Ich habe Vormittags wichtige Briefe nach Paris zu schreiben gehabt, was auch mein Herkommen verzögert hat. Jetzt muß ich zur Tafel des Königs fahren, darum habe ich diesen Rock angezogen und das eingehängt (er zeigte auf die Decoration), es ist sonst nicht meine Art, wie Sie wissen.

Das zweite Mal — im Jahre 1852 oder 1853, als Humboldt der Ehrenbürgerbrief der Stadt Potsdam durch eine Deputation des Magistrats und der Stadtverordneten-Versammlung überreicht wurde. Humboldt trug einen schwarzen Leibrock auf dem Stern des Rothen Adler-Ordens I ster Klasse auf der Brust.

62.

(Urbalien 9. Juli 1852.)

Wollen Sie gelegentlich Gebrauch von diesem Briefe machen, den ich wieder aus Marburg erhalte?

A. Ht.

**Auszug aus einem
Briefe von Lieut. Gilliss an Professor Gerling, Marburg.**

Santiago de Chile, 20 Januar 1552.

Every month's experience convinces me more strongly, that my opinion respecting a gradual change of climate in central Chile, is right and already its inhabitants have ceased to be surprised at summer rains. On the 13th of the present month we had quite a severe hail-storm about 4 P. M. It came on suddenly, after a day moderately overcast by masses of cumuli and a low temperature (68° at 3 P. M.) and was accompanied by lightning. The stones that fell were truncated cones and pyramids with spherical bases, as though they had formed portions of spheres perhaps an inch in diameter. Their bases were of a milky, translucent ice whilst the upper half of the cones were softer, whiter and more opaque. The storm lasted about ten minutes, though the sky was clouded over until after 7 P. M. and occasional drops of rain fell all the afternoon. Two miles west of the observatory, there was a violent squall of wind and some little rain at the time but no hail, and on the *distant* summits of the Andes we can perceive that a large body of new snow was deposited; on the range near to us, it probably rained, for there is no sensible increase in the volume of snow. I have since learned that this hail storm extended 40 miles in a southerly direction and lasted there nearly an hour. At night the thermometer fell below 50°, the Barometer remaining nearly in 15 above its mean height, and this, in a country where we have never witnessed in 40 fluctuation, is a very considerable variation from its normal condition.

Another terrestrial phenomenon of interest was a slight earth-quake which took place soon after midnight (1ʰ 19ᵐ 35ˢ A. M.) of the 15th November whilst I was looking at the moon with the equatoreal. It lasted seven seconds only. The apparent motion of the moon was from north to south through quite 4', nor was I able to detect the least diagonal movement other than the tremor inseparable from such disturbance of the base of the instrument. There was considerable noise though the direction from which it came was not distinguishable owing to a strong wind blowing in at the door of the observatory. Perhaps a similar opportunity, — the vision of terrestrial convulsion under magnifying power, may never occur again in my life.

Just a week afterward, on the morning of the 22nd from $0^h\ 30^m$ till 1^h A. M. there was a luminous bank about the constellation of the Cross bearing S. S. E. with streamers through interstices of the clouds radiating from the bank to an altitude of $40°$. As these streamers faded and became brighter from time to time, now changing locality, now changing color, there is little doubt it was an exhibition of that rare phenomenon the Aurora Australis. At 1 o'clock the sky was entirely overcast by dense clouds and I saw no more of it.

Die folgenden zwei Briefe beziehen sich auf Bestimmung der Größe der Erde, von der mir Humboldt gesprochen und mich aufgefordert hatte, ihm Alles das mitzutheilen, was ich darüber nach eigenen Untersuchungen wisse. Bei Ausarbeitung des „Kosmos" war er just an einer Stelle, wo er davon Gebrauch machen wollte.

63.

(Orballen 31. Juli 1853.)

Rigaud, Prof. in Oxford, findet mit Abplattung $1/302$ das ganze Erdsphäroid 16,464,864 Quadrat-Seemeilen und Verhältniß des Festen zum Flüssigen 100:270 (Asie centr. I, p. 189).

Ich rechne gewöhnlich so
  Cont. 0,276
  Meer 0,724
  $2/8$ würde geben 0,66
  $3/4$ „   „   0,75
      also ziemlich nahe den 0,72.

Ich wünsche die Resultate gar nicht als Quadratmeilen (geographische), sondern als Hunderttheile der ganzen Oberfläche der Erde, —

z. B.: wie viel von den $27/_{100}$ der ganzen Oberfläche, die Festen sind, in der nördlichen Zone, wie viel in der südlichen Zone liegt?

Die Zahlen 0,40 für nördliche Zone und 0,12 für südliche Zone scheinen mir confus in Elie de Beaumont, B. I, p. 48. Er sagt „der Gesammtoberfläche", es soll wohl heißen: der Gesammtmasse des Festen.

Um aber den Einfluß der Süd-Polar-Länder a) auf die ganze Continental-Masse (zu $27/_{100}$ angenommen), b) auf das, was Festes in der südlichen Hemisphäre allein liegt, zu finden, müssen Sie allerdings das südliche Polarland in Quadrat-Meilen (geographische) berechnen und die erhaltene Zahl vergleichen a) mit der ganzen Masse des Festen in denselben Quadratmeilen angeschlagen, und b) mit dem Festen, was, ohne das Südpolarland bisher für das Feste in der südlichen Hemisphäre angenommen wird.

Sollten Sie nicht glauben, theurer Professor, daß, da die älteren Berechnungen der nördlichen Feste zwar wohl Grönland inbegriffen haben, aber nicht das nordwestliche Inselreich (nördlich vom Mackenzie und Copper River), die vernachlässigten Nordpolarländer ziemlich die Südpolarländer compensiren werden. Es kommt dann nur auf Vergleichung der Quadrat-Meilen von diesen und jenen an. Die Compensation würde aber nur die eine Frage, die der Vertheilung des Festen in beide Hemisphären, aber keineswegs die 0,276 des Festen die zweite Frage (über das

Total-Verhältniß des Festen zum Flüssigen auf der ganzen Erdoberfläche berühren.

Ich werde das beifolgende Buch in 3—4 Tagen, weil ich es sehr brauche, abholen oder abholen lassen, aber die Zahlen und Meinungen, um die ich Sie bitte „und die gewiß in Ihren älteren Papieren ruhen", erbitt ich erst in einem Monat, d. h. nicht ad Calendas graecas!

Al. Humboldt.
den 30 Juli 1853.

Am 1. August besucht' ich Humboldt, um ihn zu bitten, mir einige Zeit zum „Suchen" zu gönnen, weil ich eben mit einer dringenden Arbeit beschäftigt war.

„Oh, antwortete er, beeilen Sie Sich nicht; mir ist seit vorgestern auch etwas in die Quere gekommen, was mir die betreffende Stelle des „Kosmos" aus den Augen rückt. Auch vermisse ich den Band von Beaumont, worin dessen Zahlen stehen; sobald ich ihn finde, sollen Sie ihn haben."

64.

(Erhalten 4. September 1853.)

Wenn es mich freut, den so lange gesuchten Band von Elie de Beaumont wiedergefunden zu haben, so bleibt mir doch, theurer Professor, wegen des Kosmos noch dasselbe Bedürfniß von Zahlen, die ich zum Kosmos brauche.

Ich habe bisher das Verhältniß des festen Landes zum Meere (die ganze Erdoberfläche = 1 gesetzt) also angenommen:

0,734 die Meere
0,266 die Continente,

also die Feste wenig mehr als ein Viertheil der Erdoberfläche, ohne die von Roß entdeckten Südpol-Länder in Anschlag zu bringen; man sagt gewöhnlich aber falsch $\frac{1}{4}$.

Ich wünsche von Ihnen zu wissen, ohne Sie aufzufordern, neue Berechnungen über das Ganze zu machen, mir zu sagen, welches Verhältniß zwischen Fest und Flüssig Sie bisher, aber so als Fraction von 1,000, angenommen haben zu einer Zeit, wo Sie ebenfalls nicht das Südpolarland quadrirten.

Meine zweite ist nun folgende: Elie de Beaumont behauptet, mein oblg angegebenes Verhältniß müsse seit der Entdeckung des großen Südpolarlandes sehr falsch sein. Um die Größe der Correction zu ergründen, bitte ich Sie (in der Supposition, daß die von Roß gefundenen Continental-Küsten des Südpolarlandes bis zum Pol rund umher sich erstrecken), wie viel sich dadurch, wenn man die Quadrat-Meilen-Zahl in die der ganzen Erdoberfläche dividirt, das obige Quantum des Festen 0,266 verändert?

Ich glaube nicht sehr viel!

Auch wäre mir angenehm, wenn Sie folgende Angaben von E. de Beaumont mit Ihren älteren Angaben oder mit solchen, denen Sie Glauben schenken, vergleichen wollten.

Beaumont behauptet nämlich, daß das Continentale der heißen Zone nördlich und südlich vom Aequator gleich sind.

Nördliches festes Land der heißen Zone 0,28;
Südliches festes Land der heißen Zone 0,24.

In der gemäßigten Zone sei das Continentale nördlich 0,53, also mehr als die Hälfte, südlich in der gemäßigten Zone 0,07, also weniger als $\frac{1}{10}$ der ganzen Zone.

Ich bitte Sie inständigst mir **schriftlich** darüber nach Berlin zu antworten: ich hoffe zum 16—18 dieses Monats wieder ganz in Ihre Nähe zu kommen.

Freundschaftlichst

Ihr

Potsdam, Al. Humboldt.
im Augenblick der Abfahrt.

Es ist weiter oben von einem großen artistischen Werke über Potsdam und die Königlichen Gärten daselbst die Rede gewesen, auch erwähnt worden, daß aus diesem Werke nichts wurde, weil, wie es hieß, dem Könige Friedrich Wilhelm IV die Kosten zu beträchtlich seien. Gehört die — sehr interessante Geschichte dieses von Lenné und mir aufgefaßten Unternehmens in meine Mémoires d'outre tombe, so muß ich über doch noch ein Mal darauf zurückkommen, weil ein Brief Humboldt's vom Jahre 1853 darauf Bezug hat.

Ich habe gesagt, daß der König den Maler und Dichter Kopisch mit Abfassung des historischen Theils dieses Werkes, der Geschichte von Potsdam, beauftragt habe. Lenné erzählte mir in der Folge, der König habe befohlen, daß Kopisch sein Pensum erledigen solle. War Kopisch mit der Darstellung eines Zeitabschnitts der Baugeschichte von Potsdam u. fertig, so mußte er sein Manuscript dem Könige vorlesen, der alsdann den Recensenten machte. Ich ließ mir erzählen, der König sei ein gewissenhafter und strenger Kritiker und in Folge dessen Kopisch genöthigt, manchen Abschnitt von Grund aus neu zu bearbeiten.

Kopisch starb eines plötzlichen Todes. Ich hatte immer gehört, zum Theil von Kopisch selbst, daß seine Arbeit langsam vorrücke. Bei seinem Tode wurde mir gesagt, er habe die Geschichte von Potsdam unvollendet hinterlassen. Damals lebte F. Poffart in Potsdam, eben nicht in glänzenden Verhältnissen. Ich dachte bei mir selber, der wäre der rechte Mann sein, das unvollendete Manuscript zu Ende zu bringen. Ich schrieb deshalb an Humboldt. Seine Antwort war diese:

65.

(Erhalten 13. Februar 1853.)

Ueber denselben Gegenstand, theuerster Professor, hatte mir schon, gleich nach dem Tode des talentvollen Kopisch, der arme Statistiker F. Poffart geschrieben. Ich habe aber, nicht blos von Hrn. v. Olfers, sondern noch gestern aus dem eigenen Munde des Königs gehört, daß das Manuscript ganz druckfertig und vollendet sei, und daß Er es, wie es da liege, bald wolle herausgeben lassen; es solle nichts zugesetzt werden. Es kann daher zur Vollendung des Werkes nichts in Vorschlag gebracht werden.

Freundschaftlichst

Ihr

Sonnabend. Al. Humboldt.

Das Buch erschien kaum auch bald im Druck. Ich habe nur den ersten Abschnitt durchgesehen, und mich über die historische Kunstfertigkeit gefreut, mit der Kopisch den Wohnplatz fast aller in Tacitus' Germania genannten Völker auf der Insel Potsdam zusammengedrängt hat! Es gibt in der ganzen deutschen Literatur wol kein Buch von so mäßigem Umfange wie dieses, für das ein höheres Honorar entrichtet worden ist. Kopisch bezog ein jährliches Einkommen von 800 Thlrn. und er hatte in einem der Königlichen Gebäude von Sanssouci eine freie Wohnung, die auch auf einen Miethswerth von 200 Thlr. anzuschlagen war; außerdem war er im Genuß anderer königlicher Benefizien, wie Feuerungsmaterial, u. d. m. Die Abfassung der Geschichte von Potsdam ꝛc. hat ihn von 1842 bis 1852 beschäftigt.

66.

(Aus dem Jahre 1854,
ohne Angabe des Monats und Tages.)

Ich bin Ihnen, verehrter Freund, sehr böse und dem Ober-Präsidenten Flottwell, Ihrem vortrefflichen Gönner, gram, daß Sie durch ihn von der Betrachtung des ganzen Tellus ab-, und der eines Flecks auf demselben zugelenkt worden sind. Monographien wie die, welche Sie jetzt unter der Feder und in der Presse haben, sind zwar sehr danlenswerth, und ich bewundere abermals Ihr Talent, mit dem Sie allgemein Physisch-Geographisches in die Specialitäten der Hell. Röm. Reichs-Streusandbüchse zu verweben wissen; allein lieber wäre es mir doch gewesen, wenn Sie nicht die märkische Roßnante bestiegen hätten, sondern nach wie vor Ihrem Bucephalus treu geblieben wären, auf dem Sie so lange Jahre in der großen Arena der Gesammt-Erdkunde so glänzende Erfolge errungen haben. Ich beschwöre Sie, theuerster Professor, beeilen Sie sich, aus der Mark herauszukommen, damit Sie im Stande sind, Ihr vortreffliches Jahrbuch wieder aufzunehmen, das von der Zeitschrift der Berliner geographischen Gesellschaft nie wird ersetzt werden. Hören Sie auf meine Bitten! Ich werde Ihnen die historischen Notizen über Ringenwalde, die Sie von mir verlangen, in die Feder dictiren, das nächste Mal, wenn Sie mich mit Ihrem Besuch erfreuen. Erinnern Sie mich gütigst daran! Mein Gedächtniß für Jüngstvergangenes, ich gestehe es Ihnen, fängt an, sich abzuschwächen.

Mit aller freundschaftlicher Anhänglichkeit

Ihr

Mittwochs.   Al. Humboldt.

Humboldt spricht in diesem Briefe von meinem „Handbuche der Mark Brandenburg und des Markgrafthums Nieder-Lausitz", mit dessen Bearbeitung ich damals beschäftigt war. Die Geschichte des Rittergutes Ringenwalde, welches Alexander von Humboldt von seiner Mutter ererbte, ist, nach seinen Dictaten, im III Bande dieses Werks, S. 449, erzählt; von Tegel, dem Erbgute Wilhelm's von Humboldt, ist Bd. I. S. 475—476 die Rede.

67.

(Erhalten 18. Januar 1855.)

Dem Könige soll ich Auskunft geben über Rußlands Einwohnerzahl und über die Menschenmenge, die Monsieur Bonaparte (wie man den Kaiser der Franzosen, oder auch noch anders, zu nennen pflegt, wenngleich die Diplomatie ihn als Napoleon III anerkannt hat) zu Gebote steht, auch wie viele Seelen her most gracious Majesty in Europa zu loyalen Unterthanen zählt. Man quält mich um Details, und ich habe sie nicht, nur ganz Allgemeines und Aelteres; es soll aber Neues und Neuestes sein. Ich bitte Sie, theuerster Professor, unterstützen Sie mich; vermuthlich besitzen Sie durch Mittheilung Köppen's die neuesten Zahlen von Rußland. Haben Sie die Güte, eine kleine vergleichende Zusammenstellung zu machen. Unter den obwaltenden Zeitläufen werden die Zahlen wohl auch Stoff zu einem kleinen Raisonnement geben; ich lasse es Ihnen offen innerhalb Maaßhaltender Schranken. Ich bitte um baldige Mittheilung, wo möglich morgen, spätestens übermorgen.

Freundschaftlichst

In Eile.
Donnerstag.

Ihr

Al. Humboldt.

68.

(Erhalten 21. Januar 1855.)

Vielen Dank für die russische Note, die vortrefflich ist. Sie kam zur rechten Zeit: ich wurde wieder befragt, und konnte nun gründliche Antwort geben. Ich habe mit Ihrer Note Ehre eingelegt; sie hat Beifall gefunden, auch das Raisonnement! Sie würden wohl thun, sie irgend einer viel gelesenen Zeitung (etwa an Spiker's) zum Abdruck zu geben, da sie beitragen wird, manche und viel verbreitete Irrthümer zu berichtigen. Es wurden 100 Millionen zusammengefabelt und daran der Schluß geknüpft, es werde dem Kaiser nimmer an Kanonenfutter fehlen, und die uralischen und altaischen Waschanstalten ständen im höchsten Flor. In diesen wußte ich Bescheid! Sie haben doch eine Copie von der Note zurückbehalten? Ich frage für den Fall, wenn Sie meinen Wunsch wegen Abdrucks in einer Zeitung berücksichtigen. Das Original habe ich dem Könige lassen müssen; Er will es mir später wiedergeben.

Ihr

B. 21 Jan. 1855. Al. Ht.

Von der „russischen Note", wie H. meinen Aufsatz nennt, hatte ich allerdings den Entwurf zurückbehalten. Ich schickte ihn noch an demselben Tage an Dumont. Dieser ließ ihn in der Beilage zu Nr. 24 der „Kölnischen Zeitung", Mittwoch, 24 Januar 1855, abdrucken. Ich wiederhole ihn hier, da er den Zahlen künftiger Zeiten zur Vergleichung dienen kann.

Rußlands Volksmenge,
verglichen mit der der anderen Mächte.

Von der Havel, 21. Januar.

Der Akademiker Peter von Köppen, welcher in der historisch-philologischen Classe der kaiserl. Akademie der Wissenschaften zu St. Petersburg, außer geschichtlichen und ethnographischen Forschungen, vorzugsweise das Departement der Statistik vertritt, beehrt den Berichterstatter seit länger als einem Viertel-Jahrhundert mit seiner literarischen Freundschaft, in Folge dessen eben derselbe in bald kürzeren, bald längeren Zwischenräumen durch Übersendung seiner im Druck erschienenen akademischen Denkschriften erfreut wird. Unter den jüngsten, ihm eben jetzt zugegangenen Mittheilungen befindet sich auch eine „vorläufige Übersicht der Bevölkerung Rußlands zur Zeit der neunten Volkszählung im Jahre 1851", welche die kaiserliche Akademie in dem von ihr in deutscher Sprache herausgegebenen „St. Petersburger Kalender für das Jahr 1855" hat abdrucken lassen.

Nach dieser Übersicht beläuft sich die Einwohnerzahl des gesammten Russischen Reiches, um bei einer runden Zahl stehen zu bleiben, mit Weglassung der Einheiten und Zehner, auf . . . . 66,713,600.

Davon leben im europäischen Antheil des Reiches, wenn dessen östliche Gränze auf dem Scheiderücken des Uralgebirges angenommen wird, ... 62,383,500.

Insonderheit beträgt die Volksmenge der drei Ostsee-Provinzen Esthland, Livland und Kurland, wo seit länger als einem halben Jahrtausend deutsche Cultur heimisch geworden, ... 1,650,500.
Die des Großfürstenthums Finnland mit ausschließlich lutherischer Bevölkerung . . . . 1,636,900.
Und die des Königreichs Polen . . . . 4,852,100.

Hätte heute vor vierzig Jahren innerhalb gewisser Kreise staatsmännischer Thätigkeit in der Kaiserstadt an der Donau nicht die Idee der Zweitheilung Deutschlands eine Zeitlang vorgewaltet, so würden von den Bewohnern des Königreichs Polen gegenwärtig 1,968,200 Unterthanen des Kaisers von Österreich, und 2,883,900, so wie etwa 116,100 im Gouvernement Grodno, zusammen 3 Millionen, Unterthanen des Königs von Preußen sein; und Zamosz, Warszawa und Modlin würden, statt slawischer Angriffspuncte gegen das Abendland, was sie geworden sind, feste Burgen des germanischen Abendlandes gegen das slawische Morgenland geblieben sein, was sie 1795 geworden waren. Wäre Österreichs und Preußens Ostgränze am Bug und am Niemen — dem deütschen Strome, wie der Slawe mit dem Namen anzudeuten scheint — 1815 wieder hergestellt worden, so unterliegt es keinem Zweifel, daß Polens Bevölkerung, von freisinnigen Staats-Einrichtungen zur Erweckung, Belebung und Entwicklung aller Thätigkeiten der Volkswirthschaft angeregt, nach einer weit größern Verhältnißzahl zugenommen haben würde, als es seit den letzten 40 Jahren der Fall gewesen ist. Deütsche Gesetzgebung würde einen freien Bauernstand geschaffen und ihn zum thatkräftigen Staatsbürgerthum erzogen haben; deütscher Unternehmungsgeist, mit Beharrlichkeit gepaart, und deütsche Capitalien würden sich — wie es selbst jetzt unter slawischem Regiment versuchsweise geschieht — angesiedelt, den fruchtbaren Boden des weiten Lechenlandes in hohen Culturstand versetzt, und die auf ihm gewonnenen Roherzeügnisse in zahlreichen Werkstätten des technischen Gewerbfleißes hoch verwerthet haben, die unter der, meist nur auf üppige Genußsucht berechneten, polnischen Adelswirthschaft völlig verwahrlost werden, auch wenn sich ihr zu deren Anlage und Betriebe semitische Finanz-Quellen freigebig öffnen, um überreichliche Dividenden flüssig zu machen.

Köppen's Nachweisungen über die Bevölkerung Rußlands enthalten aber nicht, was wohl zu merken ist, die Kopfzahl der regelmäßigen bewaffneten Macht. Mit Rücksicht auf die

bekannte Verschiedenheit, welche der Etat des kaiserl. russischen Heeres in der „Sollstärke" und in der „Iststärke" dar-
bietet, glaubt Berichterstatter recht hoch zu greifen, wenn er
die im europäischen Rußland stehenden „activen Truppen-
theile der großen Armee" zu 616,300 bewaffneten Männern
schätzt. Unter dieser Voraussetzung ergibt sich für Rußland
diesseit des Ural — und dieser Theil des slawischen Morgenlandes kann dem europäischen Abendlande gegenüber nur
in Betracht kommen — eine Volksmenge von 53 Millionen.

Ein echtes Volksleben vermag sich nach seinen materiellen und spirituellen Interessen aber nur da zu entwickeln,
wo Boden und Klima ein nahes Nebeneinanderwohnen der
Menschen gestatten; wo der Bewohner des einen Orts nicht
etwa meilenweit zu gehen hat, um zu seinem Nachbar im
anderen Orte zu gelangen. Nun aber leben die 53 Millionen europäischer Unterthanen des russischen Kaisers — nicht
Zaren; denn die Regenten Rußlands, die bis 1547 schlichte
Großfürsten waren, nannten sich von da an Zare, d. h.
Monarch, König, seit Johann IV Baßiljewitsch, dem Grau-
samen, und von 1721 an, seit Peter I, Imperatoren — auf
dem ungeheuren Raume von 90,000 Geviertmeilen, so daß
die relative Bevölkerung nur 590 beträgt. Was in den
Staaten des Abendlandes als eine dünne und lichte Bevölkerung angesehen wird, wenn nämlich 2000 Menschen auf
der Fläche einer Quadratmeile neben einander wohnen, das
ist im europäischen Rußland das Maximum der Volksdich-
tigkeit; und diese Zahl, oder doch nur wenig darüber, trifft
die innersten Gegenden des Reichs, wie Moskau, Tula,
Kursk, den Hauptsitz der Großrussen, oder des eigentlichen
Russenvolks, das aber von der westlichen Gränze, von wo

aus allein ihm die Fackel der Aufklärung leuchten kann, durch eine Entfernung getrennt ist, die sich mit der Strecke von Berlin bis Rom vergleichen läßt. Dieser größten Dichtigkeit der Bevölkerung steht die kleinste mit nur 16 Menschen auf der Geviertmeile gegenüber, freilich in einem Gürtel der Erde, wo es zehn Monate lang Winter und nur zwei Monate lang Sommer ist und die Jahreszeiten des Frühlings und Herbstes fast unbekannte Erscheinungen oder doch nur auf wenige Tage beschränkt sind, wo die mittlere Wärme des Jahres unter dem Gefrierpuncte steht oder sich kaum über denselben erhebt; so im Gouvernement Archangel, das sich auf einem Erdraume ausdehnt, der größer ist als das Gesammt-Areal der österreichischen Kaiser-Monarchie mit Hinzurechnung aller Mittelstaaten des deutschen Bundes.

Wie verhalten sich nun aber die Volksmengen der mittel- und westeuropäischen Mächte zu den 53 Millionen des slawischen Morgenlandes?

Seine unmittelbaren Nachbarn, Österreich und Preußen, haben auf 17,100 Quadratmeilen 53½ Million Einwohner, Österreich 36½, Preußen 17 Millionen; und fügt man dieser Einwohnerzahl der beiden leitenden Mächte des mittleren Europa die der übrigen deutschen Staaten hinzu, so steht dem Slawenthum ein compactes Germanenthum von 69 Millionen gegenüber, das auf einem Raume von 21,000 Geviertmeilen zusammengedrängt ist, der nicht einmal die Größe der drei nördlichsten Provinzen Rußlands hat, der Gouvernements Archangel, Wologda und Olonez, die unmittelbar mit dem Gebiet der Kaiserstadt an der Newa gränzen.

Und die Westmächte? Sie stehen auf einem Raume

von 15,300 Geviertmeilen mit einer Volkskraft da, die, bloß nach Köpfen gezählt, 63 Millionen beträgt — $27\frac{1}{2}$ Million freie Briten, $35\frac{1}{2}$ Million gezügelte Franzmänner. Das macht zusammen 132 Millionen!

Slawisches Morgenland, „mit dem Stahl in der Faust und dem Kreuz im Herzen", und germanisch-romanisches Abendland, das auf sein Panier die ewigen Gesetze des Rechts, der Vernunft und der Sittlichkeit verzeichnet hat, sind Gegensätze geworden, die von Menschenmengen vertreten werden, welche, bloß der Anzahl der Leiber nach, sich verhalten wie 63 zu 132, oder wie 1 zu $2\frac{1}{2}$. Aber auf Seite der Zahl 1 steht eine Fülle kriegerischer Kraft, die man nicht wohl ihr, gering zu schätzen. Alle Culturvölker sind friedliebend, den Werken des Krieges abgeneigter, als rohe und arme Nationen. Jene Friedensliebe entspringt nicht bloß aus der Sorge für die materiellen Interessen, sondern sie ist ein unmittelbarer Ausfluß des zum höheren Bewußtsein gekommenen Sittengesetzes.

69.

(Erhalten 17. Juli 1855.)

Das einfachste, wenn man ein Buch schreiben will, ist, es von anderen machen zu lassen, d. h. Fragen aufzugeben von einer Allgemeinheit, daß man Monathe zubringen müßte, um das Material zur Antwort aufzusammeln.

Der ehemals wegen Schwachsinns bekannte, jetzt ganz geheilte Prinz . . . ., Sohn des Prinzen . . . . , quält mich von Tevay (Pays de Vaud) aus mit hydrographischen Anfragen. Ich wende mich, um wenigstens ein Buch und pag. zu nennen, an Sie, mein theurer Freund. Sie haben viel über Wasserabnahme der Oder, Elbe und des Rheins geschrieben, das ich besitze aber nicht zur Hand habe. Ich lasse mich auf keine Beantwortung der Fragen ein. Ich wünsche bloß Citat der pagina Ihrer eigenen Schriften und etwa den Titel eines Buchs vom deutschen Wasserbau. Schicken Sie mir gütigst die Anfragen zurück. Um Nachsicht bittend empfehle ich mich Ihrem freundschaftlichen Andenken.

Berlin Sontag Nacht.   Al. Humboldt.

Ich schäme mich, von Ihnen noch in älterer Bewahrung zu besitzen: Almanach für 1837 und Allgemeine Länder- und Völkerkunde, Bd. I, 1837.

Einer der letzten Briefe, der erhalten worden, ist der folgende. Er gibt Zeugniß von dem unendlichen Wohlwollen, welches Alexander von Humboldt's ganzes Sein und Denken durchdrang. Die reinste, echteste Menschenliebe hatte ihren Thron in dem Herzen dieses Mannes aufgeschlagen, der in seinem tief religiösen Gemüth von keinem seiner Zeitgenossen überstrahlt worden ist. Den Bericht über die Veranlassung zu diesem letzten Briefe muß ich den Denkwürdigkeiten vorbehalten, die erst dann erscheinen können, wenn ich meinem großen Freunde und Gönner ins Jenseits gefolgt sein werde.

70.
(Erhalten 27. Juli 1855.)

Ich habe wenig, aber doch Aufschub und etwas Beruhigendes erhalten. Ich hätte gewünscht, daß wenigstens zu dem Niederschlagen eines Theils der Summe Hofnung gegeben worden wäre, da ich in meinem Briefe so sehr auf die Ehre gefußt hatte, die Sie dem Institut gebracht haben. Man schmilzt nicht Eisberge!

Freundschaftlichst

B. Donnerstags.   Ihr   Al. Humboldt.

Behalten Sie ja die, wenigstens sehr höfliche, Anlage. Wie sind Sie nicht im bösen Reclamations-Jahre 1848 gequält worden und der Qual damals entgangen!

Alexander von Humboldt
† am 6 Mai des Jahres 1859.

Der Prinz Adolf zu Hohenlohe-Ingelfingen, auf Koschentin, sprach, als Präsident des Herrenhauses zu Berlin, in dessen Sitzung vom 9 Mai 1859 Behufs Theilnahme des Herrenhauses an Alexander von Humboldt's Leichenbestattung die folgenden Worte:

„Die hervorragenden Verdienste des Dahingeschiedenen „werden es dem Herrenhause als seine Obliegenheit erschei„nen lassen, sich zu betheiligen, und ich gebe es den Herren „anheim, zunächst sich darüber auszusprechen, ob Sie sich so „betheiligen wollen, oder namentlich im Wege einer Depu„tation."

Außerordentlich geistvoll!
würde Humboldt gesagt haben, hätte er diese schöne Anrede aus dem Munde des Vorsitzenden der ersten politischen Körperschaft im Staate der Intelligenz mit anhören können!

Humboldt hat in Berlin, seit seiner Übersiedelung aus Paris, 1827, nur drei Wohnungen gehabt. Die erste war „Hinter dem neuen Packhofe", wie man die Straße nannte. Aus dieser Wohnung wurde er vom Könige „vertrieben", wie er selbst sich scherzhaft auszudrücken pflegte, als Friedrich

Wilhelm IV im Jahre 1841 den Bau des „Neuen Museums" beginnen ließ, für den das Haus, in welchem Humboldt wohnte, abgetragen werden mußte. Er bezog eine andere Wohnung „Hinter der Werderschen Kirche". Dort blieb er aber nicht lange, weil ihm diese Stadtgegend zu geräuschvoll war. Wer als Fremder nach Berlin kommt, wird es sicherlich nicht versäumen, den Prachtbau des israelitischen Tempels in der Oranienburger Straße zu bewundern. Aber er gehe noch einige Schritte weiter, bis vor das Haus, welches mit der No. 67 bezeichnet ist.

In diesem Hause
wohnte
Alexander von Humboldt
vom Jahre 1842
bis zu seinem Hinscheiden
am 6 Mai 1859.

So besagt die Inschrift einer Denktafel, welche die Familie Mendelssohn, der das Haus gehörte, dem großen Verstorbenen an der Vorderseite des Hauses gestiftet hat. Es gibt in Berlin außer dieser nur noch zwei Denktafeln: die älteste ist Moses Mendelssohn gewidmet, in der Spandauer Straße, die jüngste ist dem Andenken Fichte's geweiht, an der Neuen Promenade.

Es ist im Vorbericht zu dieser Briefsammlung, wie ich nachträglich erfahre, meine Rechtschreibung geändert worden. Ich erwähne dies hier am Schlusse, damit der geneigte Leser nicht etwa meine, ich sei mir selbst abtrünnig geworden. Wer kann aus der Schreibweise Aeußerungen jemals Aeußerungen herauslesen und sprechen?

Berlin, den 18 September 1863.   B.

Ende des dritten und letzten Bandes.

Druck von Ferber & Seydel in Leipzig.